Tarifunterschreitung durch Betriebsvereinbarung und Arbeitsvertrag

Recht der Arbeit und der sozialen Sicherheit

Herausgegeben von Wolfgang Däubler, Hagen Lichtenberg, Ursula Rust, Roderich Wahsner

Band 17

PETER LANG
Frankfurt am Main · Berlin · Bern · Bruxelles · New York · Oxford · Wien

Herbert Böker

Tarifunterschreitung durch Betriebsvereinbarung und Arbeitsvertrag

PETER LANG
Europäischer Verlag der Wissenschaften

Die Deutsche Bibliothek - CIP-Einheitsaufnahme

Böker, Herbert:

Tarifunterschreitung durch Betriebsvereinbarung und Arbeitsvertrag / Herbert Böker. - Frankfurt am Main ; Berlin ; Bern ; Bruxelles ; New York ; Oxford ; Wien : Lang, 2001
(Recht der Arbeit und der sozialen Sicherheit ; Bd. 17)
Zugl.: Bremen, Univ., Diss., 2000
ISBN 3-631-37620-0

D 46
ISSN 0178-4285
ISBN 3-631-37620-0

Vorwort

Die mit dem rapiden Anstieg der Arbeitslosigkeit in den 90er Jahren immer deutlicheren Forderungen nach Flexibilisierungen des Tarifrechts ließen Fragen nach der rechtlichen Realisierbarkeit sowie den wirtschafts- und arbeismarktpolitischen Erfolgsaussichten der in diesem Zusammenhang geäußerten Vorstellungen aufkommen. Einige der Rechtsfragen scheinen durch den BAG-Beschluß vom 20.4.1999 (1 ABR 72/98) zumindest vorab zwar geklärt; die Auseinandersetzung mit dem Thema ist dadurch aber keineswegs entbehrlich, wie die breite Kritik an der Entscheidung und die von Vertretern der Wirtschaftsverbände, Wirtschaftswissenschaftlern, Politikern und Juristen unvermindert geäußerten Wünsche nach Änderungen des Tarifsystems zeigen.

Die Arbeit ist für die Veröffentlichung nach Absprache mit dem betreuenden Hochschullehrer Prof. Dr. Däubler unter Berücksichtigung der Anregungen aus den Gutachten überarbeitet worden. Dabei wurde vor allem intensiver auf die Kritik an dem BAG-Beschluß vom 20.4.1999 eingegangen. Die Auseinandersetzung mit den übrigen Literaturmeinungen und der bisherigen Rechtsprechung wurde dafür teilweise gekürzt. Für seine freundliche und hilfreiche Betreuung bin ich Herrn Prof. Dr. Wolfgang Däubler zu besonderem Dank verpflichtet. Aber auch allen anderen, die mich in irgendeiner Weise unterstützt haben, insbesondere meinen Eltern, möchte ich an dieser Stelle noch einmal herzlich danken.

Bremen, im September 2000
Herbert Böker

Inhaltsverzeichnis

I Einleitung

1 Die Situation am Arbeitsmarkt

Seit vielen Jahren gehört die hohe und dauerhafte Arbeitslosigkeit in der Bundesrepublik Deutschland zu den drängendsten wirtschafts- und gesellschaftspolitischen Problemen. Die Zahl der registrierten Arbeitslosen ist nach den dramatischen Rekordwerten von fast 5 Millionen und einem Jahresdurchschnitt von etwa 4,3 Millionen in den Jahren 1997 und 1998 leicht gesunken. Im Dezember 1999 lag sie nach Angaben der Bundesanstalt bei 4 047 200 [1]. Ein zügiger Abbau scheint in absehbarer Zeit aber nicht zu erwarten [2].

Außerdem wird mit den genannten Zahlen nicht einmal das gesamte Ausmaß des tatsächlich bestehenden Arbeitsplatzmangels erfaßt. Nicht enthalten ist darin nämlich die verdeckte Arbeitslosigkeit von Personen, die durch arbeitsmarktpolitische Maßnahmen aufgefangen werden und eine stillen Reserve von Arbeitslosen, die sich in der Erwartung, kein Beschäftigungsverhältnis mehr zu finden, nicht beim Arbeitsamt registrieren lassen. Unter Berücksichtigung dieser Gruppen dürfte die Zahl der fehlenden Arbeitsplätze zwischen 6,1 [3] und 8,5 Millionen [4] liegen. Die Folgen der Arbeitslosigkeit sind vor allem für die Betroffenen gravierend. Sie müssen nicht nur die deprimierende Erfahrung machen, nicht gebraucht zu werden und den eigenen Lebensunterhalt nicht erwirtschaften zu können, sondern sie werden durch den Abbau von Sozialleistungen auch zunehmend ins soziale Abseits gedrängt. Das führt zu Isolation und Existenzängsten. Es endet leider nicht selten tatsächlich mit dem Verlust von Familie und Eigentum in Resignation und Obdachlosigkeit.

Die Arbeitslosigkeit belastet aber auch die Gesellschaft durch die sozialen Transferzahlungen (Arbeitslosengeld, Arbeitslosenhilfe und Sozialhilfe). Zu dem entstehen den öffentlichen Haushalten massive Einnahmeausfälle durch entgangene Steuern und Sozialversicherungsbeiträge. Nach Berechnungen des

1 Bundesanstalt für Arbeit: Arbeitsmarktbericht für 1999, in: Amtliche Nachrichten der Bundesanstalt für Arbeit Nr. 1/2000 S.4

2 Nach einer Prognose der sechs führenden Wirtschaftsforschungsinstitute in ihrem gemeinsamen Frühjahrsgutachten werden Ende 2000 noch etwa 3,6 Millionen arbeitslos sein, siehe: Die Lage der Weltwirtschaft und der deutschen Wirtschaft im Frühjahr 1999, in DIW Wochenbericht 17/99 S.281(305)

3 Jahresgutachten 1998/99 des Sachverständigenrates zur Begutachtung der gesamtwirtschaftlichen Entwicklung, BT Drucksache 14/73, S.5 und 79

4 Arbeitsgruppe Alternative Wirtschaftspolitik, Memorandum' 98, S.12

Institutes für Arbeitsmarkt- und Berufsforschung der Bundesanstalt für Arbeitlagen die Gesamtkosten der Arbeitslosigkeit 1997 bei 180 Milliarden DM [5]. Sie tragen damit offensichtlich in erheblichem Umfang zu der Finanzkrise der öffentlichen Haushalte bei. Auch ist die dauerhafte Massenarbeitslosigkeit geeignet, den demokratischen Rechtsstaat ernsthaft zu gefährden, wie gelegentlich zutreffend angeführt wird [6]. In einem Klima der individuellen Existenzbedrohung besteht nämlich durchaus die Gefahr, daß die Flucht in Feindbilder geschürt und die Schuld an der Arbeitslosigkeit bei den sozial noch Schwächeren und Minderheiten gesucht wird. Radikale politische Tendenzen und der Haß auf Minderheiten können leicht die Folge sein. Dies zeigt nicht nur die Geschichte.

Die Bekämpfung der Arbeitslosigkeit ist aus diesen Gründen von besonderer Bedeutung. Bisher blieben allerdings alle Anstrengungen, die bedauerliche Entwicklung aufzuhalten, ohne durchgreifenden Erfolg. Auch ein gemeinsames Konzept zum Abbau der Arbeitslosigkeit, um das sich seit 1995 zunächst die alte und nunmehr wieder verstärkt die neue Bundesregierung, die Wirtschaftsverbände und die Gewerkschaften bemühen, war bislang nicht zu erreichen. Eine Einigung zu dem Bündnis für Arbeit scheint erst jetzt in greifbarer Nähe [7]. Wie die Arbeitslosigkeit wirksam bekämpft werden kann, ist in der Politik, zwischen den Gewerkschaften, den Wirtschafts- und Unternehmensverbänden und in der Wirtschaftswissenschaft allerdings auch seit langem äußerst umstritten. Während die Gewerkschaften und beispielsweise die Arbeitsgruppe Alternative Wirtschaftspolitik oder das Wirtschafts- und Sozialwissenschaftliche Institut Arbeitszeitverkürzungen, eine Stärkung der Massenkaufkraft und Beschäftigungsprogramme befürworten [8], versuchte die frühere CDU FDP

5 Arbeitslose kosten 180 Milliarden, in Weser Kurier v. 21.6.1997, S.1

6 z.B. die Arbeitsgruppe Alternative Wirtschaftspolitik., Memorandum' 96, S. 12 und Memorandum' 97, S.66; ähnlich der ehemalige Vorsitzende der SPD Oskar Lafontaine, siehe: Arbeitslosigkeit bedroht Demokratie, in Weser Kurier v. 7.2. 1997, S.2

7 Tarifpartner raufen sich zusammen, in Weser Kurier v. 10.1.2000 S.1

8 Arbeitsgruppe Alternative Wirtschaftspolitik, Memorandum' 96, S.34ff und Memorandum' 98, S.33ff und 148ff; Promberger, Rosdücher, Seifert, Trinczek, Beschäftigungssicherung durch Arbeitszeitpolitik, WSI Mitteilungen 1995, S.473ff; ähnlich das DIW, das im Bezug auf die Beschäftigungswirkung deutliche Kritik am Sparkurs der Regierung übt und Lohnzurückhaltung wegen der Nachfragewirkung nicht in jedem Fall für sinnvoll hält, siehe DIW, Wochenbericht 17/99, S.320f, Konjunktur droht 1999 Rückschlag in Weser Kurier v.6.1.1999, S. 1 und DIW sieht versagen Bonner Politik in Weser Kurier v.14.7.1999, S. 1; IG Metall dringt auf Rente mit 60, eine Million neuer Jobs möglich, in Weser Kurier v.30.9.1999, S.4 und Wirtschaft ist empört, IG Metall verlangt 30-Stunden Woche, in Weser Kurier v. 10.10.1999, S.1

Regierung die Arbeitslosigkeit mit Hilfe von Verbesserungen der Angebotsbedingungen für die Unternehmen durch Wirtschaftswachstum zu bekämpfen. Unterstützt und gefordert wurde und wird diese Angebotsstrategie neben den Unternehmerverbänden vor allem vom Sachverständigenrat zur Begutachtung der gesamtwirtschaftlichen Entwicklung und dem Institut der deutschen Wirtschaft [9]. Auch die neue von der SPD geführte Bundesregierung wird nach dem Rücktritt von Oskar Lafontaine, der für eine Stärkung der Kaufkraft eingetreten ist, wohl mehr auf die Verbesserung der Angebotsbedingungen und Wachstum setzen, wie nicht nur die Bemühungen vermuten lassen, die zugegebenermaßen hohen Lohnnebenkosten durch Veränderungen der Sozialsysteme abzusenken. Sie scheint aber gegenüber Verkürzungen der Arbeits- bzw. der Lebensarbeitszeit aufgeschlossener als die vorherige Regierung [10].

2 Die Kritik an den Standortbedingungen

In diesem Zusammenhang steht die Diskussion um die Globalisierung, die Standortqualität des Wirtschaftsstandortes Deutschland und dessen internationale Konkurrenzfähigkeit, die schon seit dem Beginn der Beschäftigungsprobleme vor mehr als zwanzig Jahren geführt wird und mit dem dramatischen Anstieg der Arbeitslosigkeit nach der Rezession 1992 an Schärfe zugenommen hatte.

Einige Autoren in der wirtschaftswissenschaftlichen aber auch in der juristischen Literatur äußern schon seit einiger Zeit die Befürchtung, daß die internationale Wettbewerbsfähigkeit durch ungünstige Standortbedingungen, die Globalisierung und eine damit verbundene Zunahme des internationalen Konkurrenzdrucks beeinträchtigt wird oder sogar abhanden gekommen ist, und wollen darin eine der wesentlichen Ursachen für die Beschäftigungsprobleme erkennen. Kritisiert werden neben anderen Faktoren vor allem die Lohnkosten, und zwar nicht nur der in den letzten Jahren verstärkt in die wirtschaftspolitische Diskussion geratene Lohnnebenkostenanteil, sondern die Tariflöhne insgesamt und deren Auswirkungen auf die Arbeits- und Lohnstückkosten, aber auch das Tarifsystem, dessen Eignung zur Krisenbewältigung in Zweifel gezogen wird. Die Tarifpolitik der Tarifparteien wird als unverantwortlich und beschäftigungsfeindlich bezeichnet und der Flächentarifvertrag wird als zu

9 Jahresgutachten 1997/98 des Sachverständigenrates zur Begutachtung der gesamtwirtschaftlichen Entwicklung, BT Drucks. 13/9090, S.170ff und Jahresg. 1998/99, BT Drucks. 14/73, S.7ff sowie Institut der Deutschen Wirtschaft, Standortsicherung, wie ist es zu schaffen, iwd 30/96, S.4ff

10 Vgl. Nun auch Riester für Rente mit 60, in Weser Kurier v.14.10.1999, S. 1

unflexibel beanstandet. Wobei sich der Vorwurf der mangelnden Flexibilität insbesondere auf die Schwierigkeiten bezieht, Tarifbestimmungen während der Laufzeit eines Tarifvertrages zu ändern oder in Einzelfällen von Tarifnormen abzuweichen. Bemängelt wird, daß die Flächentarifverträge deshalb durch zu hohe und unabdingbare Tariflöhne die Überwindung von Existenzkrisen der Unternehmen verhindern, die infolge des internationalen Konkurrenzdrucks in Schwierigkeiten geraten sind [11].

Als Auswirkungen der angeblich zu hohen und unabdingbaren Tariflöhne werden Beschäftigungseinbußen durch den Verlust der Existenzfähigkeit von Unternehmen und die zunehmende Auslandsverlagerung von Produktionskapazitäten sowie der Mangel an neuen Arbeitsplätzen durch eine zu geringe Investitionsbereitschaft der Unternehmen genannt [12].

3 Die Forderungen nach Lohnsenkungen und Flexibilisierungen des Tarifsystems

Gefordert werden deshalb nicht nur die in der letzten Zeit stärker diskutierten Änderungen der Sozialsysteme, sondern immer wieder auch eine Absenkung

11 Jahresg. 1995/96 BT Drucks. 13/3016, S.11, 99ff, 172ff, 216ff und 226ff, Jahresg. 1994/95 BT Drucks.13/26, S.247ff und 258 ff, Jahresg. 1997/98 BT Drucks. 13/9090, S.8ff wie Jahresg. 1998/99 BT Drucks. 14/73, S.5ff, 11ff und 117ff des Sachverständigenrates zur Begutachtung der gesamtwirtschaftlichen Entwicklung, der ständig den ungünstigen Einfluß von mangelnder Flexibilität des Tarifsystems und zu hohen Löhne auf die internationale Wettbewerbsfähigkeit, das Wachstum und die Bekämpfung der Arbeitslosigkeit beklagt; Institut der deutschen Wirtschaft, Standortsicherung, wie ist es zu schaffen, iwd 30/96 S.4, Industriestandort D, stattliche Mängelliste iwd 44/96 S.3; Schröder, Produktivität und Lohnstückkosten im internationalen Vergleich iw trends 2/96 S.5ff sowie 2/98 S.71ff und Industrielle Arbeitskosten Im internationalen Vergleich, iw trends 2/98, S.88ff; Buchner, Beschäftigungssicherung unter dem Günstigkeitsprinzip, Beilage Nr. 12/96 zu DB Heft 29/96, S.3ff; Adomeit: Das Günstigkeitsprinzip - neu verstanden, NJW 1984, S.26; Stumpfe, Tarifverträge müssen Flexibilität ermöglichen, Handelsblatt v. 19/20.4.96, S.5; BDA: Flächentarife für betriebliche Lösungen öffnen, in Handelsblatt v. 3/4.5.1996, S.6

12 Vgl. Industrie drängt weiter ins Ausland, neue Umfrageergebnisse des DIHT, in Weser Kurier v. 11.12.1996 S.7; die Jobs wandern aus, in der Spiegel, Heft 37/1995, S.42ff; die deutschen Unternehmen investieren kräftig im Ausland, in FAZ v.29.1.1996, S.13; Automobilhersteller klagen über zu hohe Kosten, in FAZ v.1.2.1996 S.9; die Textilindustrie warnt vor einem weiteren Export von Arbeitsplätzen, in FAZ v. 24.10.1995, S.18; Investitionen im Ausland schnellen auf Rekordwert, in FAZ v.25.5.1996, S.11 und Buchner: Beschäftigungssicherung unter dem Günstigkeitsprinzip, Beilage Nr. 12/96 zu DB Heft 29/96, S.3ff

des Tariflohnniveaus um bis zu 20%, Lohnzurückhaltung von bis zu fünf Nullrunden und eine Flexibilisierung des Tarifsystems [13], die auch Thema auf dem 61. Deutschen Juristentag im Jahr 1996 war. Flexibilisierungsmöglichkeiten werden darin gesehen, den Lohnbildungsprozeß teilweise auf die betriebliche Ebene zu verlagern [14]. Diskutiert wird hier unter anderem, ob der Bestand existenzgefährdeter Unternehmen durch die Kürzung von Löhnen und Leistungen gesichert werden kann. Konkret vorgeschlagen wurde dazu, den Betriebsparteien nach geltendem Recht [15] oder durch die Einführung einer gesetzlichen Ausnahmeregelung für Sanierungsfälle [16] die Möglichkeit einzuräumen, zur Bestandserhaltung von Betrieben teilweise bzw. zeitweise von Tarifnormen abzuweichen.

In Anbetracht der geringen Wiedereinstellungschancen steigt auch die Bereitschaft der Arbeitnehmer, für geringere Löhne zu arbeiten, wenn der Arbeitsplatz bedroht scheint und die Fälle mehren sich, in denen ungeachtet einer beiderseitigen Tarifbindung bereits untertarifliche Vereinbarungen über Löhne

13 Lohnzurückhaltung wird vom Sachverständigenrat zur Begutachtung der gesamtw. Entw. immer wieder gefordert, z.B. in Jahresgutacht, 1998/99 BT Drucks. 14/73, S.238ff und Jahresg. 1997/98 BT Drucksache 13/9090, S. 8 ff aber auch von Bundeswirtschaftsminister Müller, siehe: Müllers Papier ist Zündstoff für den DGB, in Weser Kurier v. 20.7. 1999, S.1; SPD, Ministerpäsident Beck zwei Nullrunden, siehe: Unfug eines Ahnungslosen in Weser Kurier v. 12.7.1999, S.1 und Schröder keine Nullrundendebatte, in Weser Kurier v. 13.7.1999, S.1; der Präsident des Arbeitgeberverbandes Gesamtmetall Stumpfe forderte schon mal vier bis fünf Nullrunden, in Weser Kurier v. 20.1.1997, S.1 und das Institut der deutschen Wirtschaft meinte vor noch nicht allzu langer Zeit, daß eine Senkung der Lohnstückkosten von 21% sei erforderlich, um die Wettbewerbsfähigkeit des Jahres 1989 zurückzugewinnen, Arbeitskosten in der Industrie, Nachteil weiter vergrößert, iwd Nr. 18/1996 S.3 und Standortsicherung, wie ist es zu schaffen, iwd Nr. 30/1996 S.4; die Flexibilisierung des Tarifsystems fordern unter anderem der Sachverständigenrates zur Begutachtung der gesamtwirtschaftlichen Entwicklung z.B. in seinem Jahresgutachten 1995/96, BT Drucksache 13/3016, S.226,227 sowie Jahresgutachten 1997/98 BT Drucksache 13/9090 S.10 und die von der letzten Bundesregierung eingesetzte Deregulierungskommission, in Marktöffnung und Wettbewerb, S.149; Reformwünsche und Vorstellungen von Betriebsräten und Arbeitgebern in der Praxis finden sich in einer empirischen Beobachtung und rechtlichen Betrachtung der Anwendung von Flächentarifverträgen bei Höland, Reim, Brecht: Flächentarifvertrag und Günstigkeitsprinzip, S.329ff

14 Jahresgutachten 1995/96 des Sachverständigenrates zur Begutachtung der gesamtwirtschaftlichen Entwicklung, BT Drucksache 13/3016, S.222ff

15 Buchner: Beschäftigungssicherung unter dem Günstigkeitsprinzip, Beilage Nr. 12/96 zu DB Heft 29/96, S.3ff und Jahresgutachten 1997/98 Sachverständigenrates zur Begutachtung der gesamtwirtschaftlichen Entwicklung, BT Drucksache 13/9090 S.10

16 Deregulierungskommission, Marktöffnung und Wettbewerb, S.149

Oder Verlängerungen der Arbeitszeit ohne Lohnausgleich durch Vereinbarungen der Betriebsparteien und / oder Arbeitsverträge wurden, die zumeist eine beschäftigungssichernde Zusage als Gegenleistung enthalten [17]. Nach dem geltenden Recht für zulässig gehalten werden solche Vereinbarungen z.B. von Buchner [18]. Er meint, der Verlust des Arbeitsplatzes könnte über eine Neuinterpretation des Günstigkeitsprinzips in den Günstigkeitsvergleich zwischen tariflichen und arbeitsvertraglichen Regelungen mit einbezogen werden. Diese vom Sachverständigenrat ausdrücklich befürwortete [19] Lösung hatte Adomeit schon 1984 vorgeschlagen [20].

Buchner meint, daß tarifunterschreitende Vereinbarungen durch Arbeitsverträge dann möglich sind. Aber auch Betriebsvereinbarungen hält er für zulässig, wenn dem Arbeitnehmer durch die Betriebsvereinbarung die Wahlmöglichkeit eingeräumt wird, durch Verzicht auf Tarifbedingungen Beschäftigungssicherungszusagen zu erlangen.

Auch Vollmer und Reuter wollen tarifunterschreitende Notbetriebsvereinbarungen nach dem bestehenden Recht zulassen. Während Reuter die Regelungskompetenz der Betriebsparteien aus der Treuepflicht ableitet [21], meint Vollmer, daß sich die Regelungsbefugnis aus einer Annexkompetenz zu §§ 111 ff BetrVG ergibt [22].

Die Forderungen nach Änderungen des Tarifrechtes richten sich insbesondere gegen die Unabdingbarkeit von Tarifverträgen. Vorgeschlagen wurden unter

17 Hensche: Tarifflucht in juristischen Formen, ArbuR 1996, S.331(332), Buchner: Beschäftigungssicherung unter dem Günstigkeitsprinzip, Beilage Nr. 12/96 zu DB Heft 29/96, S.3(8) und: Wird Tarifbruch salongfähig? DGB beklagt immer mehr Verstöße, in Weser Kurier v.6.1.1999 S.1; auch das BAG stellt in seinem Beschluß vom 20.4.1999, 1 ABR 72/98, NZA 1999, S.887ff = DB 1999, S. 1555 ff unter II 2.b(2)bb der Gründe fest, daß tarifwidrige Vereinbarungen verbreitete Praxis sind; Höland, Reim und Brecht kommen im Rahmen einer empirischen Beobachtung der Anwendung von Flächentarifverträgen nach Befragungen in Betrieben zu dem Ergebnis, daß tarifwidrige Vereinbarungen in der Praxis allerdings nur schwer aufzuspüren sind, siehe: Höland, Reim, Brecht: Flächentarifvertrag und Günstigkeitsprinzip, S.112ff und 350

18 Buchner: Beschäftigungssicherung unter dem Günstigkeitsprinzip, Beilage Nr. 12/96 zu DB Heft 29/96, S.9ff

19 Jahresgutachten 1997/98 des Sachverständigenrates zur Begutachtung der gesamtwirtschaftlichen Entwicklung, BT Drucksache 13/9090, S.10

20 Adomeit: Das Günstigkeitsprinzip - neu verstanden, NJW 1984, S.26

21 Reuter: Betriebsverfassung und Tarifvertrag, RdA 1994, S.152(167)

22 Vollmer: Bestandssicherung existenzgefährdeter Unternehmen durch Kürzung von Löhnen und Leistungen, DB 1982, S.1670ff

anderem eine allgemeine Normierung von Öffnungsklauseln in Tarifverträgen zugunsten von Betriebsvereinbarungen sowie die spezielle gesetzliche Normierung einer Öffnungsklausel für Sanierungsfälle [23]. Eine von der früheren Bundesregierung unter Helmut Kohl eingesetzte Deregulierungskommission z.B. hat den Vorschlag gemacht, das geltende Recht durch eine Lockerung von § 77 Abs. 3 BetrVG in der Weise zu ändern, daß in wirtschaftlichen Notlagen einzelner Unternehmen durch Betriebsvereinbarungen zeitweilig von Tarifverträgen abgewichen werden kann und daß durch Änderung von § 4 Abs. 3 TVG bei der Einstellung Langzeitarbeitsloser zeitlich befristet untertarifliche Bezahlung vereinbart werden kann [24]. Der Sachverständigenrat zur Begutachtung der Gesamtwirtschaftlichen Entwicklung empfiehlt, in das Tarifvertragsgesetz eine Bestimmung aufzunehmen, nach der Tarifverträge die Möglichkeit von ergänzenden Betriebsvereinbarungen vorsehen müssen [25].

Gegen diese Vorschläge werden in der juristischen Literatur ganz überwiegend erhebliche rechtliche Bedenken vorgebracht. Die Neuinterpretation des Günstigkeitsprinzips wird überwiegend als verfassungsrechtlich unzulässige Einschränkung der Unabdingbarkeit gesehen [26]. Gegen tarifabweichende Betriebsvereinbarungen wird zudem angeführt, daß sie durch § 77 Abs. 3 BetrVG ausgeschlossen seien [27]. Auch das BAG äußert sich ablehnend in seinem Beschluß

23 Wank: Empfiehlt es sich, die Regelungsbefugnisse der Tarifparteien im Verhältnis zu den Betriebsparteien neu zu ordnen, NJW 1996, S.2273(2274); Jahresgutachten 1997/98 des Sachverständigenrates zur Begutachtung der gesamtwirtschaftlichen Entwicklung, BT Drucksache 13/9090, S.10; Adomeit: Jobs durch Lockerung im Tarifrecht, AuA 1996, S.131(132); Deregulierungskommission, Marktöffnung und Wettbewerb, S.149f; Presseinformation der ASU v. 21.1.1992 und v. 5.11.1992 nach Henssler: Flexibilisierung der Arbeitsmarktordnung; ZfA 1994, S.487(496); Bericht Nr. 936 ff S.376ff (937 S.376 und 939 S.377f) der Monopolkommission, nach Walker: Möglichkeiten und Grenzen einer flexibleren Gestaltung von Arbeitsbedingungen, ZfA 1996, S.353(369)

24 Deregulierungskommission, Marktöffnung und Wettbewerb, S. 149

25 Jahresgutachten 1997/98 des Sachverständigenrates zur Begutachtung der gesamtwirtschaftlichen Entwicklung, BT Drucksache 13/9090, S.10

26 Hromadka: Reformbedarf im Tarifrecht, AuA 1996, S.289; Däubler: Abschaffung der Tarifautonomie mit Hilfe des Günstigkeitsprinzips, ArbuR 1996, S.347(352), Arbeitsrecht 1, S.142; Zachert: Aufhebung der Tarifautonomie durch freiwillige Regelungen im Arbeitsvertrag, DB 1990, S.986(989)

27 Kempen: Der verfassungsrechtliche Vorrang der Tarifautonomie im arbeitsrechtlichen Regelungsgefüge, ArbuR 1996, S.336(344); Wank: Empfiehlt es sich, die Regelungsbefugnisse der Tarifparteien im Verhältnis zu den Betriebsparteien neu zu ordnen, NJW 1996, S.2273(2275); Däubler: Abschaffung der Tarifautonomie mit Hilfe des Günstigkeitsprinzips, ArbuR 1996, S.347(353); Zachert: Hat der Flächentarifvertrag noch eine Zukunft, AuA 1996, S.293; Hromadka: Reformbedarf im Tarifrecht, AuA 1996, S.289(292); Hensche: Tarifflucht in juristischen Formen, ArbuR 1996, S.331(334)

vom 20.4.1999, der in der Literatur sowohl Zustimmung als auch Kritik gefunden hat [28]. Die Einführung einer gesetzlichen Härtefallregelung wird teilweise trotz verfassungsrechtlicher Bedenken schon eher für möglich gehalten [29], während andere die damit verbundene Einschränkung der Unabdingbarkeit als verfassungswidrigen Eingriff des Gesetzgebers in die Tarifautonomie für unzulässig halten [30]. Außerdem sind die negative Einschätzung der Standortbedingungen und die Erforderlichkeit der geforderten Flexibilisierung des Tarifsystems sowie deren Erfolgsaussichten unter den Ökonomen seit langem äußerst umstritten. Das Deutsche Institut für Wirtschaftsforschung, die Arbeitsgruppe Alternative Wirtschaftspolitik und das Wirtschafts- und Sozialwissenschaftliche Institut sind bei ihren Untersuchungen der Standortqualität in den letzten Jahren zu dem Ergebnis gekommen, daß der Wirtschaftsstandort Deutschland günstig ist, die Löhne keineswegs zu hoch sind und weder eine bleibende Verbesserung der Standortqualität noch nennenswerte Erfolge bei der Bekämpfung der Arbeitslosigkeit durch Lohnverzicht und betriebliche Härtefallregelungen zu erreichen sind [31].

28 BAG Beschluß v. 20.4.1999, 1 ABR 72/98, NZA 1999, S.887ff = DB 1999, S. 1555 ff und hierzu ablehnend Müller: Privatautonomie gegen Kollektivgewalt, DB 1999, S. 2310; Bauer: Betriebliche Bündnisse für Arbeit vor dem Aus? NZA 1999, S.957; Löwisch: Deliktsschutz gegen abtrünnige Mitglieder? BB 1999, S.2080; Buchner: Der Unterlassungsanspruch der Gewerkschaft - Stabilisierung oder Ende des Verbandstarifvertrages? NZA 1999, S.897; weniger ablehnend bis zustimmend dagegen Thüsing: Der Schutz des Tarifvertrags vor den tarifvertraglich Geschützten, DB 1999, S.1552; Rieble: Die Burda Entscheidung des BAG, ZTR 1999, S.483; Kocher: Materiellrechtliche und prozessuale Fragen des Unterlassungsanspruchs aus Art. 9 Abs. 3 GG, ArbuR 1999, S.382; Berg, Platow: Unterlassungsanspruch der Gewerkschaft gegen tarifwidrige betriebliche Regelungen, DB 1999, S.2362; Wohlfahrt: Stärkung der Koalitionsfreiheit durch das BAG, NZA 1999, S.962; Däubler: Klagerecht der Gewerkschaften bei Tarifbruch durch einzelnen Arbeitgeber, AiB 1999, S.538 sowie: Das neue Klagerecht der Gewerkschaften bei Tarifbruch des Arbeitgebers, in AiB 1999, S.483

29 Wank: Empfiehlt es sich, die Regelungsbefugnisse der Tarifparteien im Verhältnis zu den Betriebsparteien neu zu ordnen, NJW 1996, S.2272(2275, 2280, 2282); Hromadka: Reformbedarf im Tarifrecht, AuA 1996, S.289

30 Däubler, Arbeitsrecht 1, S. 144 und Däubler: Erosion im Tarifrecht, AuA 1996, S. 311(312); Hensche: Tarifflucht in juristischen Formen, ArbuR 1996, S.331(336) und Kempen: Der verfassungsrechtliche Vorrang der Tarifautonomie im arbeitsrechtlichen Regelungsgefüge, ArbuR 1996, S.336(343)

31 Vgl. Hat Westdeutschland ein Standortproblem, DIW Wochenbericht 38/95, S. 653 ff; Arbeitsgruppe Alternative Wirtschaftspolitik, Memorandum' 96, S.26 ff und Memorandum' 98 S. 11 ff und 85 ff; H; aber auch: Der Standort Deutschland bei Eintritt in die Europäische Währungsunion - der WSI-Standortbericht 1999, WSI Mitteilungen 5/1999, S. 289 ff

Auch von den Gewerkschaften wurde eine stärkere Verlagerung des Lohnbildungsprozesses auf die Betriebsparteien oder die Arbeitsvertragsparteien bisher jedenfalls überwiegend mit der Begründung abgelehnt, daß nur die tarifautonome Gestaltung der Arbeitsbedingungen geeignet sei, angemessene Mindestarbeitsbedingungen zu gewährleisten und die Möglichkeit Tarifbedingungen zu unterschreiten, das gesamte Tarifgefüge gefährde [32] Die sachgerechtere Möglichkeit, einzelnen Betrieben in Notlagen zu helfen, wird vielfach darin gesehen, die Probleme innerhalb des bestehenden Tarifsystems unter Mitwirkung der Tarifparteien durch Firmentarifverträge oder tarifvertragliche Lohnöffnungsklauseln für Sanierungsfälle zu lösen [33]. Firmentarifverträge werden leider nur selten ernsthaft ins Gespräch gebracht [34], obwohl sie unproblematisch zulässig sein dürften [35]. Tariföffnungsklauseln wurden durchaus schon vereinbart [36] und sind nach einem neueren Urteil des BAG [37] sogar rückwirkend zulässig. In der Literatur werden gegen die Tariföffnung zwar auch rechtliche Bedenken vorgebracht [38]. Mit gewissen Einschränkungen wird sie aber auch hier überwiegend für möglich gehalten [39].

32 DGB Thesen zum 61. Deutschen Juristentag, ArbuR 1996, S.368f; oder z.B. die stellvertret. DGB Vorsitzende Ursula Engelen- Käfer: Betriebsvereinbarung statt Tarifvertrag? ArbuR 1997, S.8ff und Tarifautonomie in Gefahr, ArbuR Heft 9/96, S.329ff; Der DGB Vorsitzende Schulte hat eine Reform des Tarifsystem dagegen auch schon mal befürwortet und gefordert, den Flächentarifvertrag stärker auf die Beschreibung von Rahmenbedingungen zu beschränken und den Betriebsparteien stärkere Regelungskompetenzen zu geben, siehe: Tarifabschlüsse in Betrieben? in Weser Kurier v. 20.5.1997, S.1

33 Däubler: Das neue Klagerecht der Gewerkschaften bei Tarifbruch des Arbeitgebers, AiB 1999, S.481(485) und: Erosion des Flächentarifs, AuR 1996, S.311(312); Zachert: Hat der Flächentarifvertrag noch eine Zukunft, AuA 1996, S.293(296); Kempen: Der verfassungsrechtliche Vorrang der Tarifautonomie im arbeitsrechtlichen Regelungsgefüge, ArbuR 1996, S.336(344); Wank: Empfiehlt es sich, die Regelungsbefugnisse der Tarifparteien im Verhältnis zu den Betriebsparteien neu zu ordnen, NJW 1996 S 2273(2282)

34 Vgl. z.B. Däubler: D. n. Klager. der G. bei Tarifb. des Arbtg, in AiB 1999, S.481(485)

35 BAG, Urteil vom 20.4.1999, 1 AZR 631/98, DB 1999, S. 1660 (1661) unter II 2.b bb der Gründe und unten unter IV

36 Hromadka: Reformbedarf im Tarifrecht, AuA 1996, S.289; Chemiebranche öffnet Tarife, in Weser Kurier v. 4.6.1997, S.1; Ergänzung zum Bundesentgelttarifvertrag (BETV) AuA 1997, S.268; Höland, Reim, Brecht: Flächentarifvertrag und Günstigkeitsprinzip, empirischen Beobachtungen und rechtliche Betrachtung der Anwendung von Flächentarifverträgen, S. 234 ff

37 BAG, Urteil vom 20.4.1999, 1 AZR 631/98, DB 1999, S.1660ff

38 Tyska: Die Zulässigkeit untertariflicher Löhne unter dem Blickpunkt von Tariföffnungsklausel und Günstigkeitsprinzip, ArbuR 1985, S.276(277)

39 Vgl. z.B. Löwisch,Rieble, Tarifvertragsgesetz, § 4 Rn 121ff; Beuthien, Tariföffnungsklauseln zwecks Arbeitsplatzsicherung, BB 1983, S.1992ff; Däubler, Tarifvertragsrecht, S.159f Rn 241 ff

4 Gegenstand und Ziel der Arbeit

Das Ziel der Arbeit ist es, die Einrichtung von Härtefallregelungen für existenzbedrohte Unternehmen rechtlich zu beurteilen. Untersucht werden sollen insbesondere die vorgeschlagenen Lösungswege, die untertariflichen Vereinbarungen durch Arbeitsverträge und Betriebsvereinbarungen mittels der vorgeschlagenen Neuinterpretation des Günstigkeitsprinzips oder durch tarifvertragliche Öffnungsklauseln zu ermöglichen. Zudem soll aufgezeigt werden, welche Durchsetzungsmittel gegen den rechtswidrigen Tarifbruch Arbeitnehmer und vor allem Gewerkschaften haben, deren Möglichkeiten bis zu dem BAG-Beschluß vom 20.4.1999 sehr eingeschränkt schienen [40], wenn kein Firmentarifvertrag bestand. Angesprochen werden soll dann noch die Frage, ob und inwieweit das Grundgesetz die Einführung der angeregten gesetzlichen Tariföffnung für Sanierungsvereinbarungen zuläßt. Dabei sollen folgende Rechtsfragen geklärt werden:

Die Zulässigkeit tarifunterschreitender Sanierungsvereinbarungen durch Arbeitsverträge oder Betriebsvereinbarungen, wenn keine Öffnungsklausel existiert.

Die Möglichkeiten, Tarifnormen aufgrund von tarifvertraglichen Öffnungsklauseln durch Arbeitsvertrag oder Betriebsvereinbarung zu unterschreiten.

Welche außergerichtlichen und gerichtlichen Möglichkeiten Arbeitnehmer und Gewerkschaften haben, gegen rechtswidrige tarifunterschreitende Vereinbarungen vorzugehen.

Die verfassungsrechtliche Zulässigkeit von Rechtsänderungen zur Einführung einer gesetzlicher Härtefallregelung.

Die Fragen nach der Zulässigkeit der Neuinterpretation des Günstigkeitsprinzips und den prozeßrechtlichen Möglichkeiten der Gewerkschaften

40 BAG Beschluß v. 20.4.1999, 1 ABR 72/98, NZA 1999, S.887ff = DB 1999, S. 1555 ff und hierzu Däubler: Das neue Klagerecht der Gewerkschaften bei Tarifbruch des Arbeitgebers, AiB 1999, S.481 sowie Däubler, Klagerecht der Gewerkschaften bei Tarifb. durch einz. Arbeitg., AiB 1999, S.538; BAG AP Nr. 7 und Nr. 42 zu § 256 ZPO; BAG Beschluß v. 18.8.1987, DB 1987, S.2263 = AP Nr. 6 zu § 81 ArbGG 1979; BAG Beschluß v. 23.2.1988, AP Nr. 9 zu § 81 ArbGG 1979 und BAG Beschluß v. 20.8.1991, DB 1992, S.275ff; Gamillscheg, Durchsetzungsschwächen des Tarifvertrags, ArbuR 1996, S.354ff; Däubler: Kollektive Durchs. individueller Rechte? ArbuR 1995, S.305 ff

scheinen durch die Äußerungen des Bundesarbeitsgerichts aus seinem Beschluß vom 20.4.1999 [41] zumindest vorab zwar weitgehend geklärt. Auch ist die gesetzliche Einführung einer Tariföffnung für Sanierungsfälle nach dem Regierungswechsel unwahrscheinlicher als zuvor. Eine Auseinandersetzung mit diesen Themen wird dadurch aber nicht unnötig, denn die Bemühungen den Tarifvertrag wenigstens in Ausnahmefällen zu unterschreiten werden kaum nachlassen. Dies zeigt nicht zuletzt die zahlreiche und teilweise heftige Kritik an den Äußerungen des Bundesarbeitsgerichts [42].

Vor der Prüfung der Rechtsfragen scheint es allerdings sinnvoll, zunächst auf den wirtschaftlichen Hintergrund der Forderungen einzugehen, denn die Beschäftigungskrise ist eines der wichtigsten wirtschafts- und gesellschaftspolitischen Probleme, deren Lösung für die weitere wirtschaftliche, gesellschaftliche und politische Entwicklung in der BRD von erheblicher Bedeutung sein kann. Es ist deshalb auch für die rechtliche Beurteilung möglicherweise nicht unerheblich, ob die vorgeschlagenen Maßnahmen zur Verbesserung der Standortqualität erforderlich und geeignet sind und vor allem, ob und in welchem Umfang dadurch Erfolge bei der Bekämpfung der Arbeitslosigkeit zu erreichen sind. Gäbe es einen ökonomischen Zwang zur Änderung des Flächentarifs, so wäre die Rechtslage dadurch zwar nicht unmittelbar betroffen, wohl aber die Akzeptanz und die Durchsetzungsfähigkeit von Rechtsänderungen und bestimmter Auslegungen des geltenden Rechts. Es empfiehlt sich folglich, in einem vorangestellten Abschnitt die Entwicklung der Arbeitslosigkeit sowie deren Ursachen anzusprechen, die Standortdebatte, die im Zusammenhang mit den Beschäftigungsproblemen geführt wird, kurz darzustellen und nach den beschäftigungspolitischen Erfolgsaussichten der geforderten Maßnahmen zu fragen. Näher eingegangen werden soll neben der Kritik an dem Flächentarifvertrag auf die Höhe der Tariflöhne. Denn Änderungen des Tarifsystems könnten insbesondere dann sinnvoll erscheinen, wenn das Tariflohnniveau in Deutschland im internationalen Vergleich tatsächlich zu hoch sein sollte und die Vorwürfe zutreffen, daß das bestehende Tarifsystem nicht ausreichend flexibel ist, um ein international konkurrenzfähiges Lohnniveau zu gewährleisten und wirksame Hilfe für in Bedrängnis geratene Unternehmen zu ermöglichen.

41 BAG Beschluß v. 20.4.1999, 1 ABR 72/98, NZA 1999, S. 887 ff = DB 1999 S.1555 ff

42 Müller: Privatautonomie gegen Kollektivgewalt, DB 1999, S. 2310; Bauer: Betriebliche Bündnisse für Arbeit vor dem Aus? NZA 1999, S.957; Löwisch: Deliktsschutz gegen abtrünnige Mitglieder? BB 1999, S.2080; Buchner: Der Unterlassungsanspruch der Gewerkschaft - Stabilisierung oder Ende des Verbandstarifvertrages? NZA 1999, S. 897 und weniger ablehnend Thüsing: Der Schutz des TV vor den tarifvertraglich Geschützten, DB 1999, S. 1552; Rieble: Die Burda Entscheidung des BAG, ZTR 1999, S. 483

II Die Forderungen nach tarifrechtlichen Flexibilisierungen aus wirtschafts- und beschäftigungspolitischer Sicht

1 Entwicklung der Arbeitslosigkeit

Entstanden ist die hohe Arbeitslosigkeit in den letzten 25 Jahren. Nach 1945 entwickelte sich die Situation am Arbeitsmarkt in Deutschland zunächst günstig. Für den Zeitraum von 1960 bis 1966 wurde sogar die Vollbeschäftigung erreicht. Nach einem ersten Einbruch 1966/67 hielt die günstige Entwicklung an, bis Ende 1974 eine andauernde Massenarbeitslosigkeit einsetzte [43]. In Westdeutschland kam es zwischen 1974 und 1990 zum Aufbau einer Sockelarbeitslosigkeit, die mit jedem Konjunktureinbruch in den Jahren 1974/75 und von 1981 bis 1983 anstieg, bei den Konjunkturerholungen von 1976 bis 1980 und nach 1983 aber weitgehend stagnierte, das heißt, nur allmählich und vor allem nicht auf das vorherige Niveau zurückging [44]. Nach der Wiedervereinigung Deutschlands konnte durch den Aufschwung 1991 zunächst ein Rückgang der Arbeitslosigkeit in den alten Bundesländern erreicht werden. Seit der wirtschaftlichen Rezession 1992/93 ist die Zahl der registrierten Arbeitslosen dann aber dramatisch angestiegen und erreichte in den Jahren 1997 und 1998 Spitzenwerte von läuft die Entwicklung etwas günstiger. Die Zahl der Beschäftigten ist im Jahr 1998 um etwa 100 000 Personen wieder etwas angestiegen, nachdem sie seit 1993 ständig gesunken war [45] und die Arbeitslosigkeit ist leicht zurückgegangen. Im Dezember 1999 lag sie nach den Angaben der Bundesanstalt für Arbeit bei 4 047 200 [46].

Ein deutlicher Abbau ist nach den Prognosen der Wirtschaftsforschungsinstitute in der nächsten Zeit aber nicht zu erwarten. Sie schätzen den voraussichtlichen Rückgang der Arbeitslosigkeit abhängig von der Entwicklung des Wirtschaftswachstums eher gering ein. Nach dem Frühjahrsgutachten der sechs führenden Wirtschaftsforschungsinstitute wird die Zahl der Arbeitslosen im Jahr 2000 bei einem erwarteten Wachstum der Wirtschaft von ungefähr 2,6% um bis zu 270 000 auf etwa 3,6 Millionen abnehmen. Dazu werden nach

43 Däubler: Abschaffung der Tarifautonomie mit Hilfe des Günstigkeitsprinzips, ArbuR, 1996, S. 347(352)

44 Jahresgutachten 1994/95 des Sachverständigenrates zur Begutachtung der gesamtwirtschaftlichen Entwicklung, BT Drucksache 13/26, S. 247

45 Jahresgutachten 1998/99 des Sachverständigenrates zur Begutachtung der gesamtwirtschaftlichen Entwicklung, BT Drucksache 14/73, S. 79

46 Bundesanstalt für Arbeit: Arbeitsmarktbericht für 1999, in: Amtliche Nachrichten der Bundesanstalt für Arbeit Nr. 1/2000 S.4

Ansicht der Institute neben einem Anstieg der Beschäftigung um 115 000 Arbeitsplätze, ein negativer Wanderungssaldo bei Ausländern, Altersstruktureffekte sowie die Verringerung der Zuwanderung von Aussiedlern beitragen [47]. Ungünstiger fällt eine etwas jüngere Prognose des DIW aus, das bei einem Wachstum von 2,4% Ende 2000 noch mit knapp über 4 Millionen Arbeitslosen rechnet [48].

2 Ursachen der Arbeitslosigkeit und Standortdebatte

Die Frage nach den Ursachen der Arbeitslosigkeit wird kaum umfassend und eindeutig zu beantworten sein, denn die ungünstige Entwicklung dürfte sich auf eine Vielzahl von Gründen zurückführen lassen, die mehr oder weniger dazu beigetragen haben können. Außerdem gehen die Meinungen der Experten hier weit auseinander. Angeboten wird schließlich ein breites Spektrum von Erklärungen.

So werden einige Ursachen in Managementfehlern oder dem Innovations- und Investitionsverhalten deutscher Unternehmen gesehen, die sich bei Investitionen in Deutschland vor allem von dem Ziel arbeitssparender Rationalisierung leiten lassen und zu wenig Erweiterungsinvestitionen tätigen [49]. Auch die auf den Abbau der Staatsverschuldung gerichtete Finanzpolitik, in deren Folge sich die öffentlichen Investitionen verringern, wird gelegentlich genannt [50]. Immer wieder angeführt wird sicher nicht zu Unrecht die hohen Zahl der geleisteten Überstunden. Sie ist 1998 auf rund 1,83 Milliarden angestiegen. Das entspricht rein rechnerisch etwa 1,2 Millionen Arbeitsplätzen nach Ansicht der Bundesanstalt für Arbeit, die meint, daß ein Teilabbau tatsächlich immerhin bis zu 400 000 neue Jobs bringen könnte [51].

Weitgehend unstreitig scheint, daß die weltwirtschaftliche Entwicklung, die vieldiskutierten Standortbedingungen, das nationale Wachstum der Wirtschaft,

47 Die Lage der Weltwirtschaft und der deutschen Wirtschaft im Frühjahr 1999 (Frühjahrsgutachten der führenden Wirtschaftsinstitute), in DIW Wochenbericht 17/99 S.281(302f)

48 Vgl. DIW sieht Versagen Bonner Politik, in Weser Kurier v. 14.7.1999, S.1

49 Bartsch, Heise, Tofaute: Grundzüge eines Modernisierungs- und Beschäftigungsprogramms für die Bundesrepublik Deutschland in, WSI Mitteilungen 1994 S.377(378); WSI Projektgruppe Prognose: Die wirtschaftliche Entwicklung in Deutschland in den Jahren 1996/97 in, WSI Mitteilungen 1996, S.669(673)

50 Vgl. Rekordtief am Arbeitsmarkt, in Weser Kurier v. 8.1.1997 S.1 und DIW sieht Versagen Bonner Politik in Weser Kurier v. 14.7.1999, S. 1

51 Vgl. 20 Millionen Überstunden, in Weser Kurier v. 5.1.1999, S.1 und Vorstoß gegen Überstunden, in Weser Kurier v. 10.1.1997, S.1

der Strukturwandel und das Arbeitskräfteangebot generell Einfluß auf die Beschäftigungssituation haben [52]. Übereinstimmung besteht wohl auch darin, daß sich die Arbeitslosigkeit durch eine Zunahme des Beschäftigungsangebotes infolge von Wirtschaftswachstum bei den Wachstumsraten der vergangenen Jahre (in den letzten vier Jahren waren es durchschnittlich etwa 1,6 % [53] kaum zügig verringern lassen wird, weil dafür ein höheres Wachstum von mindestens 2,5 Prozent erforderlich wäre. Der Grund wird in der vergleichsweise hohen Zunahme der Arbeitsproduktivität gesehen, die dazu führen kann, daß geringe Wachstumsraten nicht nur ausgeglichen werden, sondern die Arbeitslosigkeit sogar ansteigt [54]. Inwiefern die Standortbedingungen allerdings tatsächlich für das nicht ausreichende Wirtschaftswachstum und die Beschäftigungsmisere verantwortlich sind, ist äußerst umstritten.

Der Sachverständigenrat zur Begutachtung der gesamtwirtschaftlichen Entwicklung geht in seinem Jahresgutachten 1994/95 ausführlich darauf ein, Ursachen und Lösungsansätze für die Beschäftigungskrise aufzuzeigen. Er hält neben Funktionsstörungen am Arbeitsmarkt und konjunkturellen Ursachen, vor allem ungünstige Standortfaktoren des Wirtschaftsstandortes Deutschland, insbesondere die Höhe der Tariflöhne und Mängel des Tarifvertragssystems für verantwortlich, deren ungünstigen Einfluß auf das Wachstum der Wirtschaft und die Beschäftigungssituation er in seinen Gutachten immer wieder bemängelt [55]. Als Funktionsstörungen beschreibt er den Anstieg der Langzeitarbeitslosigkeit sowie Abstimmungsprobleme zwischen dem Arbeitskräfteangebot und der Arbeitskräftenachfrage, die sich daraus ergeben, daß das Angebot und die Nachfrage örtlich und hinsichtlich der Anforderungen an die Berufsausbildung und die Qualifikation der Bewerber häufig nicht übereinstimmen und daß

52 Jedenfalls gehen die Wirtschaftswissenschaftler ganz überwiegend davon aus, siehe: Jahresgutachten 1994/95 des Sachverständigenrates zur Begutachtung der gesamtwirtschaftlichen Entwicklung, BT Drucksache 13/26, S.247ff Jahresgutachten 1995/96 BT Drucks. 13/3016, S.172ff und 216ff sowie Arbeitsgruppe Alternative Wirtschaftspolitik, Memorandum' 97, S.9ff und: Die Lage der Weltwirtschaft und der deutschen Wirtschaft im Frühjahr 1999, in DIW Wochenbericht 17/99 S.281(302f)

53 Jahresgutachten 1998/99 des Sachverständigenrates zur Begutachtung der gesamtwirtschaftlichen Entwicklung, BT Drucksache 14/73, S.65

54 Jahresgutachten 1994/95 des Sachverständigenrates zur Begutachtung der gesamtwirtschaftlichen Entwicklung, BT Drucksache 13/26, S.249; Arbeitsgruppe Alternative Wirtschaftspolitik, Memorandum' 96, S.18, 32 und 38

55 Jahresgutachten 1994/95 des Sachverständigenrates zur Begutachtung der gesamtwirtschaftlichen Entwicklung, BT Drucksache 13/26, S.247ff, Jahresg. 95/96, BT Drucksache 13/3016, S.11, 99ff, 172ff, S.216ff und 226ff, Jahresg. 1997/98, BT Drucks. 13/9090, S.8ff und Jahresg. 1998/99, BT Drucks. 14/73, S. 5ff, 11ff sowie 117ff

berufliche, qualifikatorische und regionale Mobilitätsdefizite seitens der Bewerber bestehen. Weitere Funktionsstörungen sieht er in Hindernissen für Existenzgründungen durch überzogene Marktzugangsregulierungen und steuerliche Bestimmungen, in deren Folge erheblich weniger Beschäftigungsgewinne erzielt werden als dies im Rahmen des Strukturwandels durch Neugründungen kleiner Unternehmen möglich wäre und institutionellen Hindernissen durch arbeitsrechtliche Regelungen, wie den Kündigungsschutz und Sozialplanregelungen, die zu hohe Entlassungskosten und Sozialplankosten verursachen und so die Bereitschaft der Unternehmen zu Neueinstellungen mindern [56].

Als wohl wichtigste Ursache werden besonders in den folgenden Jahresgutachten wie von einigen anderen Autoren aber die Standortbedingungen in einem Standortwettbewerb angeführt [57], den der Sachverständigenrat als Wettbewerb zwischen Ländern und Regionen beschreibt, in dem es darauf ankommt, unternehmerische Aktivitäten und Kapital für einen Standort zu erhalten, um Beschäftigung zu ermöglichen und der durch den Abbau von Handelsschranken, die Freizügigkeit von Arbeitnehmern und Unternehmern in Europa, eine Kommunikationstechnik, die Informationen weltweit verfügbar macht, die Globalisierung von Unternehmensnetzwerken sowie das Entstehen neuer leistungsfähiger Standorte in Schwellenländern und in den benachbarten Reformländern in Mittel- und Osteuropa erheblich zugenommen hat. Der Sachverständigenrat meint, daß schon die unzureichende Investitionsbereitschaft, die das vorhandene Angebot an Arbeitskräften immer weniger ausschöpft, deutlich zeigt, daß das Land im Standortwettbewerb zurückfällt [58]. Als ungünstige Standortfaktoren werden neben den Wechselkursen, Steuerbelastungen der Unternehmen, Umweltauflagen, komplizierte Verwaltungsverfahren, die zeitliche Verfügbarkeit der Arbeitnehmer und insbesondere zu hohe Arbeits- bzw. Lohn- und Lohnnebenkosten aber auch das Tarifsystem genannt [59]. Hier

56 Jahresgutachten 1994/95 des Sachverständigenrates zur Begutachtung der gesamtwirtschaftlichen Entwicklung, BT Drucksache 13/26, S.250ff

57 Jahresgutachten 1994/95 des Sachverständigenrates zur Begutachtung der gesamtwirtschaftlichen Entwicklung, BT Drucksache 13/26, S. 258ff, Jahresg. 95/96, BT Drucksache 13/3016, S.172ff und S.216ff, Jahresg. 1997/98, BT Drucks. 13/9090, S.8ff und Jahresg. 1998/99, BT Drucks. 14/73, S.5ff, 11ff sowie 117ff und z.B. Buchner: Beschäftigungssicherung unter dem Günstigkeitsprinzip, Beilage Nr. 12/96 zu DB Heft 29/96, S.3ff

58 Jahresgutachten 1995/96 des Sachverständigenrates zur Begutachtung der gesamtwirtschaftlichen Entwicklung, BT Drucksache 13/3016, S.173

59 Buchner: Beschäftigungssicherung unter dem Günstigkeitsprinzip, Beilage Nr. 12/96 zu DB Heft 29/96, S.3 und Jahresg. 95/96 des Sachverständigenrates zur Begutachtung der gesamtwirtschaftlichen Entwicklung, BT Drucksache 13/3016, S.172ff

liegen Defizite nach Ansicht des Sachverständigenrats mit Blick auf den Arbeitsmarkt auf der Hand und könnten nicht ernsthaft bestritten werden [60]. Die Kritik an der Lohnhöhe findet ihre Begründung schon länger im wesentlichen darin, daß die deutschen Arbeitskosten die weltweit höchsten sind [61] und daß auch die Lohnstückkosten deshalb trotz eines beachtlichen Rückgangs in den letzten Jahren im internationalen Vergleich noch immer zu hoch sind [62]. Der Flächentarifvertrag wird mit der Begründung als zu unflexibel kritisiert, daß er bei der Lohnfindung generell zu wenig differenziert, die Leistungsfähigkeit der einzelnen Betriebe nicht genügend berücksichtigt und keine ausreichende Anpassungsfähigkeit an den zunehmenden internationalen Wettbewerb für die Unternehmen gewährleistet, zumal die Unabdingbarkeit der Tarifnormen selbst in wirtschaftlichen Notlagen keine Ausnahme erlaubt. Die Tarifpolitik der Tarifparteien berücksichtigt die veränderte Situation am Weltmarkt und beschäftigungspolitische Interessen bei Lohnvereinbarungen nach Ansicht der Kritiker nicht ausreichend [63].

Dies sind nach Auffassung des Sachverständigenrates wesentliche Ursachen dafür, daß das Wachstum der Wirtschaft nicht in dem Maß durch die Bildung marktgerechter Löhne gefördert wird, wie es angesichts des verstärkten Standortwettbewerbs zum Abbau der hohen Sockelarbeitslosigkeit und der konjunkturbedingten Arbeitslosigkeit erforderlich wäre [64], die, wie der Sachverständigenrat es beschreibt, als Folge von Rezession und Wachstumsschwäche, das heißt durch den Verlust von Arbeitsplätzen infolge wirtschaftlicher Rezessionen, im Rahmen des Strukturwandels und durch den Produktionsfortschritt, aber auch durch die Zunahme des Arbeitskräfteangebotes entsteht, wenn die

60 Jahresgutachten 1995/96 des Sachverständigenrates zur Begutachtung der gesamtwirtschaftlichen Entw., BT Drucksache 13/3016, S.226

61 Vgl. Industrielle Arbeitskosten im internationalen Vergleich in, iw trends 2/98, S.88ff und Arbeitskosten in der Industrie, Nachteil weiter vergrößert in, iwd 18/1996 S.3; die Jobs wandern aus, in: Der Spiegel, Nr. 37/1995, S.42(43, und 44)

62 Vgl. Produktivität und Lohnstückkosten im internationalen Wettbewerb in, iw trends 2/98, S.71ff und z.B. Lohnstückkosten in Westdeutschland im harten Wettbewerb in, iwd 32/1994 oder Jahresg. 1995/96 des Sachverständigenrates zur Begutachtung der gesamtw. Entwicklung, BT Drucksache 13/3016, S.99

63 Buchner: Beschäftigungssicherung unter dem Günstigkeitsprinzip, Beilage Nr. 12/96 zu DB Heft 29/96, S.3 und Jahresg. 95/96 des Sachverständigenrates zur Begutachtung der gesamtwirtschaftlichen Entwicklung, BT Drucksache 13/3016, S.226ff; Ehmann, Lambrich, Vorrang der Betriebs- vor der Tarifautonomie kraft des Subsidiaritätsprinzips, NZA 1996, S.346f; Ehmann, Schmidt: Betriebsvereinbarung und Tarifverträge, NZA 1995, S.193ff

64 Jahresgutachten 1997/98 des Sachverständigenrates zur Begutachtung der gesamtwirtschaftlichen Entwicklung, BT Drucks. 13/9090, S.8ff

Arbeitsplatzverluste und der Zuwachs des Arbeitskräfteangebotes in den Zeiten konjunkturellen Aufschwunges infolge zu geringen Wirtschaftswachstums nicht durch die Entstehung neuer Arbeitsplätze ausgeglichen werden können [65]. Die unabdingbaren Tariflöhne werden sowohl für Konkurse und die hohen Beschäftigungsverluste in dem vom Strukturwandel besonders betroffenen produzierenden Gewerbe verantwortlich gemacht, als auch für die Wachstumsschwäche und den unzureichenden Ersatz der Verluste durch neue Arbeitsplätze. Hier werden Tendenzen beschrieben und auf das Tariflohnniveau zurückgeführt, daß Unternehmen sich bei Investitionen in Deutschland vor allem von dem Ziel arbeitssparender Rationalisierung leiten lassen, zu wenig Erweiterungsinvestitionen vornehmem, die für die Entstehung neuer Arbeitsplätze nötig wären, ihre Produktion ganz oder teilweise an ausländische Standorte verlegen und zunehmend von ausländischen Lieferanten Vorprodukte kaufen [66].

Die bestehende Arbeitslosigkeit ist nach Auffassung des Sachverständigenrates in Anbetracht der zahlreichen und vielfältigen Ursachen der Arbeitslosigkeit zwar nicht allein durch Lohnzurückhaltung und eine unternehmensbezogenere, flexibelere Lohnbildung zu beseitigen. Er sieht darin aber die wichtigsten Instrumente zur Lösung der Beschäftigungs- und Standortprobleme [67] und mahnt deshalb nicht nur ständig zur Lohnzurückhaltung [68] sondern befürwortet auch die Flexibilisierung des Tarifsystems, insbesondere die Härtefallregelungen [69].

Die Arbeitsgruppe Alternative Wirtschaftspolitik vertritt dagegen die Ansicht, daß die Beschäftigungsprobleme weder auf mangelnde Angebotsbedingungen für Unternehmen und ungenügende Wettbewerbsbedingungen noch auf einen überbordenden Sozialstaat zurückgeführt werden können. Sie meint: Die Arbeitslosigkeit habe entstehen können, weil die Produktivität stärker gestiegen sei als das Wachstum; dadurch sei die Nachfrage nach Arbeitskräften gesunken und die verringerte Nachfrage sei auf ein Arbeitskraftangebot getroffen,

65 Jahresgutachten 1994/95 des Sachverständigenrates zur Begutachtung der gesamtwirtschaftlichen Entwicklung, BT Drucksache 13/26, S.258ff

66 Jahresgutachten 1995/96 des Sachverständigenrates, BT Drucksache 13/3016, S.172ff; Buchner: Beschäftigungssicherung, Beilage Nr. 12/96 zu DB Heft 29/96, S.3

67 Jahresgut. 1994/95 des Sachverständigenrates, BT Drucksache 13/26, S.261 und 264

68 Jahresgutachten 1995/96 des Sachverständigenrates zur Begutachtung der gesamtwirtschaftlichen Entwicklung, BT Drucksache 13/3016, S.217, Jahresgutachten 1997/98, BT Drucks. 13/9090, S.8ff und Jahresgutachten 1998/99, BT Drucks. 14/73, S.5ff, 11ff sowie 117ff

69 Jahresgutachten 1995/96 des Sachverständigenrates zur Begutachtung der gesamtwirtschaftlichen Entwicklung, BT Drucksache 13/3016, S.226ff und Jahresgutachten 1997/98, BT Drucks. 13/9090, S.10

das durch Zuwanderungen und eine wachsende Erwerbsneigung von Frauen gestiegen sei; unter diesen Bedingungen habe es ohne Arbeitszeitverkürzungen zwangsläufig zu steigenden Arbeitslosenzahlen kommen müssen; die Wachstumsschwäche liege an einer langanhaltenden Nachfrageschwäche, die auf Realeinkommensverlusten und einer ungünstigen Einkommensverteilung beruhen, keineswegs aber an den Standortbedingungen; diese seien in den letzten Jahren ohne kräftigen Wachstumsimpuls verbessert worden und gut, wie die erfolgreiche Tätigkeit deutscher Unternehmen am Weltmarkt und die Betrachtung der wichtigsten Indikatoren zeige [70].

Hier kommt die Alternative Arbeitsgruppe Wirtschaftspolitik wie das Deutsche Institut für Wirtschaftsforschung und das Wirtschafts- und Sozialwissenschaftliche Institut bei ihren Standortuntersuchungen der letzten Jahre zu dem Ergebnis, daß der Standort Deutschland günstig ist und sich die Qualität sogar verbessert hat. Zur Begründung wird angeführt, daß die Arbeitsproduktivität sich in Deutschland besonders günstig entwickelt habe und die BRD hier im internationalen Vergleich in der Spitzengruppe liege, was noch in den 80er Jahren nicht der Fall gewesen sei; dies habe nur infolge einer starken Aufwertung der Deutschen Mark lange keine bleibenden Wettbewerbsvorteile zur Folge gehabt; dennoch sei die Lohnstückkostenentwicklung aufgrund des starken Produktivitätszuwachses günstiger als in den meisten anderen Industrieländern; die realen Lohnstückkosten seien niedriger als in den USA, Frankreich und Großbritannien ; dies zeige, daß auch der in der Lohnsumme enthaltene Lohnnebenkostenanteil vollständig ausgeglichen werde. Weiter wird damit argumentiert, daß Deutschland nach wie vor mit deutlichem Abstand zu den anderen europäischen Industrieländern eine der führenden Exportnationen ist und die Auslandsinvestitionen in die Billiglohnländer keineswegs bedrohlich zugenommen haben [71]. Positive Beschäftigungseffekte sind nach Ansicht der Arbeitsgruppe Alternative Wirtschaftspolitik mittels einer weiteren Verbesserung der Gewinnchancenfür Unternehmen durch Lohnzurückhaltung und eine Flexibilisierung des Tarifsystems nicht zu erreichen. Sie warnt sowohl vor den

70 Arbeitsgruppe Alternative Wirtschaftsp., Memorandum' 97, S. 76 ff

71 Heise, Mülhaupt, Seifert und Ziegler: Der Standort Deutschland bei Eintritt in die Europäische Währungsunion - der WSI Standortbericht 1999, WSI Mitteilungen 5/99, S.289ff; Arbeitsgruppe Alternative Wirtschaftsp., Memorandum'97, S.67ff; Hat Westdeutschland ein Standortproblem, DIW Wochenbericht 38/95, S.653ff; Küchle: Zur Messung der Wettbewerbsfähigkeit von Volkswirtschaften in, WSI Mitteilungen 1994, S.180 ff; Schäfer: Mit falschen Verteilungs - "Götzen" zu echten Standortproblemen in, WSI Mitteilungen 1996, S. 597 ff; Flassbeck: Deutschland - kein Standort für Investitionen in, WSI Mitteilungen 1995, S.699ff und: Hohe Arbeitslosigkeit in den Industrieländern, und Wettbewerbsprobleme, DIW Wochenbericht 40/93, S. 548 ff

Auswirkungen einer Schwächung der Massenkaufkraft auf das Wirtschaftswachstum und die Beschäftigungsentwicklung als auch vor neuer Armut durch Niedriglöhne [72]. Auch das DIW und das WSI kommen zu dem Ergebnis, daß durch Lohnverzicht kaum ein bleibender Wettbewerbsvorteil zu erzielen ist. Die Gefahr, daß im Inland gewonnene Kostenvorteile wie bisher durch Aufwertungen der Landeswährung eingebüßt werden, auf die das DIW vor der Währungsunion hingewiesen hatte, besteht gegenüber den Mitgliedsländern in der EU zwar nicht mehr. Das WSI sieht nunmehr aber die Gefahr eines Lohndumpingsprozesses zwischen den Partnerländern. Nach Ansicht des DIW können Lohnzurückhaltung und Härtefallregelungen möglicherweise aber den Strukturwandel etwas abfedern und damit zur Bekämpfung der Arbeitslosigkeit beitragen [73].

Ohne in die Standortdiskussion der Ökonomen eingreifen zu wollen fragt sich, ob die Kritik an den Standortbedingungen jedenfalls im Bezug auf die Tariflöhne und das Tarifsystem nicht überzogen oder sogar unbegründet ist und ob die Beschäftigungsprobleme sich damit wirklich erklären oder sogar lösen lassen. Daß die Bedrohung der Standortqualität bereits daran zu erkennen sein soll, daß das Arbeitskräfteangebot in immer geringerem Maß von den Unternehmen ausgeschöpft wird und Mängel im Tarifsystem mit Blick auf den Arbeitsmarkt auf der Hand liegen, wie der Sachverständigenrat meint [74], ist nicht nachvollziehbar. Das Maß, in dem das Angebot an Arbeitskräften nicht ausgeschöpft wird, hat viele Ursachen, von denen möglicherweise einige, keineswegs aber alle mit der Qualität der Standortbedingungen in Zusammenhang gebracht werden können. So wird die Höhe der Arbeitslosigkeit nicht unwesentlich durch weltwirtschaftliche Entwicklungen wie Rezessionen oder Krisen in den Abnehmerländern der Exportnationen aber auch durch die Entwicklung des Arbeitskräfteangebotes beeinflußt, das tatsächlich nicht unbeträchtlich zugenommen hat, wie die Arbeitsgruppe Alternative Wirtschaftspolitik ja anführt [75] und der Sachverständigenrat an anderer Stelle selbst feststellt [76].

72 Arbeitsgruppe Alternative Wirtschaftspolitik, Memorandum' 96, S.23, 30, 31, 60 ff und Memorandum'98, S.85ff

73 Heise, Mülhaupt, Seifert und Ziegler: Der Standort Deutschland bei Eintritt in die Europäische Währungsunion - der WSI Standortbericht 1999 in, WSI Mitteilungen 5/99, S.289ff; DIW, Hat Westdeutschland ein Standortproblem, DIW Wochenbericht 38/95, S.653ff

74 Jahresgutachten 1995/96 des Sachverständigenrates zur Begutachtung der gesamtwirtschaftlichen Entwicklung, BT Drucksache 13/3016, S.173 und S.226

75 Arbeitsgruppe Alternative Wirtschaftsp., Memorandum'97, S.76ff

76 Jahresgutachten 1994/95 des Sachverständigenrates zur Begutachtung der gesamtwirtschaftlichen Entwicklung, BT Drucksache 13/26, S. 250

Außerdem spricht auch einiges offensichtlich dafür, daß die Bedingungen für Unternehmen in der Bundesrepublik gut sind, beispielsweise die kräftigen Zuwächse bei den Unternehmereinkommen, die auch der Sachverständigenrat einräumt [77], oder gute Gewinnentwicklung im Unternehmensbereich, mit einem Anstieg der Brutto- und vor allem der Nettogewinne [78] sowie der gestiegenen Kapitalrendite, die die Investitionsbedingungen auch nach Ansicht des Sachverständigenrates verbessert [79]. Auch hat sich die Arbeitslosigkeit über einen Zeitraum von mehr als zwanzig Jahren aufgebaut. Schlüsse auf die gegenwärtige Standortqualität oder gar einzelne Standortfaktoren wird man allein aus der Höhe der Arbeitslosigkeit also nicht ziehen können. Internationale Vergleiche der Standortbedingungen werden schon eher Schlußfolgerungen auf Standortqualität und Wettbewerbsfähigkeit zulassen.

2.1 Die Standortbedingungen ungünstig?

In der wirtschaftswissenschaftlichen Standortdiskussion werden teilweise Zweifel geäußert, ob es so etwas wie die Wettbewerbsfähigkeit von Volkswirtschaften und Kriterien zu deren Messung überhaupt gibt, denn nicht ganze Volkswirtschaften konkurrieren um Weltmarktanteile, sondern Unternehmen. Gleichwohl kann die Konkurrenz der Unternehmen nicht losgelöst von ihrem Standort und den nationalen volkswirtschaftlichen Rahmenbedingungen gesehen werden, die sich z.B. in Form der Währungs- und Finanzpolitik, der Infrastruktur, der Politik und der Tarifpolitik darstellen. Schließlich unterliegen die Unternehmen eines nationalen Standortes den gleichen wirtschaftspolitischen Rahmenbedingungen und dem gleichen Wechselkurs gegenüber anderen Währungsgebieten, so daß durchaus verschiedene nationale Standortbedingungen unterschieden werden können. Der Standort muß also die Rahmenbedingungen schaffen, die eine günstige Entwicklung für Unternehmen und damit auch Beschäftigung gewährleistet [80].

77 Arbeitsgruppe Alternative Wirtschaftspolitik, Memorandum'97, S.73 und Jahresgutachten 1995/96 des Sachverständigenrates zur Begutachtung der gesamtwirtschaftlichen Entwicklung, BT Drucksache 13/3016, S.99

78 Schäfer: Mit falschen Verteilungs-"Götzen" zu echten Standortproblemen, WSI Mitteilungen 1996, S.597(598)

79 Arbeitsgruppe Alternative Wirtschaftspolitik, Memorandum'96, S.30 und Memorandum' 97, S. 73; Jahresgutachten 1998/99 des Sachverständigenrates zur Begutachtung der gesamtwirtschaftlichen Entwicklung, BT Drucks. 14/73, S.70ff,

80 Heise: Der Standort Deutschland im globalen Wettbewerb, WSI Mitteilungen 1995, S.691(692); Küchle: Deutschlands Position auf dem Weltmarkt, WSI Mitteilungen 1995, S.295

Zur Messung der Standortqualität werden viele Konzepte angeboten. Die meisten Untersuchungen der Standortqualität beschränken sich jedoch im wesentlichen auf quantitative internationale Vergleiche einiger möglichst relevanter Wettbewerbsfaktoren aus einer Vielzahl von Standortfaktoren. Weitgehend unberücksichtigt bleibt bei dieser Vorgehensweise allerdings, daß sich nicht alle Standortfaktoren quantitativ vergleichen lassen, obwohl sie für die Produktionsbedingungen nicht weniger bedeutsam sind und daß die Bundesrepublik bei diesen qualitativen Standortfaktoren bedeutende Vorzüge aufzuweisen hat. Dies trifft zum Beispiel auf die politische Stabilität, die verläßliche rechtsstaatliche Ordnung, die gute Infrastruktur, das gute Berufsbildungssystem sowie die hohe Leistungsbereitschaft und Qualifikation der Arbeitnehmer zu. Ein nicht unwesentlicher qualitativer Standortnachteil wird dagegen beispielsweise in komplizierten und langwierigen Verwaltungs- und Genehmigungsverfahren gesehen, die ein ernst zu nehmendes Investitionshemmnis sein könnten [81].

Verglichen werden vor allem die Arbeitskosten, die Produktivität, die Lohnstückkosten, die Betriebs- und Arbeitszeiten, die Investitionsquote, der Exportanteil und die Unternehmensbesteuerung.

2.1.1 Arbeitskosten, Produktivität und Lohnstückkosten

2.1.1.1 Die Arbeitskosten

Die internationalen Arbeitskostenvergleiche [82], die häufig zur Begründung der Standortmängel herangezogen werden [83], stammen meist vom Institut der deutschen Wirtschaft und beschränken sich auf die verarbeitende Industrie. Sie zeigen, daß die deutschen Arbeitskosten hier tatsächlich deutlich höher sind als in den anderen Industrienationen, erheblich über denen in den Ländern Mittel- und Osteuropas sowie Südostasiens liegen und zumindest zeitweise an der Weltspitze lagen. Nach einem Vergleich im Jahresgutachten 1998/99 des Sachverständigenrates zur Begutachtung der gesamtwirtschaftlichen Entwicklung, der sich nicht auf die verarbeitende Industrie beschränkt, ist dies nicht der Fall. Hier liegen sie hinter Belgien und Luxemburg aber immer noch über

81 Kroker: Deutschland - angeschlagene Standortqualität, WSI Mitteilungen 1995, S. 705(709); Küchle, Zur Messung der Wettbewerbsfähigkeit von Volkswirtschaften, WSI Mitteilungen 1994, S.180(182)

82 Vgl. Industrielle Arbeitskosten im internationalen Vergleich in, iw trends 2/98, S.88(91) und Arbeitskosten in der Industrie, Nachteil weiter vergrößert in, iwd 18/1996 S. 3

83 Buchner: Beschäftigungssicherung unter dem Günstp., Beilage Nr. 12/96 zu DB Heft 29/96, S. 3 und die Jobs wandern aus, in: Der Spiegel, Nr. 37/1995, S.42(43, 44)

den Lohnstückkosten der anderen führenden westlichen Industrienationen [84]. Auch wenn die Abstände zu diesen keineswegs so hoch sind, wie bei den Vergleichen des Instituts der Deutschen Wirtschaft scheinen sie damit jedenfalls nicht günstig. Verantwortlich dafür sind weniger die Reallöhne als der auch im Vergleich zum westlichen Ausland ungewöhnlich hohe Lohnnebenkostenanteil.

2.1.1.2 Produktivität und Lohnstückkosten

Zu Recht wird in der Standortdebatte allerdings darauf hingewiesen, daß einem Vergleich der Arbeitskosten allein nur geringe Aussagekraft zugemessen werden kann, weil auch die Arbeitsproduktivität, die in der deutschen Industrie ebenfalls sehr hoch ist, zumindest in den Vergleich mit einbezogen werden muß, um die Produktionskosten eines Standortes und damit die lohnkostenbedingte Wettbewerbsposition zu ermitteln [85]. Bedeutender als der separate Vergleich der Arbeitskosten und der Stundenproduktivität ist deshalb die vergleichende Darstellung der Arbeitskosten pro Arbeitsleistung, der Lohnstückkosten [86]. Diese sind einer der relevantesten Standortindikatoren und umfassendsten Kenngrößen zur Erfassung von Kostenveränderungen in der Wirtschaft. Sie beziehen die gesamten Lohn- und Lohnnebenkosten auf die Arbeitsproduktivität. Errechnet wird das Bruttoeinkommen aus unselbständiger Arbeit je Einheit des Bruttoinlandsproduktes bzw. das Verhältnis von Arbeitskosten je Stunde zur Arbeitsproduktivität, der Bruttowertschöpfung je Stunde. Sollen die in nationaler Währung berechneten Lohnstückkosten eines Standortes mit denen anderer Länder verglichen werden, so gibt es verschiedene Methoden.

Eine besteht darin, die Lohnstückkosten in eine gemeinsame Währung umzurechnen und dann zu vergleichen [87]. Solche Lohnstückkostenvergleiche, wie sie das Institut der deutschen Wirtschaft regelmäßig veröffentlicht, sind allerdings kein absoluter Gradmesser für die Wettbewerbsfähigkeit, wie schon deutliche Unterschiede zwischen den Berechnungsergebnissen der Wirtschaftsforschungsinstitute zeigen. So kam das Institut der deutschen Wirtschaft z.B. für 1991 zu einem Spitzenwert für die deutschen Lohnstückkosten [88], während

84 Jahresgutachten 1998/1999 des Sachverständigenrates, BT Drucks. 14/73, S.195

85 Vgl. Kroker: Deutschland - angeschlag. Standortq., WSI Mitteilungen 1995, S.705(707)

86 Heise: Kosten-Weltmeister? Oder: Ein weiterer Versuch im "Schwarzer-Peter-Spiel" bei Lohnstückkosten, WSI Mitteilungen 1992, S.521(523)

87 Küchle: Zur Messung der Wettbewerbsfähigkeit von Volkswirtschaften, WSI Mitteilungen 1994, S.180(182) und: Hohe Arbeitslosigkeit in den westlichen Industrieländern und Wettbewerbsprobleme in, DIW Wochenbericht 40/93, S.541(551)

88 Vgl. Kosten- Weltmeister in, iwd 15/1992

sie nach einer überprüfenden Untersuchung dieses Ergebnisses des WSI hinter anderen Industrienationen an dritter Stelle lagen. Die unterschiedlichen Ergebnisse beruhen nach der Untersuchung des WSI vor allem darauf, daß das von den Arbeitgebern getragene Institut der deutschen Wirtschaft bei seinen Berechnungen bezüglich der Arbeitsproduktivität Zahlenmaterial aus dem Jahr 1980 verwendet hatte und hinsichtlich der Arbeitskosten Zahlen zugrunde gelegt hatte, die auf Datenmaterial der Europäischen Gemeinschaft aus dem Jahr 1988 basierten. Reduziert wird die Aussagekraft der Vergleiche in jedem Fall aber dadurch, daß die Nationalproduktskonzepte der Länder, die den Berechnungen der Lohnstückkosten zugrunde gelegt werden, große Unterschiede aufweisen [89]. Weitere Einschränkungen bezüglich der Aussagekraft ergeben sich dadurch, daß die in den Lohnstückkosten enthaltenen Arbeitskosten der Länder nur bedingt vergleichbar sind. So erfolgt z.B. die gesetzliche soziale Sicherung in Deutschland über die Personalkosten, in Dänemark dagegen über das Steuersystem. Den Unternehmen entstehen in beiden Fällen Kosten, aber nur im ersten Fall werden die Arbeitskosten direkt betroffen und gehen in den Lohnstückkostenvergleich ein. Weitere Verzerrungen ergeben sich, weil die Steuer- und Abgabenbelastungen sich aufgrund der unterschiedlichen Erhebungsarten bei der Berechnung der Lohnstückkosten nicht gleichmäßig berücksichtigen lassen. Hier können sich bei insgesamt gleicher Kostenbelastung Differenzen der Lohnstückkosten von mehr als zehn Prozent ergeben. Verzerrungen ergeben sich ferner durch die Umrechnung in eine gemeinsame Währung und daraus, daß jede Wechselkursänderung unabhängig von der Entwicklung der Lohnstückkosten im Inland eine Veränderung des internationalen Lohnstückkostenvergleiches verursacht. Die Ergebnisse internationaler Lohnstückkostenvergleiche bedürfen deshalb zumindest einer kritischen Betrachtung [90].

Die Arbeitsgruppe Alternative Wirtschaftspolitik hält die lohnbezogene Standortproblematisierung an Hand einer Bewertung der Lohnstückkosten in Einheitswährung wegen des Wechselkurseinflusses für unzulässig und vergleicht deshalb die Entwicklung der Lohnstückkosten gemessen in den Landeswährungen [91]. Auch das DIW meint, die relative Entwicklung der Lohnstückkosten über längere Zeiträume sei gerade für internationale Vergleiche besser geeignet, um die Veränderungen der preislichen Wettbewerbsfähigkeit zu erfassen.

89 Heise: Kosten- Weltmeister? Oder: Ein weiterer Versuch im "Schwarzer-Peter-Spiel" bei Lohnstückkosten, WSI Mitteilungen 1992, S.521(522,523ff)

90 Küchle: Zur Messung der Wettbewerbsfähigkeit von Volkswirtschaften, WSI Mitteilungen 1994, S.180(182); Heise: Kosten-Weltmeister? Oder: Ein weiterer Versuch im "Schwarzer-Peter-Spiel" bei Lohnstückkosten, WSI Mitteilungen 1992, S.521(524)

91 Arbeitsgruppe Alternative Wirtschaftspolitik, Memorandum'96, S.109

Wettbewerbsprobleme entwickeln sich nach Auffassung des DIW, wenn die Lohnstückkosten auf Dauer stärker zunehmen als bei den Handelspartnern, wenn z.B. die Lohnabschlüsse die Produktionszunahme übersteigen. Das Institut vergleicht folglich die Produktivitätsentwicklung, die Entwicklung des Reallohnanstieges und die Entwicklung der relativen Lohnstückkostenentwicklung. Der Vergleich der Entwicklung der relativen Lohnstückkosten erfolgt zum einen gemessen in Landeswährungen, um die Wechselkursänderungen auszuschließen, und zum anderen unter Einbeziehung der Währungsänderungen durch die Umrechnung der Lohnstückkostenentwicklungen in sogenannte Sonderziehungsrechte [92]. Auch diese Methoden haben allerdings einen Nachteil. Sie zeigen nämlich anders als der direkte Vergleich nicht das zu einem bestimmten Zeitpunkt konkret bestehende Verhältnis zu den Lohnstückkosten in den Vergleichsländern. Es scheint deshalb richtig, sowohl die Lohnstückkosten als auch deren Entwicklung zu vergleichen, was teilweise ja auch vorgenommen wird [93].

Direkte Vergleiche von verschiedenen Instituten kommen wie schon erwähnt nicht immer zu identischen Ergebnissen. Nach den Angaben der Arbeitsgruppe Alternative Wirtschaftspolitik z.B., das sich auf Berechnungen des IfO Instituts beruft [94], sind die realen Lohnstückkosten in Deutschland niedriger als in den USA, Frankreich, Großbritannien und Japan. Ein Vergleich des Instituts der deutschen Wirtschaft, der sich allerdings wieder auf das verarbeitende Gewerbe beschränkt, zeigt die deutschen Lohnstückkosten dagegen nur günstiger als in Großbritannien und Norwegen [95]. Ohne entscheiden zu können, welches Ergebnis zutrifft, läßt sich aber ersehen, daß die Unterschiede zwischen den führenden Industrienationen bei den Lohnstückkosten geringer sind, als dies bei den Arbeitskosten der Fall ist und die deutschen Lohnstückkosten nicht an erster Stelle unter den anderen großen westlichen Industrieländern auf einem Niveau mit diesen liegen. Dies zeigen selbst die für den Standort Deutschland wohl immer etwas ungünstigeren Zahlen des Instituts der deutschen Wirtschaft. Die deutschen Arbeitskosten werden damit einschließlich des in ihnen enthaltenen Lohnnebenkostenanteils durch die Stundenproduktivität tatsächlich

92 Vgl. Hat Westdeutschland ein Standortproblem in, DIW Wochenbericht 38/95 S.653ff und: Hohe Arbeitslosigkeit in den Industrieländern, und Wettbewerbsprobleme in, DIW Wochenbericht 40/93, S.548(550ff)

93 Vgl. Produktivität und Lohnstückkosten im internationalen Wettbewerb in, iw trends 2/98, S.71f

94 Arbeitsgruppe Alternative Wirtschaftsp., Memorandum'97, S.73

95 Vgl. Produktivität und Lohnstückkosten im internationalen Wettbewerb in, iw trends 2/98, S 71ff (81)

ausgeglichen. Ebenfalls kompensiert wurden offensichtlich Arbeitszeitverkürzungen in vielen Bereichen [96], die zumindest teilweise bei vollem Lohnausgleich erfolgten.

Auch die vergleichenden Betrachtungen der Produktivitäts- und Lohnstückkostenentwicklungen beispielsweise des Instituts der deutschen Wirtschaft, des WSI und des DIW kommen nicht zu einhelligen Ergebnissen. Für den Standort Deutschland ungünstiger fallen wieder die Berechnungsergebnisse des Instituts der deutschen Wirtschaft [97] aus, die sich auch hier wieder auf das verarbeitende Gewerbe beschränken. WSI und DIW kommen [98], wie im übrigen auch die Arbeitsgruppe Alternative Wirtschaftspolitik [99] zu besseren Bewertungen. Weitgehend Übereinstimmung besteht allerdings insoweit, daß die Stundenproduktivität sich in den neunziger Jahren in Deutschland deutlich günstiger entwickelt hat als in den anderen wichtigen Industrieländern. Übereinstimmung besteht weiter darin, daß die Zunahme der Lohnstückkosten gemessen in Landeswährung in den letzten 30 Jahren deutlich unter dem Durchschnitt der vergleichbaren Industrieländer war und lediglich deshalb keine bleibenden Wettbewerbsvorteile geblieben sind, weil der Anstieg gemessen in Sonderziehungsrechten, also unter Einbeziehung der Wechselkursänderungen infolge einer durch die günstige Inlandsentwicklung und eine niedrige Inflationsrate verursachten Aufwertung der Deutschen Mark nur im Durchschnitt der übrigen Länder lag. Völlig unstreitig ist, daß die deutschen Lohnstückkosten seit 1996 anders als in den meisten anderen Industrieländern nicht unerheblich gesunken sind (allein 1997 um 3,4 %).

Weder der direkte Vergleich der Lohnstückkosten, noch die Betrachtungen der Produktivitäts- und Lohnstückkostenentwicklung lassen damit darauf schließen, daß das deutsche Lohnniveau für eine Industrienation wirklich zu hoch ist.

96 Vgl. Kroker: Deutschland - angeschlagene Standortqualität, WSI Mitteilungen 1995, S.705(708)

97 Vgl. Produktivität und Lohnstückkosten im internationalen Wettbewerb in, iw trends 2/98, S.71ff

98 Heise, Mülhaupt, Seifert und Ziegler: Der Standort Deutschland bei Eintritt in die Europäische Währungsunion - der WSI Standortbericht 1999 in, WSI Mitteilungen 5/99, S.289ff; Hat Westdeutschland ein Standortproblem in, DIW Wochenbericht 38/95 S.653ff und: Hohe Arbeitslosigkeit in den Industrieländern, und Wettbewerbsprobleme in, DIW Wochenbericht 40/93, S.548(550ff); zu ähnlichen Ergebnissen kommen: Küchle: Zur Messung Wettbewerbsfähigkeit von Volkswirtschaften, WSI Mitteilungen 1994, S.180ff und Flassbeck: Deutschland- kein Standort für Investitionen? in, WSI Mitteilungen 1995, S.699

99 Arbeitsgruppe Alternative Wirtschaftspolitik, Memorandum' 97, S. 67ff (72ff)

Zuzugeben ist allerdings, daß bei den internationalen Vergleichen weitgehend unberücksichtigt bleibt, daß die Wettbewerbssituation der Unternehmen in den verschiedenen Branchen und Regionen unterschiedlich ist und daß, wie diesbezügliche Statistiken zeigen, erhebliche Unterschiede im Bezug auf die Produktivität, die Arbeitskosten [100], die Tariflöhne und die Lohnstückkosten innerhalb der BRD bestehen. So sind die Lohnstückkosten in den alten Bundesländern insgesamt deutlich niedriger als in den neuen, während es sich in einigen Branchen genau umgekehrt verhält [101]. Es ist also durchaus denkbar, daß in einigen Branchen und Unternehmen tatsächlich Probleme im internationalen Wettbewerb durch hohe Arbeitskosten bestehen. Insgesamt aber scheint das Tariflohnniveau nicht zu hoch und nachteilhaft für den Standort.

2.1.2 Der Außenhandel

Die BRD ist nach wie vor eine der führenden Exportnationen. Sie lag auch 1998 mit einem wiederum gestiegenen Weltmarktanteil von über zehn Prozent hinter den USA an zweiter Stelle im weltweiten Vergleich. Die Ausfuhr ist im Jahr 1997 um 11,5% und 1998 um etwa 7% angestiegen [102]. Das deutet, wenn auch nur indirekt darauf hin, daß der Standort Deutschland international wettbewerbsfähig ist. Nicht nur in Anbetracht dieser Exportstärke scheint die Befürchtung unzutreffend, daß die inländischen Arbeitskosten dazu führen, daß in Deutschland zunehmend Arbeitsplätze den Importen aus den Niedriglohnländern zum Opfer fallen, während es den Exportbranchen immer schwerer fällt, ihre teuren Produkte in diesen Ländern abzusetzen, denn die Ausfuhr in die Länder Südostasiens und Osteuropas ist wie der Import aus diesen Ländern seit 1985 gestiegen, wobei der Export in die Schwellen- und Transformationsländer Asiens und Osteuropas mit starker industrieller Basis und wesentlich niedrigeren Löhnen sogar besonders stark zugenommen hatte. Auch war die Handelsbilanz gegenüber den ostasiatischen Schwellenländern von 1993 bis 1996 positiv [103]. Erst seit 1997 ist hier ein leichter Exportrückgang zu verzeichnen, der seine Ursache nach einhelliger Ansicht der Wirtschaftswissenschaftler

100 Vgl. Branchen Arbeitskosten, fast überall Spitze in, iwd 47/1996, S 6(7)

101 Vgl. Lohnstückkosten Ost, wieder trübe Aussichten in, iwd 14/1995, S.3

102 Jahresgutachten 1998/1999 des Sachverständigenrates zur Begutachtung der gesamtwirtschaftlichen Entwicklung, BT Drucks. 14/73, S.2 und 52ff; Küchle: Deutschlands Position auf dem Weltmarkt, WSI Mitteilungen 1996, S.295(299)

103 Jahresgutachten 1998/1999 des Sachverständigenrates zur Begutachtung der gesamtwirtschaftl. Entwickl., BT Drucks. 14/73, S.252ff; Küchle: Deutschlands Position auf dem Weltmarkt, WSI Mitteilungen 1996, S.295(301) und: Hat Westdeutschland ein Standortproblem, DIW Wochenbericht 38/95, S.653(656)

aber in den Wirtschafts- und Finanzkrisen dieser Länder hat [104] und nicht auf die Standortbedingungen in der BRD zurückzuführen ist.

2.1.3 Die Investitionen

Auch die Argumentation, die Verschlechterung des Investitionsstandortes Deutschland zeige sich daran, daß deutsche Unternehmen infolge zu hoher Arbeitskosten zunehmend im Ausland, insbesondere in den Niedriglohnländern Osteuropas, investieren und Produktionskapazitäten in diese Staaten verlagern, während in Deutschland zu wenig und überwiegend mit dem Ziel arbeiteinsparender Rationalisierung investiert werde, so daß immer mehr Arbeitsplätze ins Ausland verlagert werden und der Abbau der Arbeitslosigkeit nicht vorankommt, erscheint jedenfalls im wesentlichen nicht zutreffend, wenn man die deutschen Direktinvestitionen und die deutsche Investitionsquote betrachtet [105].

2.1.3.1 Die Inlandsinvestitionen zu gering?

In den vergangenen Jahren wurde in Deutschland offensichtlich keineswegs weniger investiert als anderswo, denn die Investitionsquote lag immer auf dem Niveau der anderen westlichen Industrienationen. In den Jahren 1990 und 1991 lag sie sogar deutlich über der britischen, der französischen und der amerikanischen Quote. Der Rückgang im Zuge der Rezession von 1992/93 sowie im ersten Jahr des Aufschwunges 1994 fiel wie in anderen Ländern deutlich aus und ist kein spezifisch deutsches Phänomen. Auch danach ist die Investitionsquote wie in den anderen Staaten angestiegen, wie die Statistik zeigt [106]. Derzeit belebt sich die Investitionstätigkeit vor allem bei den Ausrüstungsinvestitionen sogar, wie der Sachverständigenrat in seinem Jahresgutachten 1998/99 feststellt [107] und es wird nicht zuletzt in Kapazitätserweiterungen investiert. Bedenklich scheint im Hinblick auf die Beschäftigungssituation allenfalls, daß

104 Jahresgutachten 1998/1999 des Sachverständigenrates zur Begutachtung der gesamtwirtschaftlichen Entwicklung, BT Drucks. 14/73, S.52ff und Die Lage der Weltwirtschaft und der deutschen Wirtschaft im Frühjahr 1999, in DIW Wochenbericht 17/99 S. 281(298)

105 Zu diesem Ergebnis ist auch eine Analyse der Friedrich- Ebert- Stiftung gekommen, siehe: Kaum Export von Arbeitsplätzen, Weser Kurier vom 18.3.1997, S.2

106 Vgl. Hat Westdeutschland ein Standortproblem? DIW Wochenbericht 38/95, S.653 (656,657,658) und Jahresgutachten 1998/1999 des Sachverstar. zur Begut. der gesamtwirtschaftl. Entwicklung, BT Drucks. 14/73, S.69

107 Jahresgutachten 1998/1999 des Sachverständigenrates zur Begutachtung der gesamtwirtschaftlichen Entwicklung, BT Drucks. 14/73, S.69

wird [108]. Die Ursache dafür liegt wohl auch in der fortschreitenden technischen nach wie vor stärker noch mit dem Ziel der Rationalisierung investiert Entwicklung und dürfte für den Standort eher von Vorteil sein, denn es sind nicht zuletzt diese Investitionen, die zum Produktivitätsfortschritt beitragen. Besorgniserregend bleibt letztlich nur, daß die Inlandsinvestitionen nicht genügen, um ein ausreichendes Angebot an Arbeitsplätzen zu schaffen.

2.1.3.2 Die Auslandsinvestitionen bedrohlich?

Die Direktinvestitionen deutscher Unternehmen im Ausland haben wie bei den anderen Industrienationen zugenommen. Das Ausmaß der Zunahme scheint aber nicht bedrohlich [109]. Auch ist Zunahme wie in anderen Industrieländern weniger ein Anzeichen für das Absinken der Standortqualität, sondern tatsächlich weitgehend die Folge einer weltweiten Tendenz der Globalisierung von Produktion und Absatz und des europäischen Binnenmarktes. Warenausfuhr und Auslandsproduktion werden zunehmend als Alternativen zur Sicherung und Erweiterung ausländischer Märkte betrachtet, wobei im Falle von Handelshemmnissen, bei service- und reparaturintensiven Produkten und der Notwendigkeit flexiblen Reagierens auf Entwicklungen des ausländischen Marktes die Auslandsproduktion sogar als die überlegene Alternative angesehen wird. Auch die hohen Entwicklungskosten technologieintensiver Produkte und die immer kürzeren Produktlaufzeiten durch den Imitationswettbewerb zwischen den Industrienationen zwingen häufig gerade forschungs- und entwicklungsintensive Unternehmen dazu, ihre Produkte von vornherein auf die Bedürfnisse der Auslandsmärkte hin zu entwickeln und sie dort gleich einzuführen. Das setzt die Entwicklung und die Produktion vor Ort in unmittelbarem Kontakt zu den Märkten voraus. Die Liberalisierung des Handels, der Abbau von Zollschranken und leistungsfähige Kommunikationstechniken ermöglichen und erleichtern die absatznahe Produktion zunehmend [110]. Bedenklich ist allenfalls, daß ausländische Investitionen in der Bundesrepublik nicht in gleichem Umfang vorgenommen werden wie umgekehrt, obwohl Deutschland nicht nur der zweitgrößte Exporteur der Welt ist, sondern auch der zweitgrößte Importeur.

108 Vgl. Hat Westdeutschland ein Standortproblem? DIW Wochenbericht 38/95, S.653 (656,657,658) und Jahresg. 1998/1999 des Sachverstr., BT Drucks. 14/73, S.69

109 Jahresg. 1998/1999 des Sachv., BT Drucks. 14/73, S.71; Heise: Der Standort Deutschland im globalen Wettb., WSI Mitteilungen 1995, S.691(695) und eine Analyse der Friedrich Ebert Stiftung, siehe: Kaum Export von Arbeitsplätzen, in Weser Kurier v.13.3.1997, S.2

110 Küchle: Zur Mess. der Wettbewerbsf. von Volkswirt., WSI Mitteil. 1994, S.180(184)

Wenn es für deutsche Unternehmen wichtig ist, ihre Märkte durch Auslandsinvestitionen zu pflegen, müßte dies auch für ausländische Unternehmen gelten, die hier ihre Produkte absetzen. Ausländische Unternehmen hätten also allen Grund, diesen attraktiven Markt durch unmittelbare Präsenz, also durch Direktinvestitionen zu pflegen, was sie aber offensichtlich nicht in dem Umfang tun, wie deutsche Unternehmen [111]. Ein hinreichender Beleg dafür, daß ausländisches Kapital den deutschen Standort aus Kostengründen meidet, scheint es aber nicht, wenn man bedenkt, daß der starke japanische Standort sogar noch weniger ausländisches Kapital erhält. Die inländische Investitionsquote deutet vielmehr darauf hin, daß in Deutschland weniger Akkumulationsschwäche besteht, die ausländisches Kapital in größerem Maß erfordern würde [112].

2.1.3.3 Die Auslandsinvestitionen in Niedriglohnländern ein Problem?

Auch die Direktinvestitionen in Billiglohnländer scheinen nicht bedrohlich, denn die meisten deutschen Direktinvestitionen gehen in jene Länder, die zu den wichtigsten Exportmärkten Deutschlands zählen, nämlich die europäischen Industrienationen und Nordamerika [113]. Die Auslandsinvestitionen erfolgen damit offensichtlich weniger aus Kostengründen, sondern überwiegend, das heißt zu 80% (1996), in hochentwickelte Industrieländer mit einem vergleichbaren Niveau der Lohnstückkosten zur Erschließung und Sicherung dieser wichtigen Auslandsmärkte mit hoher Kaufkraft [114].

Direktinvestitionen in die osteuropäischen Reformländer haben seit deren Öffnung 1990 zwar auch kontinuierlich zugenommen, aber nur auf niedrigem Niveau. Diese Investitionen erfolgen teilweise zur Erschließung und Sicherung der dortigen Märkte [115], teilweise handelt es sich auch um kostenreduzierende

111 Jahresgutachten 1998/1999 des Sachverständigenrates zur Begutacht. der gesamtwirtschaftl. Entw., BT Drucks. 14/73, S.71 und Kroker: Deutschland - Angeschlagene Standortqualität, in WSI Mitteilungen 1995, S.705 (710)

112 Küchle: Zur Messung der Wettbewerbsfähigkeit von Volkswirtschaften, in WSI Mitteilungen 1994, S.180(185)

113 Küchle: Zur Messung der Wettbewerbsfähigkeit von Volkswirtschaften, WSI Mitteilungen 3/1994, S.180(184)

114 Küchle: Deutschlands Position auf dem Weltmarkt, in WSI Mitteilungen 1996, S.295(297); zu diesem Ergebnis kommt auch die Analyse Friedrich Ebert Stiftung, siehe: Kaum Export von Arbeitsplätzen, in Weser Kurier v.13.3.1997, S.2

115 Heise: Der Standort Deutschland im globalen Wettbewerb, in WSI Mitteilungen, 1995, S.691(695)

Verlagerung arbeits- und kostenintensiver Fertigungsverfahren, die im Rahmen des Strukturwandels ohnehin kaum zu vermeiden sein werden [116].

Weitgehend unbestritten ist, daß ein weiterer Teil dieser Investitionen vor allem durch die Lohndifferenzen motiviert ist und nahezu ausschließlich zur Verbesserung der Ertragssituation erfolgt, zumal die Verlagerung der Produktion an die kostengünstigen Standorte der osteuropäischen Nachbarstaaten ein idealer Weg für Unternehmen ist, geringe Umweltauflagen und Sicherheitsbestimmungen sowie die niedrigen Arbeitskosten mit der produktivitätsintensiven westlichen Produktionstechnologie zu verbinden und auf diese Weise mit extrem niedrigen betrieblichen Lohnstückkosten zu produzieren [117]. Derart motivierte Auslandsverlagerungen sind aber weniger eine Folge von Standortproblemen des Wirtschaftsstandortes Deutschland. Sie beruhen vielmehr auf den erheblichen Entwicklungsunterschieden, die zwischen den Industrienationen und den osteuropäischen Reformländern bestehen und diese Entwicklungsunterschiede von den Unternehmen tendenziell zunehmend ausgenutzt werden. Die Liberalisierung der Märkte und die leistungsfähige Kommunikationstechnik haben eben auch dies erleichtert. Fraglich erscheint, wie den so motivierten Auslandsverlagerungen entgegengewirkt werden kann, falls sich dieser Trend verstärken sollte und zu einer Gefahr für den deutschen Arbeitsmarkt wird [118]. Lohnsenkungen von bis zu 20 Prozent dürften in Anbetracht der hohen Einkommensunterschiede kaum ausreichen und wesentlich weitergehende Lohnsenkungen sind schon aufgrund der Lebenshaltungskosten in der BRD unrealistisch [119]. Sie hätten durch die mit ihnen verbundene Minderung der Kaufkraft zudem schwerwiegende negative Auswirkungen auf die Inlandsnachfrage und damit auf die wirtschaftliche Entwicklung in der Bundesrepublik. Bei dem auch wechselkursbedingten Lohngefälle kann dieses Problem nicht durch die deutsche Lohnpolitik gelöst werden [120].

116 Vgl. Hat Westdeutschland ein Standortproblem? DIW Wochenbericht 38/95, S.653 (658); Küchle: Zur Messung der Wettbewerbsfähigkeit von Volkswirtschaften, WSI Mitteilungen 1994, S.180(185)

117 Flassbeck: Deutschland- kein Standort für Investitionen? WSI Mitteilungen 1995, S.699; Küchle: Zur Messung der Wettbewerbsf. von Volkswirt., WSI Mitteilungen 1994, S.180(189)

118 Küchle: Zur Messung der Wettbewerbsfähigkeit von Volkswirtschaften, WSI Mitteilungen 1994, S.180(189)

119 Auch der Sachverständigenrat hält es für unrealistisch und nicht wünschenswert das hiesige Lohnniveau auf das der Reformstaaten Osteuropas herunterzuschleusen, Jahresgutachten 1994/95 des Sachverständigenrates zur Begutachtung der gesamtwirtschaftlichen Entwicklung, BT Drucksache 13/26, S.264

120 Küchle: Zur Mess. der Wettbewerbsf. von Volkswirt., WSI Mitteil. 1994, S.180(189)

Erforderlich wären vielmehr politische Lösungen. Zu denken wäre beispielsweise daran, die Auslandsgewinne deutscher Unternehmen besonders zu besteuern und die Einnahmen dafür zu verwenden, im Inland tätige Unternehmen zu unterstützen oder Arbeitszeitverkürzungen zu finanzieren. Unverständlich erscheint in diesem Zusammenhang, daß Auslandsinvestitionen nach dem Gesetz über steuerliche Maßnahmen bei Auslandsinvestitionen der deutschen Wirtschaft beispielsweise durch die Verrechnung von Anlaufverlusten mit im Inland gemachten Gewinnen sogar steuerlich begünstigt werden [121]. Man könnte auch überlegen, eine weitere Öffnung des deutschen bzw. des EU-Marktes für Waren aus den Niedriglohnländern an bestimmte Bedingungen zu knüpfen. Es könnte beispielsweise verlangt werden, daß bei der Produktion von Exportgütern zunehmend auch ökologische Gesichtspunkte berücksichtigt werden, daß die systematische Unterbewertungsstrategie ihrer Währungen von den osteuropäischen Ländern zur Förderung des Exports aufgegeben wird und daß Verhältnisse geschaffen werden, die es den dortigen Gewerkschaften ermöglichen, den Lebensstandard im Laufe der Entwicklung durch Reallohnsteigerungen laufend zu erhöhen [122].

Man könnte auch darüber nachdenken, ob eine Angleichung der Bedingungen in den Niedriglohnländern an westliche Produktionsbedingungen dadurch erreicht werden kann, wenigstens einen Teil dessen, was auf nationaler Ebene oder innerhalb der europäischen Union erreicht ist, auf den Weltmarkt zu übertragen. Dieser ist heute nur sehr eingeschränkt verrechtlicht. Es fehlt vor allem an arbeits- und umweltrechtlichen Regelungen. Änderungen erscheinen auf zwei Wegen denkbar. Zum einen könnte man Instanzen wie internationale Organisationen (UNO, ILO usw.) oder die wichtigsten Industriestaaten mobilisieren, nur solche Waren zum internationalen Handel zuzulassen, die unter einigermaßen menschenrechtskonformen Bedingungen hergestellt werden. Zum zweiten kann man - nicht anders als dies im nationalen Rahmen geschehen ist - die Arbeitnehmer als Anbieter von Arbeitskraft organisieren und den Versuch unternehmen, aus eigener Kraft Korrekturen herbeizuführen [123].

2.1.4 Das Tarifvertragssystem ein Standortnachteil?

Um herauszufinden, ob das deutsche Tarifvertragssystem sich nachteilig auf die Standortqualität auswirkt, kann man es mit den Tarifvertragssystemen anderer Länder vergleichen und danach fragen, ob und welche Auswirkungen die

121 Däubler: Absch. der Tarifauto. mit Hilfe des Günstigkeitsp.? ArbuR, 1996, S.347(353)
122 Küchle: Zur Mess. der Wettbewbf. von Volkswirtsch., WSI Mitteil. 1994, S.180(190)
123 Däubler: Erosion des Flächentarifs? AuA 1996, S.311; Däubler, Arbeitsrecht 1, S.74ff

unterschiedlichen Systeme auf die wirtschaftliche Entwicklung der Länder, insbesondere auf das Investitionsverhalten, das Wirtschaftswachstum und die Beschäftigungsentwicklung haben. Ein Vergleich der verschiedenen Tarifsysteme des WSI, der im Auftrag des Ministers für Arbeit, Gesundheit und Soziales des Landes NRW vorgenommen wurde, zeigt beispielsweise, daß nicht nur dezentrale Verhandlungssysteme, wie gestützt durch das Beispiel der USA von konservativer Seite immer unterstellt wird, gute Beschäftigungsergebnisse erbringen. Die Untersuchung hat theoretisch und praktisch anhand der Beispiele einiger skandinavischer Länder ergeben, daß auch hoch zentralisierte Tarifvertragssysteme zu hoher Beschäftigung tendieren können [124]. Rückschlüsse auf die Qualität einzelner Standortfaktoren aus den Unterschieden der wirtschaftlichen Entwicklung oder der Entwicklung der Arbeitslosigkeit in den verschiedenen Ländern sind grundsätzlich aber problematisch, denn die Voraussetzungen, das heißt die übrigen Standortfaktoren sowie die Entwicklung des Arbeitskräfteangebotes und der Landeswährungen, sind sehr unterschiedlich und haben erheblichen Einfluß auf die wirtschaftliche Entwicklung und die Arbeitslosigkeit.

Sinnvoller scheint es deshalb danach zu fragen, ob eine Verbesserung der Standortbedingungen überhaupt erforderlich ist, das heißt, ob das Lohnniveau tatsächlich zu hoch und / oder eine unternehmensbezogenere Lohnfindung notwendig ist und welche Möglichkeiten das bestehende Tarifsystem diesbezüglich bietet und ob diese nicht ausreichen oder Flexibilisierungen sinnvoll sind. Zweifelhaft ist schon, ob die Standortqualität im Bezug auf das Tarifsystem überhaupt einer Verbesserung bedarf. Gegen den Handlungsbedarf spricht jedenfalls, daß das Lohnniveau insgesamt eigentlich nicht zu hoch scheint. Auch daß die Lohnerhöhungen hinter dem Produktivitätszuwachs zurückgeblieben und die Lohnstückkosten im internationalen Vergleich nicht zu hoch und sogar gesunken sind, läßt darauf schließen, daß das geltende Tarifsystem funktioniert und der schwere Vorwurf an die Tarifparteien, daß sie ohne Rücksicht auf den Wettbewerb und die Beschäftigungssituation unangemessene Löhne vereinbaren, nicht zutrifft. Dennoch fragt sich, ob die Vorwürfe der Deregulierungskommission und des Sachverständigenrates [125] zutreffen, daß das Tarifsystem zu unflexibel ist, um eine ausreichende Lohndifferenzierung

124 Küchle, Müller, Seifert: Regelungsprobleme des Arbeitsmarktes im Zusammenhang mit dem EG-Binnenmarkt. Projekt im Auftrag des Ministers für Arbeit, Gesundheit und Soziales des Landes NRW, Düsseldorf 1992 nach Küchle: Zur Messung der Wettbewerbsfähigkeit von Volkswirtschaften, WSI Mitteilungen 1994, S.180(186)

125 Deregulierungskommission, Marktöffnung und Wettbewerb, S.144,145; Jahresgutachten 1995/96 des Sachverständigenrates, BT Drucksache 13/3016 S.226f

nach Branchen, Regionen und Qualifikation der Arbeitnehmer zu schaffen und die internationale Wettbewerbssituation sowie die Beschäftigungssituation in den verschiedenen Branchen, Regionen und Unternehmen genügend zu berücksichtigen und keine ausreichenden Möglichkeiten bietet, bedrohten Unternehmen durch Ausnahmeregelungen die Abweichung von Tarifnormen zu ermöglichen, um den Bestand der Arbeitsplätze zu sichern. Aber auch diese Kritik scheint unbegründet. Etwa 300 verschiedene Tarifbranchen gewährleisten eine sektorale Feingliederung und bieten damit die Möglichkeit, branchenspezifische Unterschiede ausreichend zu berücksichtigen. Insgesamt bestehen mehr als 29000 Verbands- und knapp 14000 Fimentarife für Wirtschaftszweige und Unternehmen, in denen nach Angaben des Bundesarbeitsministeriums etwa 90 Prozent der sozialversicherungspflichtigen Arbeitnehmer tätig sind. Dieser Anteil dürfte sich inzwischen allerdings verringert haben. Nach einer Untersuchung des Instituts für Arbeitsmarkt und Berufsforschung fallen nämlich nur noch 62% aller Betriebe unter Tarifverträge. 1995 wurden etwa 8000 neue Tarifverträge mit vielen neuen Regelungen, zum Teil auch mit Einschränkungen von Leistungen gegenüber den vorher geltenden Tarifverträgen abgeschlossen oder abgeändert. Dies zeigt, daß der Flächentarifvertrag genügend Möglichkeiten bietet, regionale Unterschiede zu berücksichtigen. Stark differenzierende Lohn- und Gehaltsstrukturen in und zwischen den Branchen und Regionen, in besonders gravierender Weise nunmehr zwischen den Tarifgebieten West und den Tarifgebieten Ost, zeigen, daß von diesen Möglichkeiten auch Gebrauch gemacht wird und daß auch die Qualifikation der Arbeitnehmer Berücksichtigung findet. So weist die Differenzierung in der mittleren Lohngruppe der Lederindustrie ein Durchschnittsgehalt von 2200 DM aus, in der Metallindustrie sind es etwa 2600 DM und in der Mineralölindustrie 4400 DM. Hinzu kommt eine deutliche Differenzierung nach Regionen. Untersuchungen zeigen, daß z.B. die regionale Differenzierung bei Arbeitern im Durchschnitt bei über 15 Prozent liegt und bei den Angestellten fast 30 Prozent beträgt. Auch die Vergütungsgruppen sind weit gespannt. Eine Verkäuferin im Einzelhandel beispielsweise verdient in den alten Bundesländern bei Beginn ihrer Tätigkeit in der niedrigsten Gehaltsgruppe ca. 2200 DM und nach fünf oder sieben Berufsjahren in der höchsten Tarifgruppe 5400 DM. Die tariflichen Lohnvereinbarungen lassen sogar erhebliche Spielräume für übertarifliche Vergütung, die im gesamtwirtschaftlichen Durchschnitt bei 7 bis 8 Prozent und in einzelnen Branchen und Betrieben sogar bei 30 % und darüber liegt [126].

126 Zachert: Hat der Flächentarifvertrag noch eine Zukunft? AuA 1996, S.293(294); Bispinck, Bahnmüller: Entwicklungspotential des Flächentarifvertrags ist längst nicht ausgeschöpft, WSI Mitteilungen 1995, S. 801; ähnlich, Däubler: Das deutsche Arbeitsrecht ein Standortnachteil, DB 1993, S.784

Es ist allerdings denkbar, daß einige Unternehmen dennoch Probleme mit der Zahlung von Tariflöhnen haben, zumal der internationale Konkurrenzdruck insbesondere in den vom Strukturwandel betroffenen Branchen tatsächlich zunehmende Schwierigkeiten bereitet und Flächentarifverträge zugegebenermaßen für viele Unternehmen gelten, deren Leistungsfähigkeit sehr unterschiedlich sein kann. Obwohl der Tarifvertrag aus volkswirtschaftlicher Sicht durchaus auch die Funktion hat, zu schwache Unternehmen aus dem Markt zu drängen [127], scheint es in Anbetracht der Arbeitsmarktsituation richtig, wenn den betroffenen Betrieben geholfen werden kann. Hier bietet das bestehende Tarifsystem aber Möglichkeiten. Den Belangen einzelner Betriebe entgegenzukommen ist nach der Rechtsprechung [128] sowohl durch den Abschluß von Firmentarifverträgen als auch durch tarifvertragliche Öffnungsklauseln möglich. Wie die rechtliche Untersuchung zeigen wird [129], kann den Betriebsparteien dadurch die Möglichkeit eingeräumt werden, in Ausnahmesituationen, zumindest für einen begrenzten Zeitraum und in begrenztem Umfang, untertarifliche Löhne zu vereinbaren. Aus ökonomischer Sicht spricht nichts dagegen, daß Härtefallregelungen durch die Tarifparteien eingerichtet werden, jedenfalls wenn diese ihre Möglichkeiten erforderlichenfalls nutzen. Es ist fraglich, ob es darüber hinaus noch weiterer außertariflicher Möglichkeiten für Härtefallregelungen z.B. durch eine Neuinterpretation des Günstigkeitsprinzips oder gesetzliche Öffnungsklauseln bedarf. Ein solcher Bedarf könnte allenfalls dann angenommen werden, wenn Härtefallregelungen zur Bekämpfung der Arbeitslosigkeit dringend geboten wären und sich die bestehenden Möglichkeiten als völlig unzureichend erweisen. Die Tarifpartner zeigen aber, wie auch der Sachverständigenrat einräumt, zunehmend die Bereitschaft, Härtefallregelungen einzurichten [130] und es ist äußerst umstritten, welche Erfolge damit bei der Bekämpfung der Arbeitslosigkeit überhaupt möglich sind.

Es spricht somit vieles dafür, daß das bestehende Tarifsystem ein erhebliches Potential an Flexibilität aufweist und nicht nur ausreichende Möglichkeiten bietet, die Wettbewerbssituation in den verschiedenen Regionen und Branchen,

127 Wank: Empfiehlt es sich, die Regelungsbefugnisse der Tarifparteien im Verhältnis zu den Betriebsparteien neu zu ordnen, NJW 1996, S.2273(2281); Lieb: Mehr Flexisbilität im Tarifvertragsrecht? "Moderne" Tendenzen auf dem Prüfstand, NZA 1994, S.289(291)

128 BAG, Urteil vom 20.4.1999, 1 AZR 631/98, DB 1999, S.1660ff und LAG Baden-Würtemberg v.16.1.1997, AbuR 1997, S.219f

129 Vgl. unten unter IV

130 Jahresgutachten 1998/1999 des Sachverständigenrates zur Begutachtung der gesamtwirtschaftlichen Entwickl., BT Drucks. 14/73, S.122 und Jahresgutachten 1997/98, BT Drucks. 13/9090, S.10

sondern auch einzelner Unternehmen zu berücksichtigen und in den Lohnfindungsprozeß einzubeziehen und unternehmensbezogene Regelungen für Krisenfälle zu ermöglichen.

3 Lohnverzicht und Härtefallregelungen als Instrumente zur Verbesserung der Standortqualität und zur Bekämpfung der Arbeitslossigkeit

Wie z.B. die Untersuchungen des DIW, des WSI und der Arbeitsgruppe Alternative Wirtschaftspolitik [131] aber auch der hier vorgenommene Blick auf die Standortfaktoren zeigen, sind die Standortbedingungen in der BRD eigentlich gut und bedürfen deshalb grundsätzlich auch keiner Verbesserung.

Es ist auch zweifelhaft, ob die Standortqualität sich durch Lohnverzicht und eine flexiblere Lohngestaltung verbessern lassen würde. Nach der Einführung des Euro können im Inland gewonnene Vorteile unter den Gemeinschaftsmitgliedern, die der Währungsunion angehören, zwar nicht mehr durch eine Aufwertung der Landeswährung wieder eingebüßt werden. Es scheint aber nicht völlig unbegründet, wenn das WSI nunmehr die Gefahr sieht, daß es unter diesen Ländern zu einem Lohndumpingprozeß kommen könnte [132]. Die Mitgliedsländer haben alle mehr oder weniger schwerwiegende Beschäftigungsprobleme und es scheint naheliegend, daß versucht werden könnte, diese durch attraktivere Standortbedingungen zu Lasten der Partnerländer zu lösen. Es überzeugt nicht recht, wenn der Sachverständigenrat diese Gefahr mit der Begründung verneint, daß der Wettbewerb der Unternehmen um Arbeitskräfte den Lohnwettbewerb nach unten verhindere, wenn eine günstige Beschäftigungssituation erreicht ist [133]. Davon sind die meisten Mitgliedsländer nämlich weit entfernt und es ist sehr fraglich, ob ein vollbeschäftigungsähnlicher Zu stand in absehbarer Zeit überhaupt erreichbar ist. Gegenüber anderen starken

131 Heise, Mülhaupt, Seifert und Ziegler: Der Standort Deutschland bei Eintritt in die Europäische Währungsunion - der WSI Standortbericht 1999, WSI Mitteil. 5/99, S.289ff; Arbeitsgr. Alternative Wirtschp., Memorandum'97, S.67ff; Hat Westdeutschland ein Standortproblem, in DIW Wochenb. 38/95, S.653ff; Küchle: Zur Messung der Wettbewerbsf. von Volkswirtsch., WSI Mitteil. 1994, S.180ff; Schäfer: Mit falschen Verteilungs -"Götzen" zu echten Standortproblemen, WSI Mitteil. 1996, S.597ff; Flassbeck, Deutschland - kein Standort für Invest., WSI Mitteil. 1995, S.699ff; Hohe Arbeitslosigkeit in den Industrieländern, und Wettbewerbsprobleme, DIW Wochenb. 40/93, S.548ff

132 Heise, Mülhaupt, Seifert und Ziegler: Der Standort Deutschland bei Eintritt in die Europäische Währungsu. - der WSI Standortb. 1999, in WSI Mitteilungen 5/99, S.289ff

133 Jahresgut. 1998/1999 des Sachverständigenrates, BT Drucks. 14/73, S.196

Industrienationen, die nicht der Währungsunion angehören wie den USA, Japan und England könnten gemeinsam durch Lohndumping erreichte Wettbewerbsvorteile der Europäer im übrigen immer noch durch Wechselkursänderungen wieder verloren gehen.

Außerdem erscheinen die Bedenken, die von der Arbeitsgruppe Alternative Wirtschaftspolitik bezüglich einer Minderung der Massenkaufkraftminderung durch Lohnverzicht geäußert wurden, nicht ganz unbegründet. Die noch von der letzten Bundesregierung in den letzten Jahren durchgesetzte Einkommensumverteilung zu Lasten der Arbeits- und Sozialeinkommensbezieher könnte die wirtschaftliche Entwicklung durchaus belastet haben. Denn es ist für die Konsumgüternachfrage nicht unerheblich, ob das obere Drittel der Haushalte rund 56 Prozent der Einkommen hat und das untere Drittel nur etwa 17 Prozent. Bei Ersteren läßt die Konsumdringlichkeit nämlich nach, weil mit steigendem Einkommen überproportional gespart wird, während bei letzteren die Konsumfähigkeit geschmälert ist. Für wirtschaftliches Wachstum ist aber zumindest auch eine steigende Inlandsnachfrage wichtig. Das Wachstum ausschließlich durch eine Erhöhung des Exportüberschusses zu erreichen, würde nicht eine noch stärkere Abhängigkeit von den Auslandsmärkten bedeuten [134] und dies kann sich durchaus nachteilig auswirken, wie die Krisen in Südostasien und Rußland beweisen. Zur Verbesserung der Standortbedingungen scheint Lohnverzicht nicht unbedingt sinnvoll und geeignet.

Insbesondere Härtefallregelungen sind möglicherweise aber zur Bekämpfung der Arbeitslosigkeit geeignet. Zuverlässige Prognosen über die Erfolgsaussichten und den Umfang der Wirkung von Aktivitäten oder gar einzelner Maßnahmen scheinen allerdings kaum möglich, denn die Entwicklung der Arbeitslosigkeit ist wie schon erwähnt von zahlreichen auch internationalen Entwicklungen abhängig, die weder voraussehbar noch berechenbar und teilweise durch nationale Aktivitäten kaum zu beeinflussen sind. Ob und in welchem Umfang die vorgeschlagenen Maßnahmen etwa greifen könnten, ist zudem sehr umstritten. Der Sachverständigenrat betont seit Jahren, daß Lohnzurückhaltung und eine flexiblere Lohngestaltung dringend erforderlich sind, um das Investitionsverhalten der Unternehmen dahingehend zu beeinflussen, daß mehr und vor allem stärker in arbeitsplätzeschaffende Kapazitätserweiterungen investiert wird [135].

134 Arbeitsgruppe Alternative Wirtschaftspolitik, Memorandum'96, S.30 und 101ff

135 Jahresgutachten 1998/1999 des Sachverständigenrates, BT Drucks. 14/73, S.11f, 117ff,195ff und 238ff, Jahresgutachten 1995/96, BT Drucksache 13/3016, S.99ff, 217ff und Jahresgutachten 1994/95 BT Drucksache 13/26, S.247ff

Bezüglich der Wirkung und des Umfanges der Erfolgsaussichten ist die Argumentation allerdings widersprüchlich. So führt er einerseits aus, daß die Entwicklung der Arbeitslosigkeit entscheidend durch die Lohnfindung beeinflußt werden kann und erhebliche Beschäftigungsgewinne erzielt werden können. Andererseits warnt er selbst vor überzogenen Erwartungen, weist zutreffend auf die Abhängigkeit der Erfolgsaussichten von der weltwirtschaftlichen und der inländischen Konjunkturentwicklung sowie den Wechselkursen hin und rechnet im Ergebnis damit, daß abgesehen von der konjunkturell bedingten Arbeitslosigkeit (darunter versteht er nur die seit dem letzten Konjunktureinbruch entstandene Arbeitslosigkeit) wenig Aussicht besteht, insbesondere die hohe Sockelarbeitslosigkeit in absehbarer Zeit zu beseitigen [136].

Letzteres scheint richtiger, denn es hat sich gezeigt, daß eine Verbesserung der Standortbedingungen für Unternehmen nicht unbedingt mit der Sicherung und Schaffung von Arbeitsplätzen einhergeht. Die Verteilungsposition der Unternehmen ist, wie die Arbeitsgruppe Alternative Wirtschaftspolitik zu bedenken gibt [137], in den letzten Jahren durch eine Vielzahl von Maßnahmen verbessert worden, in deren Folge z.B. die strukturbedingte Lohnquote wieder auf dem Niveau von Anfang der sechziger Jahre liegt und der Anteil der Gewinnsteuern (veranlagte Einkommensteuer, Körperschaftssteuer, Gewerbesteuer, Vermögenssteuer, nicht veranlagte Steuern vom Ertrag) am Bruttoeinkommen aus Unternehmertätigkeit und Vermögen ist von 37 Prozent auf 25 Prozent im Jahr 1995 gefallen. Auch hat sich die Gewinnentwicklung für die Unternehmen sehr günstig entwickelt, wie der Sachverständigenrat feststellt [138]. Positive Beschäftigungseffekte konnten damit kaum erreicht werden, die Investitionen reichten nicht aus, um das Beschäftigungsangebot soweit zu erhöhen, wie es erforderlich wäre. Die Arbeitslosigkeit ist lange Zeit sogar gestiegen, obwohl die Standortbedingungen und die Gewinnaussichten eigentlich gut waren. Es ist sehr zweifelhaft, ob eine weitere Verbesserung der Bedingungen für Unternehmen deren Investitionsbereitschaft soweit steigern können, daß die Arbeitslosigkeit durch Wirtschaftswachstum beseitigt werden könnte.

Auch Erfahrungen aus der Zeit der Weltwirtschaftskrise in den dreißiger Jahren zeigen, daß die Senkung von Löhnen, Gewinnsteuern und Sozialabgaben

136 Jahresgutachten 1994/95 des Sachverständigenrates zur Begutachtung der gesamtwirtschaftlichen Entwicklung, BT Drucksache 13/26, S.258,261,264; Jahresgutachten 1996/96, BT Drucksache 13/3016, S.221

137 Arbeitsgruppe Alternative Wirtschaftspolitik, Memorandum'96, S.29

138 Jahresgutachten 1998/1999 des Sachverst. zur Begut. der gesamtwirtschaftl. Entwicklung, BT Drucks. 14/73, S.70ff

und Einschränkungen der Tarifautonomie die Investitionsbereitschaft der Unternehmen nicht unbedingt steigern, sondern, daß die Produktion und die Investitionsbereitschaft bei verringerten öffentlichen und privaten Ausgaben sogar abnehmen können und daß das Wirtschaftswachstum dadurch sinken kann [139]. Zum Ende der Weimarer Republik kam es durch den Einfluß und die Auswirkungen der Weltwirtschaftskrise insbesondere einer hohen Arbeitslosigkeit nämlich auch zu wirtschaftspolitisch bedingten Korrekturen des Tarifrechts. Der Unabdingbarkeitsgrundsatz, der damals durch § 1 der Verordnung über Tarifverträge, Arbeiter- und Angestelltenausschüsse und Schlichtung von Arbeitsstreitigkeiten geregelt war, wurde von der Regierung des Reichskanzlers Papen im September 1932 durch die seinerzeit verfassungsrechtlich äußerst umstrittene Verordnung zur Vermehrung und Erhaltung der Arbeitsgelegenheiten eingeschränkt. Diese Verordnung ermöglichte den Arbeitgebern in begrenztem Umfang untertarifliche Bezahlung ohne eine Änderung der Arbeitsverträge, also einseitige Lohnkürzungen, wenn der Betrieb gefährdet war oder wenn mehr Arbeitskräfte beschäftigt wurden, als am 15. August 1932 oder im Durchschnitt der Monate Juni, Juli und August 1932. Zweck der Verordnung, die von der Regierung des Reichskanzlers Schleicher bereits Ende Dezember 1932 wieder außer Kraft gesetzt wurde, war die Verbesserung der Situation auf dem Arbeitsmarkt durch die Gewährung des Rechtes zur Unterschreitung der Tariflöhne für die Arbeitgeber. Beschäftigungspolitisch erwies sich die Verordnung als weitgehend unwirksam. In der Anwendung führte sie während ihrer kurzen Geltungsdauer zu etwa 75.000 Neueinstellungen, die jedoch auch saisonal bedingt waren. Die negativen Auswirkungen waren dagegen umso erheblicher. Die Verordnung schwächte die Gewerkschaften, die sich auf der politischen Ebene kaum wehren konnten und die sozialen Konflikte verschärften sich durch die Aufweichung der Unabdingbarkeit [140].

Zutreffen könnte eine Einschätzung des DIW, daß niedrigere Löhne und Flexibilisierungen des Tarifsytems durch eine stärker unternehmensbezogene Lohnfindung, wie z.B. Firmentarife und Härtefallregelungen, geeignet sind, den Strukturwandel dadurch abzufedern, daß der Abbau von unrentablen Arbeitsplätzen, die im Rahmen des Strukturwandels verloren gehen, teilweise bzw. zeitweise aufgehalten werden kann und damit Arbeitsplätze zumindest zeitweilig gesichert werden [141]. Lohnzurückhaltung wäre also nicht generell, sondern allenfalls in den Branchen sinnvoll, die durch den internationalen

139 Arbeitsgruppe Alternative Wirtschaftspolitik, Memorandum'96, S.60,61

140 Krummel: Die Geschichte des Unabdingbarkeitsgrundsatzes und des Günstigkeitsprinzips im Tarifvertragsrecht, S.67,160,185ff

141 Vgl. Hat Westdeutschl. ein Standortproblem, DIW Wochenb. 38/95, S.653 (658,659)

Wettbewerb besonders bedroht sind, vor allem in den beschäftigungsintensiven Branchen des produzierenden Gewerbes, die vom Strukturwandel besonders betroffen sind.

Härtefallregelungen könnten in Ausnahmefällen die Möglichkeit bieten, schwierigen wirtschaftlichen Situationen von Unternehmen dadurch Rechnung zu tragen, daß für einen begrenzten Zeitraum untertarifliche Bezahlung ermöglicht wird. Das kann, wie bereits angesprochen, aber auch innerhalb des bestehenden Tarifsystems durch Firmentarife und tarifvertragliche Öffnungsklauseln erreicht werden. Fraglich ist allerdings, in welchem Umfang Arbeitsplätze so wenigstens vorübergehend gesichert werden können. In den letzten Jahren sind durch den Strukturwandel zwar mehr als eine Million Arbeitsplätze entfallen. Erfahrungen mit tarifvertraglichen Lohnöffnungsklauseln in den neuen Bundesländern zeigen aber, daß diese Beschäftigungsverluste nur in verhältnismäßig geringem Umfang zu vermeiden sind.

Ein deutlicher Rückgang der Arbeitslosigkeit oder sogar die Vollbeschäftigung scheint durch Lohnverzicht und Ausnahmeregelungen für Sanierungsfälle aber nicht erreichbar, jedenfalls nicht in absehbarer Zeit. Es ist auch zu bezweifeln, ob ein Abbau der Arbeitslosigkeit allein durch Wirtschaftswachstum überhaupt möglich ist [142], denn die Erfahrungen mit den Wachstumsraten der letzten Jahre sprechen dafür, daß es eine Beschäftigungsschwelle gibt und diese bei etwa 2,5 Prozent liegt [143]. Auch die nun eingetretene günstigere Tendenz im Beschäftigungssektor und die recht positive Prognose im Frühjahrsgutachten der sechs führenden Wirtschaftsinstitute lassen leider kaum etwas anderes vermuten. Die Institute rechnen zwar trotz eines prognostizierten Wachstums von nur 2,6% für das Jahr 2000 mit einem Rückgang der Arbeitslosenzahl um bis zu 270 000. Nach Ansicht der Institute wird die Beschäftigung jedoch nur um 115 000 ansteigen. Im übrigen, also zum überwiegenden Teil, rechnen sie mit einer Entlastung des Arbeitsmarktes durch einen negativen Wanderungssaldo bei Ausländern, Altersstruktureffekten und einer Verringerung der Zuwanderung von Aussiedlern [144]. Ein zügiger Abbau der Arbeitslosigkeit wäre folglich wohl nur bei einem über mehrere Jahre kräftigen Wachstum der Wirtschaft mit

142 Arbeitsgruppe Alternative Wirtschaftspolitik, Memorandum'98, S.148ff

143 Jahresgutachten 1994/95 des Sachverständigenrates zur Begutachtung der gesamtwirtschaftlichen Entwicklung, BT Drucksache 13/26, S.249; Arbeitsgruppe Alternative Wirtschaftspolitik, Memorandum'96, S.18,32,38

144 Vgl. Die Lage der Weltwirtschaft und der deutschen Wirtschaft im Frühjahr 1999, in DIW Wochenbericht 17/99 S. 281(302f) und: Weniger Arbeitslose erwartet, in Weser Kurier v.28.4.1999 S.1;

wenigstens fast zweistelligen Wachstumsraten möglich, jedenfalls wenn man nicht davon ausgeht, daß das Arbeitskraftangebot nun ständig und stark abnimmt. Solche Wachstumsraten sind realistisch betrachtet aber sehr unwahrscheinlich. Wenn man vornehmlich auf Wirtschaftswachstum setzt, muß man deshalb wohl mit einer Verfestigung oder sogar einer erneuten Zunahme der Arbeitslosigkeit rechnen.

Wer die Arbeitslosigkeit in absehbarer Zeit deutlich zurückführen möchte, wird zumindest auch andere Maßnahmen ernsthaft in Betracht ziehen müssen [145]. Zu denken wäre insbesondere an eine Umverteilung der Arbeit durch eine deutliche Absenkung der wöchentlichen Arbeitszeit, mehr Teilzeitarbeitsplätze und die Verkürzung der Lebensarbeitszeit [146]. Auch könnte es sicher helfen, die hohe Zahl der Überstunden wenigstens teilweise abzubauen. Zudem könnte man darüber nachdenken, ob Beschäftigungsprogramme, wie sie zu Beginn des Anstiegs der Arbeitslosigkeit diskutiert und auch in den letzten Jahren noch vorgeschlagen wurden, nicht einen Beitrag zur Bekämpfung der Arbeitslosigkeit leisten könnten [147]. Wenn man in Anbetracht der hohen Arbeitslosigkeit Maßnahmen mit ungewissen und geringen Erfolgsaussichten befürwortet, kann man aber zu dem Ergebnis kommen, daß Lohnzurückhaltung und Härtefallregelungen sich zur Bekämpfung der Arbeitslosigkeit bedingt eignen.

4 Zusammenfassung

Abschließend läßt sich feststellen, daß auch unter Wirtschaftswissenschaftlern äußerst umstritten ist, ob Härtefallregelungen, zur Verbesserung der Standortqualität und zur Bekämpfung der Arbeitslosigkeit aus ökonomischer Sicht sinnvoll sind und welche Erfolgsaussichten bei der Bekämpfung der Arbeitslosigkeit damit verbunden sein könnten.

145 Arbeitsgruppe Alternative Wirtschaftspolitik, Memorandum'98, S.155ff und Memorandum'96, S.18,28,30,32,38,60,138

146 Arbeitsgruppe Alternative Wirtschaftspolitik, Memorandum'98, S.156 und Memorandum'96, S.37ff, 138ff; Promberger, Rosdücher, Seifert, Trinczek: Beschäftigungssicherung durch Arbeitszeitpolitik, WSI Mitteilungen 1995, S.473ff; ob durch Arbeitszeitverkürzungen ein Beitrag zur Bekämpfung der Arbeitslosigkeit geleistet werden kann ist politisch und wissenschaftlich allerdings äußerst umstritten, zur arbeitszeitpolitischen Kontroverse, Lafontaine - Steinkühler - Rappe in Der Siegel Nr.40/ 1988, S.24-42 und Linnenkohl, Rechtsfragen der Neugestaltung der Arbeitszeit, mit weiteren Literaturhinweisen, BB 1989, S.2472ff

147 Bartsch, Heise, Tofaute: Grundzüge eines Modernisierungs- und Beschäftigungsprogrammes für die Bundesrepublik Deutschland, WSI Mitteilungen 1994, S.377(378ff), Arbeitsg. Alternat. Wirtschaftsp., Memorandum'98, S.160 und Me.'96, S.34ff,125ff

Nach der vorangegangenen kurzen wirtschaftlichen Betrachtung ist eine Änderung des Tarifsystems im Hinblick auf die Standortqualität nicht unbedingt erforderlich, denn das Tariflohnniveau in Deutschland scheint nicht zu hoch. Die Arbeitskosten scheinen separat betrachtet im internationalen Vergleich zwar nicht günstig für den Standort. Wenn man die Produktivität richtigerweise in den Vergleich mit einbezieht und die Lohnstückkosten betrachtet, zeigt sich aber, daß Deutschland sich auf dem Niveau der anderen Industrienationen bewegt. Der Standort bietet den Unternehmen insgesamt eigentlich gute Voraussetzungen für eine erfolgreiche Tätigkeit, wie man auch an guten Betriebsergebnissen vieler Unternehmen sehen kann.

Zuzugeben ist allerdings, daß sich der mit dem Strukturwandel verbundene Verlust von Arbeitsplätzen durch Härtefallregelungen wenigstens teilweise vorübergehend aufhalten lassen könnte. Änderungen des Tarifrechtes oder eine Neuinterpretation des Günstigkeitsprinzips scheinen dafür aber nicht erforderlich, weil das geltende Tarifrecht genügend Möglichkeiten bietet, konkurrenzfähige Löhne zu vereinbaren und existenzbedrohten Unternehmen durch Firmentarifverträge oder tarifvertragliche Lohnöffnungsklauseln zu helfen. Erste Erfahrungen in den neuen Bundesländern zeigen aber, daß keine allzu großen Erwartungen an die Beschäftigungswirkung gestellt werden dürfen.

III Die Zulässigkeit tarifunterschreitender Vereinbarungen ohne Ermächtigung

Zur Einrichtung von Härtefallregelungen, die in existenzbedrohten Unternehmen Vereinbarungen über untertarifliche Bedingungen ermöglichen, sind wie in der Einleitung angesprochen, verschiedene rechtliche Möglichkeiten denkbar. Die Vorschläge, Härtefallregelungen nach geltendem Recht ohne die Beteiligung der Tarifparteien zuzulassen, werden wie dort erwähnt von Buchner, Adomeit, Reuter, Vollmer und dem Sachverständigenrat zur Begutachtung der gesamtwirtschaftlichen Entwicklung geäußert.

Buchner will das Arbeitsplatzrisiko bzw. Beschäftigungsgarantien, wie von Adomeit vorgeschlagen und dem Sachverständigenrat befürwortet, durch eine Neuinterpretation des Günstigkeitsprinzips in den Günstigkeitsvergleich mit einbeziehen und untertarifliche Arbeitsbedingungen dadurch rechtfertigen. Buchner und Adomeit halten arbeitsvertragliche Tariflohnunterschreitungen aufgrunddessen für zulässig [148]. Adomeit hält aber auch tariflohnunterschreitende Betriebsvereinbarungen für möglich [149]. Buchner meint, eine Beteiligung der Betriebsparteien sei zumindest in Form der betrieblichen Regelungsabrede unbedenklich [150]. Ehmann hält Betriebsvereinbarungen über untertarifliche Löhne nach dem Günstigkeitsprinzip durch die Berücksichtigung des Arbeitsplatzarguments ausnahmsweise für zulässig, wenn er die Schutzfunktion der Tarifautonomie nicht mehr gefährdet sieht. Dies ist seiner Ansicht nach z.B. bei drohendem Konkurs der Fall [151].

Vollmer und Reuter meinen, die Betriebsparteien können tarifliche Ansprüche ohne Ermächtigung der Tarifparteien kürzen, um auf so den Bestand des Unternehmens zu sichern. Das Recht der Betriebsparteien zum Abschluß solcher Betriebsvereinbarungen ergibt sich nach Ansicht von Vollmer aus einer Annexkompetenz zu deren Regelungskompetenzen aus § 111 BetrVG [152]. Reuter

148 Buchner: Beschäftigungssicherung unter dem Günstigkeitsprinzip, Beilage Nr. 12/96 zu DB Heft 29/96, S.9ff; Adomeit: Das Günstigkeitsprinzip - neu verstanden, NJW 1984, S.26 und Jahresgutachten 1997/98 des Sachverständigenrates zur Begutachtung der gesamtwirtschaftlichen Entwicklung, BT Drucksache 13/9090, S.10

149 Adomeit: Das Günstigkeitsprinzip - neu verstanden, NJW 1984, S.26;

150 Buchner: Beschäftigungssicherung unter dem Günstigkeitsprinzip, Beilage Nr. 12/96 zu DB Heft 29/96, S.9ff

151 Ehmann, Schmidt: Betriebsvereinbarungen und Tarifverträge, NZA 1995, S.193(202)

152 Vollmer: Bestandssicherung existenzgefhrdeter Unternehmen durch Kürzung von Löhnen und Leistungen, DB 1982, S.1670ff

meint, die Kompetenz der Betriebsparteien zum Abschluß untertariflicher Notbetriebsvereinbarungen läßt sich aus der Treuepflicht der Arbeitnehmer gegenüber den Interessen von Arbeitgeber und Belegschaft herleiten [153].

Es fragt sich, ob diese Vorstellungen mit den geltenden Bestimmungen zu vereinbaren sind. Gegen die Neuinterpretation des Günstigkeitsprinzips wird vorgebracht, daß sie die Effizienz der Unabdingbarkeit tariflicher Normen gefährde und deshalb nicht mit Art. 9 Abs. 3 GG zu vereinbaren sei [154]. In Betriebsvereinbarungen über materielle Arbeitsbedingungen, wird zudem ein Verstoß gegen die Regelungssperre aus § 77 Abs. 3 BetrVG gesehen [155]. Auch das BAG hat in seinem Beschluß vom 20.4.1999 geäußert, daß Arbeitsplatzrisiken und Beschäftigungsgarantien nicht in den Günstigkeitsvergleich mit Entgelt- und Arbeitszeitvereinbarungen einbezogen werden können [156].

Nachfolgend soll nach einer Darstellung der Argumentationen von Adomeit und Buchner zunächst untersucht werden, ob sich arbeitsvertragliche Tariflohnunterschreitungen unter Berücksichtigung der vorgebrachten Argumente durch das Günstigkeitsprinzip rechtfertigen lassen. Anschließend soll auf die Argumente von Adomeit, Buchner, Ehmann, Vollmer und Reuter zur Rechtfertigung von untertariflichen Betriebsvereinbarungen eingegangen und geprüft werden, ob derartige Betriebsvereinbarungen möglich sind.

1 Tariflohnunterschreitungen durch Arbeitsverträge

1.1 Die Unabdingbarkeit der Tarifnormen

Tariflohnunterschreitenden Vereinbarungen zwischen beiderseits tarifgebundenen Arbeitsvertragsparteien steht grundsätzlich § 4 Abs. 1 TVG entgegen, der die unmittelbare und zwingende Wirkung der tariflichen Vereinbarungen zwischen diesen vorschreibt.

153 Reuter: Betriebsverfassung und Tarifvertrag, RdA 1994, S.152(167)

154 Däubler: Abschaffung der Tarifautonomie mit Hilfe des Günstigkeitsprinzips, ArbuR 1996, S.347(349,352); Hromadka: Reformbedarf im Tarifrecht, AuA 1996, S.289

155 Kempen: Der verfassungsrechtliche Vorrang der Tarifautonomie im arbeitsrechtlichen Regelungsgefüge, ArbuR 1996, S.336(344); Wank: empfiehlt es sich, die Regelungsbefugnisse der Tarifparteien im Verhältnis zu den Betriebsparteien neu zu ordnen, NJW 1996, S.2273/2275; Däubler: Abschaffung der Tarifautonomie mit Hilfe des Günstigkeitsprinzips, ArbuR 1996, S.347(353); Zachert: Hat der Flächentarifvertrag noch eine Zukunft, AuA 1996, S.293; Hromadka: Reformbedarf im Tarifrecht, AuA 1996, S.289(292); Hensche: Tarifflucht in juristischen Formen, ArbuR 1996, S.331(334)

156 BAG Beschluß v.20.4.1999, 1 ABR 72/98, NZA 1999, S.887ff = DB 1999, S.1555ff

1.2 Das Günstigkeitsprinzip

Abweichende Abmachungen sind gemäß § 4 Abs. 3 TVG nur zulässig, soweit sie durch den Tarifvertrag gestattet sind, wovon hier nicht ausgegangen werden soll, oder nach dem sogenannten Günstigkeitsprinzip, wenn sie eine Änderung der Regelung zugunsten des Arbeitnehmers enthalten. Es fragt sich, ob untertarifliche Lohnvereinbarungen als günstiger angesehen werden können, wenn man im Rahmen des Günstigkeitsvergleichs berücksichtigt, daß dadurch eventuell der Arbeitsplatz erhalten werden kann. Von der in der Literatur bisher überwiegenden Meinung wird ein solcher Vergleich vor allem mit dem Argument abgelehnt, daß er sich im Interesse einer funktionierenden Tarifautonomie verbietet, weil diese ihre Aufgabe in Krisenzeiten und für Grenzbetriebe nicht erfüllen könne, wenn ein derartiger, den Tarifvertrag aushöhlender Günstigkeitsvergleich möglich wäre [157]; die Effizienz des Unabdingbarkeitsgrundsatzes dürfe deshalb nicht durch das Günstigkeitsprinzip, eine diesen Grundsatz ergänzende Ausnahmeregelung, gefährdet werden [158].

1.3 Die Vorschläge zur Neuinterpretation des Günstigkeitsprinzips

1.3.1 Die Auffassung von Adomeit

Adomeit war wohl der erste, der ernsthaft vorgeschlagen hat, die Vereinbarung untertariflicher Arbeitsbedingungen durch das Günstigkeitsprinzip zu rechtfertigen. Das hinter dem vorgeschlagenen Günstigkeitsvergleich stehende Argument, es sei besser, schlechtere Arbeitsbedingungen zu akzeptieren, als keine Beschäftigung zu haben, war allerdings ebensowenig neu wie die Idee, dieses durch das Günstigkeitsprinzip in die arbeitsvertraglichen Verhandlungen wieder einzubringen. Es handelt sich nämlich um das Argument, mit dem sich der Unterbietungswettbewerb erklären läßt, der in der Vergangenheit zu erschütternden sozialen Verhältnissen geführt und schließlich zur Entstehung der Tarifautonomie beigetragen hat, als die Gestaltung der Arbeitsbedingungen noch den freien Kräften des Marktes überlassen war. Die Möglichkeit, dieses Argument in den Günstigkeitsvergleich einzubeziehen, wurde bereits von Nipperdey ge sehen und mit der allerdings wenig überzeugenden Begründung abgelehnt, daß der Verlust des Arbeitsplatzes etwas Außerrechtliches sei [159].

157 Wiedemann, Stumpf, Tarifvertragsgesetz, §4 Rn238; ähnlich: Kempen, Zachert, TVG, Kommentar, 3. Auflage 1997, §4 Rn188, S.700 und Däubler: Abschaffung der Tarifautonomie mit Hilfe des Günstigkeitsprinzips ArbuR 1996, S.347(349,352)

158 Däubler: Abschaff. der Tarifaut. mit Hilfe des Günstigkeitsp. ArbuR 1996, S.347(349)

159 Hueck, Nipperdey, Lehrbuch des Arbeitsrechts, §30 S.607

Adomeit begründet seinen Vorschlag, das Arbeitsplatzargument in den Günstigkeitsvergleich nunmehr doch einzubeziehen in einem Beitrag aus dem Jahr 1984 [160] vor allem mit der seiner Ansicht nach bestehenden wirtschaftlichen Notwendigkeit, untertarifliche Lohnvereinbarungen zur Erhaltung von Betrieben zu ermöglichen. Der Argumentation, mit der die h.M. die Einbeziehung des Arbeitsplatzverlustes in den Günstigkeitsvergleich letztlich im Interesse eines funktionierenden Tarifsystems ablehnt [161], hält Adomeit entgegen, daß sich in der Werftindustrie gezeigt habe, das bestehende Tarifvertragssystem insofern nicht funktioniere, als es in Krisenzeiten keine angemessen niedrigeren Löhne für Grenzbetriebe zur Erhaltung der im internationalen Konkurrenzkampf stehenden Betriebe hervorgebracht habe und daß die höheren Tariflöhne langfristig gesehen für die Arbeitnehmer ungünstig gewesen seien. Adomeit kommt dann zu dem Ergebnis, daß neue Lösungen gesucht werden müssen, daß das Günstigkeitsprinzip eine Chance für die notwendige Korrektur biete und die Arbeitnehmer selbst am besten wissen müßten, was für sie günstiger sei [162]. In einem Gutachten für die Ludwig-Erhard-Stiftung aus dem Jahr 1995 regt er schließlich noch an, daß Zugeständnisse bei den Arbeitskonditionen den tariflichen Regelungen im Sanierungsfall vorgehen sollen, wenn jederzeit widerrufbare, vom Ausmaß her vertretbare Konzessionen von einer großen Mehrheit der Belegschaft (mindestens 90 Prozent) getragen werden und eine reelle Aussicht auf das Gelingen der Sanierung besteht. Bei der Einzelabrede solle die erhöhte Arbeitsplatzsicherheit in den Günstigkeitsvergleich einbezogen werden können, wenn sie beispielsweise durch den Verzicht auf betriebsbedingte Kündigungen juristisch gültig zugesichert werde [163].

1.3.2 Die Auffassung von Buchner

Buchner, der auch nach der BAG Entscheidung vom 20.4.1999 an seinen Vorstellungen festhält [164] führt ebenso wie Adomeit insbesondere wirtschaftspolitische Gründe für seinen Vorschlag zur Änderung der Auslegung des Günstigkeitsprinzips an. Er sieht die Standortqualität und die Existenzfähigkeit deutscher Betriebe durch zu hohe Tariflöhne und den zunehmenden internationalen Konkurrenzdruck gefährdet. Als Folgen dieser Entwicklung beschreibt er den Abbau von Arbeitsplätzen durch Konkurse und Auslandsverlagerungen von

160 Adomeit: Das Günstigkeitsprinzip - neu verstanden, NJW 1984, S.26ff
161 Wiedemann, Stumpf, Tarifvertragsgesetz, §4 Rn238
162 Adomeit: Das Günstigkeitsprinzip - neu verstanden, NJW 1984, S.26ff
163 Adomeit: Jobs durch Lockerungen im Tarifrecht, AuA 1996, S.131
164 Buchner: Der Unterlassungsanspruch der Gewerkschaft - Stabilisierung oder Ende des Verbandstarifvertrages? NZA 1999, S.897(901f)

Betrieben in Billiglohnländer. Er vertritt die Auffassung, dem könne nur durch die Bereitschaft entgegengewirkt werden, auch hinsichtlich der Arbeitsbedingungen und hier vor allem der Lohnhöhe mit diesen ausländischen Standorten zu konkurrieren. Die Reaktionen der Tarifparteien hält er diesbezüglich für völlig unzureichend [165]. Buchner meint, die Lösung der Konfliktlage könne durch das Günstigkeitsprinzip erfolgen. Nach dem traditionellen Gehalt des Günstigkeitsprinzips und der bisherigen Auslegung müsse zwar bezweifelt werden, ob Kürzungen von tariflichen Leistungen zum Zweck der Arbeitsplatzerhaltung zu rechtfertigen seien, wenn eine Kompensation durch Beschränkungen der Kündigungsmöglichkeiten erfolgt, weil der Bestand des Arbeitsplatzes nach dem traditionellen Sachgruppenvergleich nicht einbezogen werden könne, da völlig verschieden, nach bisherigem Verständnis in keinem Zusammenhang stehende Konditionen betroffen seien [166].

Die grundsätzliche Ablehnung des Arbeitsplatzargumentes dürfe dem Günstigkeitsvergleich aber nicht entgegenstehen. Sie müsse schon aufgrund der veränderten Situation überdacht werden. Die These, daß untertarifliche Arbeitsbedingungen ungünstiger seien als die Arbeitslosigkeit, sei nicht mehr haltbar. Der Ausschluß untertariflicher Entlohnung habe nur solange überzeugen können, wie jeder Arbeitswillige auch einen Arbeitsplatz zu den tariflichen Bedingungen habe bekommen können. Unter diesen Bedingungen sei es naheliegend gewesen, die Vereinbarung untertariflicher Bedingungen als ungünstiger zu bewerten. Wenn nunmehr aber keine ausreichende Zahl an Arbeitsplätzen zu den tariflichen Bedingungen verfügbar sei und klar sei, daß reduzierte Arbeitskosten das Arbeitsplatzangebot erweitern könnten, müsse das Günstigkeitsprinzip zu einer anderen Bewertung führen [167].

Die Rechtsprechung des BAG habe auch schon mal eine Abkehr von den bisherigen objektivierenden Bewertungsmaßstäben erkennen lassen, die es ermögliche, den Arbeitnehmern arbeitsvertraglich die Wahlmöglichkeit einzuräumen, gegen Beschäftigungszusagen auf tarifliche Positionen zu verzichten und unter Verzicht auf den Bestandsschutz zu den tariflichen Bedingungen

165 Buchner: Beschäftigungssicherung unter dem Günstigkeitsprinzip, Beilage Nr. 12/96 zu DB Heft 29/96, S.3ff

166 Buchner: Beschäftigungssicherung unter dem Günstigkeitsprinzip, Beilage Nr. 12/96 zu DB Heft 29/96, S.3(10)

167 Buchner: Beschäftigungssicherung unter dem Günstigkeitsprinzip, Beilage Nr. 12/96 zu DB Heft 29/96, S.3(9f) und: Der Unterlassungsanspruch der Gewerkschaft - Stabilisierung oder Ende des Verbandstarifvertrages? NZA 1999, S.897(901f)

zurückzukehren [168]. Dies zeige eine Entscheidung des Großen Senats, bei der eine kollektivvertraglich vereinbarte Befristung des Arbeitsverhältnisses auf das 65. Lebensjahr und eine arbeitsvertraglich vereinbarte Begrenzung auf das 66. oder 67. Lebensjahr zu vergleichen gewesen seien [169]. Der Große Senat habe die arbeitsvertragliche Regelung allein aufgrund der Wahlmöglichkeit des Arbeitnehmers länger über die Beendigung seines Arbeitsverhältnisses entscheiden zu können, als günstiger angesehen, ohne zu fragen, welche der Altersregelungen günstiger sei. Auch eine arbeitsvertraglich eingeräumte Wahlmöglichkeit könne folglich zumindest dann als günstiger angesehen werden, wenn sich wegen der unterschiedlichen Ansichten der Arbeitnehmer nicht sicher beurteilen lasse, welche der Regelungen günstiger sei [170].

Das Tarifrecht und die Tarifautonomie müßten dem gestiegenen Schutzbedürfnis der Arbeitnehmer an der Sicherung ihrer Arbeitsplätze Rechnung tragen. Art. 9 Abs. 3 GG stehe dem nicht entgegen, sondern erfordere eine solche Fortschreibung vielmehr aufgrund des veränderten Schutzanliegens, denn das Grundrecht schütze ein funktionsfähiges Tarifsystem und dazu gehöre auch das Günstigkeitsprinzip bzw. dessen Leitgedanke, daß durch individuelle arbeitsvertragliche Vereinbarungen günstigere Arbeitsbedingungen vorgesehen werden können. Außerdem sei die Förderung der Arbeits- und Wirtschaftsbedingungen Leitlinie des Grundrechtes. Dazu gehöre auch die Sorge um die Begründung und Bestandserhaltung von Arbeitsverhältnissen. Der Wortlaut des Grundrechtes lasse jedenfalls darauf schließen, daß es nicht nur um die einzelnen Arbeitsbedingungen gehen könne, sondern daß auch der Bestand des Arbeitsverhältnisses als Grundlage der Arbeitsbedingungen Schutzgegenstand ist. Beschäftigungssichernde Vereinbarungen der Tarifparteien seien damit zweifellos im Anwendungsbereich der Tarifautonomie. Dies müsse auch für Lohnverzicht in Verbindung mit Beschäftigungszusagen gelten [171].

Art. 9 Abs. 3 GG stehe der Rücknahme von tariflich festgesetzten Arbeitsbedingungen im Interesse des Bestandsschutzes auch dann nicht entgegen, wenn damit die Rechtsetzungsbefugnis der Tarifparteien beeinträchtigt werde. Schließlich habe das BVerfG in seiner Entscheidung zur Verfassungsmäßigkeit

168 Buchner: Beschäftigungssicherung unter dem Günstigkeitsprinzip, Beilage Nr. 12/96 zu DB Heft 29/96, S.3(9f)

169 BAG, Beschluß v.7.11.1989, DB 1990, S.1724

170 Buchner: Beschäftigungssicherung unter dem Günstigkeitsprinzip, Beilage Nr. 12/96 zu DB Heft 29/96, S.3(9f)

171 Buchner: Beschäftigungssicherung unter dem Günstigkeitsprinzip, Beilage Nr. 12/96 zu DB Heft 29/96, S.3(11f)

des § 21 Abs. 4 Flaggenrechtsgesetz [172] den Ausschluß der Anwendung deutschen Arbeits- und Tarifrechts für Seeleute ohne inländischen Wohnsitz auf Schiffen unter deutscher Flagge gebilligt und seine Entscheidung damit begründet, daß Seeschiffahrt zu deutschen Arbeitsbedingungen nicht mehr wettbewerbsfähig betrieben werden könne, der Gesetzgeber habe deswegen vor der Alternative gestanden, den Grundrechtsstandard zu wahren und ihm damit praktisch das Anwendungsfeld zu entziehen oder dieses durch eine Minderung des Grundrechtsstandards zu erhalten; unter diesen Umständen sei es dem Gesetzgeber durch die Verfassung nicht verwehrt, den zweiten Weg zu wählen. Die Günstigkeit arbeitsvertraglicher Abreden, die im Interesse des Bestandsschutzes Abstriche von Tarifbedingungen vorsehen, könne nach dieser Wertung des Bundesverfassungsgerichtes nicht mehr in Frage stehen. Wenn Arbeitsverhältnisse nur unter Inkaufnahme einer Minderung des tariflichen Niveaus sichergestellt werden könnten, sei dies gegenüber der uneingeschränkten Anwendung der Tarifbedingungen, die zum Verlust des Arbeitsplatzes führen würde, vorzugswürdig und günstiger im Sinne von § 4 Abs. 3 TVG [173].

Gegen die Argumentationen von Adomeit und Buchner läßt sich zunächst anführen, daß die Frage nach der wirtschaftlichen Notwendigkeit solcher Ausnahmeregelungen, wie die wirtschaftliche Betrachtung der Zusammenhänge gezeigt hat, keineswegs so eindeutig zu beantworten ist, wie beide annehmen. Es ist vielmehr äußerst umstritten und eher zweifelhaft, ob solche Ausnahmen überhaupt erforderlich sind und welche Erfolgsaussichten damit verbunden sein könnten [174] Speziell zu den Vorwürfen an die Tarifparteien könnte man noch anmerken, daß diese zumindest in den letzten Jahren nicht nur durch zurückhaltende Lohnpolitik, sondern auch durch die zunehmende Bereitschaft, Tariföffnungsklauseln zu vereinbaren, gezeigt haben, daß sie durchaus bemüht sind, die veränderte Situation zu berücksichtigen und gefährdeten Unternehmen zu helfen. Außerdem ist es weder möglich, noch wird es als Aufgabe der Tarifparteien angesehen werden können, alle gefährdeten Betriebe um jeden Preis zu erhalten, indem man notfalls mit den Niedriglohnländern auf deren Lohnniveau konkurriert, denn die Aufgabe der Tarifparteien ist vor allem darin zu sehen, die Unterlegenheit der Arbeitnehmer auszugleichen und angemessene Arbeitsbedingungen für diese zu gewährleisten, um ihnen eine sozial verträgliche Existenz zu sichern und soziale Mißstände zu vermeiden, die

172 BVerfG, Urteil v. 10.1.1995, DB 1995, S.483

173 Buchner: Beschäftigungssicherung unter dem Günstigkeitsprinzip, Beilage Nr. 12/96 zu DB Heft 29/96, S.3(12f)

174 Vgl. oben unter II 3 Lohnverzicht und Härtefallregelungen als Instrumente zur Bekämpfung der Arbeitslosigkeit

zur Entwicklung der Tarifautonomie beigetragen haben und in den Niedriglohnländern teilweise heute noch zu finden sind.

Vor allem aber fragt sich, ob die geltenden Bestimmungen die Neuinterpretation des Günstigkeitsprinzips zulassen.

1.4 Läßt das Günstigkeitsprinzip die vorgeschlagene Einbeziehung des Abeitplatzargumentes zu?

1.4.1 Der Wortlaut von § 4 Abs. 3 TVG

Nach dem Wortlaut der gesetzlichen Regelung scheint es nicht völlig ausgeschlossen, das Arbeitsplatzargument in den Günstigkeitsvergleich einzubeziehen oder den Arbeitnehmer sogar selbst entscheiden zu lassen.

Im Gesetzestext wird bezogen auf § 4 Abs. 1 TVG, nach dem die Rechtsnormen des Tarifvertrages unmittelbar und zwingend wirken, nur gesagt, daß abweichende Vereinbarungen zulässig sind, soweit sie eine Änderung der Regelung zugunsten des Arbeitnehmers enthalten. Zu entnehmen ist dem allerdings, daß Vergleichsgegenstand die tarifliche und die abweichende Vereinbarung sein müssen [175] und es scheint naheliegend, daß auch objektiv bessere Arbeitsbedingungen (höherer Lohn, kürzere Arbeitszeit, längerer Urlaub) gemeint sind, wenn von Änderungen zugunsten des Arbeitnehmers die Rede ist. Wenn man daraus schließen wollte, daß der Vergleichsgegenstand insoweit begrenzt ist, daß ausschließlich die vereinbarten Regelungen ohne ihre eventuellen Auswirkungen miteinander zu vergleichen sind und günstigere Vereinbarungen unabhängig von subjektiven Empfindungen nur objektive Verbesserungen sein sollen, könnte man hier schon zu dem Ergebnis kommen, daß die Entscheidung nicht den Arbeitnehmern überlassen und der Arbeitsplatzverlust nicht in den Vergleich einbezogen werden kann. Man wird aber wohl davon ausgehen müssen, daß der Wortlaut eine andere dahingehende Auslegung zuläßt, daß auch schlechtere Arbeitsbedingungen die günstigere Alternative für den Arbeitnehmer sein können, wenn sie für ihn aus welchen Gründen auch immer vorzugswürdig scheinen und/oder er dies selbst so sieht, denn der Wortlaut enthält keine ausdrücklichen Aussagen darüber, von wem der Günstigkeitsvergleich zu entscheiden ist und welche Gesichtspunkte bei der Entscheidung einbezogen werden können.

175 Löwisch, Rieble, Tarifvertragsgesetz, § 4 Rn196; Däubler, Tarifvertragsrecht, S.141 Rn201

1.4.2 Weitere Auslegungskriterien

Bei der Auslegung von Rechtsnormen kommt es aber nicht nur auf deren Wortlaut an. Dieser ist nur der Ausgangspunkt und läßt hier unterschiedliche Auslegungsergebnisse zu. Zu berücksichtigen sind außerdem der Bedeutungszusammenhang, also der gesetzliche und verfassungsrechtliche Zusammenhang in dem die betreffende Norm steht, die Entstehungsgeschichte und der Zweck der Norm. Entscheidend für das Auslegungsergebnis soll dabei grundsätzlich die teleologische Auslegung sein, die sich am Gesetzeszweck orientiert [176]. Hier wird es zudem besonders auf den Bedeutungszusammenhang ankommen, weil dieser schon nach der Konstruktion der gesetzlichen Regelung erheblichen Einfluß auf den Gesetzeszweck haben dürfte, denn § 4 Abs. 3 TVG ist eine Ausnahmeregelung zu einer anderen Regelung, der Unabdingbarkeit aus § 4 Abs. 1 TVG ist und die Regelungen aus § 4 TVG muß in engem Zusammenhang mit der Tarifautonomie gesehen werden.

1.4.3 Gesetzeszweck und Bedeutungszusammenhang

Die Frage nach dem Zweck des Günstigkeitsprinzips wird nicht ganz einheitlich beantwortet [177]. Nach Auffassung des BAG, das es im Anschluß an Hueck, Nipperdey [178] einmal als verfassungsmäßig anerkannten Grundsatz des kollektiven Arbeitsrechts bezeichnet hat [179], ist das Günstigkeitsprinzip in § 4 Abs. 3 TVG nur unvollkommen geregelt und Ausdruck eines umfassenden Grundsatzes, der auch außerhalb des TVG Geltung beansprucht, nach dem alle arbeitsrechtlichen Gestaltungsfaktoren Verbesserungen durch rangniedrigere Regelungen nicht ausschließen können, soweit die betreffenden Regelungen nicht von vornherein ausgeschlossen sind; der sich einleuchtend mit dem arbeitsrechtlichen Schutzprinzip begründen läßt, daß kein Grund besteht, rangniedrigere und damit in der Regel sachnähere Abreden zu sperren, wenn sie den Arbeitnehmer begünstigen, also besser schützen [180].

176 Palandt, Heinrichs, Einleitung Rn35ff

177 Kempen, Zachert, TVG, Kommentar, 3. Auflage 1997, §4 Rn162ff, S.687ff; Blomeyer: Das Günstigkeitsprinzip in der Betriebsverfassung, NZA 1996, S.337(338); BAG GS v.16.9.86 AP Nr.17 zu §77 BetrVG 1972 = DB 1987, S.383(386) unter CII3a der Gründe

178 Hueck, Nipperdey, Lehrbuch des Arbeitsrechts, 7. Auflage, Band II 1, §13, S.232 nach BAG GS v.16.9.86 AP Nr.17 zu §77 BetrVG 1972 = DB 1987, S.383(386) unter CII3a der Gründe

179 BAG AP Nr.2 zu §4 TVG Angleichungsrecht unter II 2a der Gründe

180 BAG GS v.16.9.86 AP Nr.17 zu §77 BetrVG 1972 = DB 1987, S.383(386) unter CII3a der Gründe

In der Literatur wird das Günstigkeitsprinzip, soweit es um den Vorrang einzelvertraglicher Regelungen geht [181], überwiegend mit Art. 2 Abs. 1 GG in Verbindung gebracht. Einige leiten es aus dem Grundrecht ab [182]. Andere deuten es als Ausdruck der Privatautonomie [183], dem mittelbarer verfassungsrechtlicher Schutz der allgemeinen Handlungsfreiheit zuzuschreiben ist [184], weil es die individuelle Vertragsfreiheit der Einzelvertragspartner dort wieder hergestellt, wo Einschränkungen durch die Unabdingbarkeit bzw. die Tarifautonomie zum Schutz der Arbeitnehmer nicht mehr erforderlich sind [185]. Von den Befürwortern der Härtefallregelungen werden diese Definitionen zum Teil ausdrücklich unterstützt [186] und im übrigen nicht in Frage gestellt.

Die von der Rechtsprechung und in der Literatur gefundenen Interpretationen widersprechen sich nicht unbedingt. Die Definition der Rechtsprechung scheint mehr darauf gerichtet, dem Günstigkeitsprinzip auch außerhalb des konkreten Anwendungsbereichs von § 4 Abs. 3 TVG Geltung zu verschaffen. Wenn es wie hier um individualvertragliche Tarifabweichungen im Anwendungsbereich von § 4 Abs. 3 TVG geht, scheint die in der Literatur vertretene Definition am überzeugendsten, zumal sie mehr auf diesen Anwendungsbereich abstellt und hier klarer zum Ausdruck kommt, daß der Arbeitnehmerschutz, den die Unabdingbarkeit bietet, zu berücksichtigen ist. Sie entspricht damit auch deutlicher der gesetzlichen Konstruktion, nach der § 4 Abs. 3 TVG eine Ausnahmeregelung zur Unabdingbarkeit (§ 4 Abs. 1 TVG) ist. Wenn vereinzelt Bedenken gegen die Ableitung aus der Privatautonomie geäußert werden, die darauf beruhen, daß der Beitritt zu den Koalitionen freiwillig ist [187], wird nicht ausreichend berücksichtigt, daß sich Arbeitnehmer nach einem Koalitionsbeitritt der zwingenden Wirkung auch durch den Verbandsaustritt nicht gleich entziehen können, denn die Tarifgebundenheit bleibt nach § 3 Abs. 3 TVG bestehen, bis der Tarifvertrag endet. Soweit es um Individualvereinbarungen geht, hat die

181 BAG GS v.16.9.86 AP Nr.17 zu §77 BetrVG 1972 = DB 1987, S.383(386) unter CII3a der Gründe

182 Vgl. z.B. Blomeyer: Das Günstigkeitsprinzip in der Betriebsv., NZA 1996, S.337(338) m. w. Nachw.; Richardi: Eingriff in eine Arbeitsvertagsregelung durch Betriebsver., RdA 1983, S.201(216); Belling: Das Günstigkeitsp. n. d. Beschluß des Großen Senats vom 16.9.1986; DB 1987, S.1888(1890f); Hromadka: Die belastende Betriebsver.; DB 1985, S.864(866); Ehmann, Schmidt: Betriebsv. und Tarifv., NZA 1995, S.193(198f)

183 Däubler, Tarifvertragsrecht, S.139, Rn197; BAG GS v.16.9.86 AP Nr.17 zu §77 BetrVG 1972 = DB 1987, S.383(386) unter CII3a der Gründe

184 Däubler, Tarifvertragsrecht, S.139, Rn197

185 Blomeyer: Das Günstigkeitsprinzip in der Betriebsverfassung, NZA 1996, S.337(338)

186 Ehmann,Schmidt: Betriebsvereinbarungen und Tarifverträge, NZA 1995, S.193(198f)

187 Kempen, Zachert, TVG, Kommentar, 3. Auflage 1997, §4 Rn164, S.688f

Unabdingbarkeit im Verhältnis zur Privatautonomie damit schon begrenzende Wirkung, die ihrerseits durch das Günstigkeitsprinzip eine Einschränkung erfährt. Bei der Auslegung des Günstigkeitsprinzips ist also zu berücksichtigen, daß die individuelle Vertragsfreiheit nur insoweit wieder hergestellt werden kann, wie Einschränkungen zum Schutz der Arbeitnehmer durch die Unabdingbarkeit und Art. 9 Abs. 3 GG, in dessen Schutzbereich der Unabdingbarkeitsgrundsatz nach ganz überwiegender Ansicht in der Literatur [188] und der Rechtsprechung des Bundesverfassungsgerichtes fällt [189], nicht mehr erforderlich sind. Zu fragen ist deshalbnach dem Sinn und Zweck von Unabdingbarkeit und Tarifautonomie. Der Normzweck der Unabdingbarkeit steht in Zusammenhang mit dem der Tarifautonomie. Beide lassen sich daraus erklären, daß der Individualvertrag sich in der Vergangenheit als unzureichendes Instrument zur Begründung sozial angemessener Vertragsbedingungen erwiesen hat [190], als es im Zuge der zunehmenden Industrialisierung zu erheblichen sozialen Mißständen kam, weil die für ein sozial verträgliches Funktionieren des freien Spiels der Marktkräfte erforderliche Gleichberechtigung von Arbeitgeber und Arbeitnehmern beim Abschluß der Arbeitsverträge nur theoretisch vorhanden war [191] und die historische Entwicklung gezeigt hat, daß durch Tarifverträge eher Ergebnisse erzielt werden, die den Interessen der widerstreitenden Gruppen und dem Gemeinwohl entsprechen als durch staatliche Eingriffe [192].

Die Tarifautonomie ist nach allgemeiner Auffassung deshalb darauf angelegt, die strukturelle Unterlegenheit der Arbeitnehmer durch kollektives Handeln auszugleichen und damit ein annähernd ausgeglichenes Aushandeln der Löhne und Arbeitsbedingungen zu ermöglichen und angemessene Mindestarbeitsbedingungen für die Arbeitnehmer zu gewährleisten [193].

188 Löwisch, Rieble, Tarifvertragsg., Grundl. Rn32 und §1 Rn 8; Däubler, Erosion des Flächentarifs? AuA 1996, S.310(312); Hanau: Die Deregulierung von Tarifverträgen durch Betriebsvereinbarungen als Problem der Koalitionsfreiheit, AuR 1993, S. 1(2)

189 Vgl. z.B. BVerfGE 44, S.322(341)

190 BVerfGE 34, S.307(316) nach Däubler: Tarifvertragsrecht, S.132, Rn182; BVerfG, Urteil v.28.1.1992, DB 1992, S.377(378,379)

191 Krummel: Die Geschichte des Unabdingbarkeitsgrundstazes und des Günstigkeitsprinzips im Tarifvertragsrecht, S.9; Ehmann, Lambrich: Vorrang der Betriebs- vor der Tarifautonomie kraft des Subsidiaritätsprinzips, NZA 1996, S.346(348f)

192 BVerfGE 88, S.103

193 Vgl. z.B. Kempen, Zachert, TVG, Kommentar, 3. Auflage 1997, §4 Rn1 und Einleitung Rn72ff; Däubler: Tariifvertragsrecht, S.132 und Arbeitsrecht 1, S.140; Zachert: Hat der Flächentarifvertrag noch eine Zukunft? AuA 1996, S.293(295); Ehmann, Lambrich: Vorrang der Betriebs vor der Tarifautonomie kraft des Subsidiaritätsprinzips, NZA 1996, S.346(349); BVerfG, Beschluß v.26.6.1991, ArbuR 1992, S.29(32)

Durch die Unabdingbarkeit soll auf der einfachgesetzlichen Ebene verwehrt werden, daß der Arbeitgeber seine Überlegenheit gegenüber dem einzelnen Arbeitnehmer ausspielt und ihm die Arbeitsbedingungen diktiert [194]. Vor allem soll vermieden werden, daß die Arbeitnehmer, die auf ein Einkommen und damit auf einen Arbeitsplatz angewiesen sind, durch die Bereitschaft zu Lohnsenkungen und Steigerungen des Arbeitsangebotes um Arbeitsplätze konkurrieren und so das Opfer von Lohndrückerei der Arbeitgeber werden. Ohne die Zusammenfassung des Arbeitsangebotes würde diese Gefahr eines ruinösen Wettbewerbs unter den Arbeitnehmern insbesondere dann bestehen, wenn kein ausreichendes Angebot an Arbeitsplätzen zur Verfügung steht. Denn Arbeitnehmer können im Gegensatz zu den Anbietern normaler Waren ihr Angebot bei sinkenden Preisen nicht verknappen; da sie auf die Mittel zum Lebensunterhalt angewiesen sind, müssen sie ihr Angebot sogar erweitern um ihre Existenz zu sichern [195], wenn die Löhne durch diesen Unterbietungswettbewerb unter das Existenzminimum sinken. In der Unabdingbarkeit wird aus diesen Gründen ein wesentlicher Grundpfeiler der Tarifautonomie gesehen [196].

Auch hier kann davon ausgegangen werden, daß die Befürworter der Sanierungsvereinbarungen die Interpretation der h.M. zumindest im wesentlichen anerkennen. Teilweise werden von ihnen zwar deutliche Zweifel geäußert, ob die Tarifautonomie und vor allem der Unabdingbarkeitsgrundsatz zweckmäßig und zeitgemäß sind [197]. Die beschriebene Zweckbestimmung und deren Ableitung aus der geschichtlichen Entwicklung werden dabei grundsätzlich aber nicht in Frage gestellt. Es ist dann zu ermitteln, ob die Vorschläge zur Neuinterpretation des Günstigkeitsprinzips damit in Einklang zu bringen sind.

1.4.4 Kann die Entscheidung des Günstigkeitsvergleichs den Arbeitnehmern überlassen werden?

Auf den ersten Blick wäre dies sogar naheliegend, zumal kaum ein Arbeitnehmer dafür Verständnis aufbringen dürfte, daß eine Regelung für ihn günstiger sein soll, die er als besonders nachteilhaft empfindet, wenn es um den Erhalt seines Arbeitsplatzes und damit möglicherweise tatsächlich um seine weitere

194 Däubler, Tarifvertragsrecht, S.132, Rn182

195 Däubler, Tarifvertragsrecht, S.60, Rn27; Deregulierungskommission, Marktöffnung und Wettbewerb, S. 136,137

196 Däubler, Tarifvertragsrecht, S.132, Rn182

197 Adomeit: Das Günstigkeitsprinzip - neu verstanden, NJW 1984, S.26f; Buchner: Beschäftigungssicherung unter dem Günstigkeitsprinzip, Beilage Nr. 12/96 zu DB Heft 29/96, S.3ff; Ehmann, Schmidt: Betriebsv. und Tarifverträge, NZA 1995, S.193(194)

soziale Existenz geht. Wollte man die Berücksichtigung des Arbeitsplatzarguments allerdings ermöglichen, indem man die Arbeitnehmer entscheiden läßt, was für sie günstiger ist, wie Adomeit in seinem Beitrag aus dem Jahr 1884 anregt [198], könnte es aufgrund der unterschiedlichen Ansichten der Betroffenen aber nicht nur zu einer unterschiedlichen Geltung der Tarifnormen kommen [199]. Vor allem wird überzeugend dagegen angeführt, daß sich die typische Unterlegenheit der Arbeitnehmer bei der Beurteilung, was ihnen günstiger erscheint, auswirken könnte, weil die Gefahr bestehen würde, daß sie sich bei ihrer Entscheidung allzusehr von den möglichen Vorstellungen und Wünschen der Arbeitgeber leiten lassen, um einen Arbeitsplatz zu bekommen oder ihren zu behalten und die Arbeitnehmer so auf die tarifliche Schutzwirkung verzichten [200]. Denn es bliebe den Arbeitnehmern letztlich wieder selbst überlassen, ihre Arbeitsbedingungen mit dem Arbeitgeber auszuhandeln, weil die Tarifnormen entgegen der Unabdingbarkeitsregel ohne weiteres unterschritten werden könnten und wohl nur noch unverbindlichen Empfehlungscharakter hätten. Ihre Unterlegenheit könnte sich dabei ebenso ungehindert auswirken, wie beim Aushandeln der Arbeitsbedingungen selbst, denn es besteht die Gefahr, daß sie untertarifliche Arbeitsbedingungen aus Sorge um ihren Arbeitsplatz als günstige Alternative akzeptieren, weil sie möglicherweise sogar zutreffend davon ausgehen würden, daß ihre Bereitschaft hierzu unabhängig davon, ob es zur Betriebserhaltung wirklich erforderlich ist, für die Einstellung oder den Erhalt ihres Arbeitsplatzes von entscheidender Bedeutung sein kann. Die Erfahrungen aus der Vergangenheit zeigen jedenfalls, daß mit einem solchen Verhalten gerechnet werden muß. Unter diesen Umständen könnte die Unabdingbarkeit ihren Schutzzweck, angemessene Mindestarbeitsbedingungen zu gewährleisten, spätestens dann tatsächlich kaum mehr erfüllen, wenn das Angebot an Arbeitsplätzen knapp ist. Geht man vom Schutzbedürfnis der Arbeitnehmer aus, dürfte ihnen die Entscheidung über den Günstigkeitsvergleich folglich genausowenig überlassen werden wie das Aushandeln der Arbeitsbedingungen. Dies wäre offensichtlich weder mit dem Unabdingbarkeitsgrundsatz noch mit dem Gesetzeszweck des Günstigkeitsprinzips zu vereinbaren, die allgemeine Handlungsfreiheit dort wieder herzustellen, wo Einschränkungen zum Schutz der Arbeitnehmer nicht mehr erforderlich sind. Außerdem scheint es auch systematisch wenig sinnvoll, einer gesetzlichen Regelung durch eine zu dieser bestehenden Ausnahmeregelung die Wirkung vollständig zu nehmen. Eine solche Auslegung wäre wohl nur ernsthaft in Betracht zu ziehen, wenn man in der Unabdingbarkeit eine eher unnötige Bestimmung sehen wollte. Es scheint

198 Adomeit: Das Günstigkeitsprinzip - neu verstanden, NJW 1984, S.26(27)
199 Däubler, Tarifvertragsrecht, S.144, Rn209
200 Vgl. z.B. Löwisch, Rieble, TVG, §4 Rn2o3; Däubler, Tarifvertragsr., S.144f, Rn209

deshalb zutreffend, daß man auf objektive Maßstäbe nicht verzichten kann, um die Schutzfunktion sicherzustellen und eine gleichmäßige Handhabung zu gewährleisten [201].

1.4.5 Läßt sich der Verlust des Arbeitsplatzes im Rahmen der bisherigen objektiven Bewertungsmaßstäbe einbeziehen?

In der Rechtsprechung und der Lehre sind Auslegungsregeln zur objektiven Bewertung entwickelt worden, die zumindest im wesentlichen überwiegend Anerkennung finden [202]. Nach diesen ist ein sogenannter Sachgruppenvergleich durchzuführen [203] und bei der Beurteilung darauf abzustellen, wie ein verständiger Arbeitnehmer unter Berücksichtigung der Umstände des Einzelfalls [204], der spezifischen Verhältnisse in seiner Branche und der Verkehrsanschauung die Bestimmung des Arbeitsvertrags im Vergleich zu der des Kollektivvertrags einschätzen würde [205].

In den Sachgruppenvergleich würde sich das Arbeitsplatzargument nach den bisherigen Auslegungskriterien kaum einbeziehen lassen, wie Buchner zutreffend anspricht [206]. Gegenübergestellt werden hier nur Regelungen, die sich auf ein bestimmtes Gebiet beziehen und dabei in einem offensichtlichen sachlichen inneren Zusammenhang stehen [207]. Begründet wird diese Beschränkung insbesondere damit, daß bei einem Gesamtvergleich die Unterschreitung des Tarifniveaus in bestimmten Fragen ermöglicht würde, wenn in anderer Hinsicht dafür Verbesserungen gewährt würden und dagegen wird zutreffend vorgebracht, daß so nicht nur die Möglichkeit eröffnet würde, tarifpolitische Ziele zu konterkarieren [208], sondern auch die Unabdingbarkeit unterlaufen werden könnte, was auf Bedenken hinsichtlich der Vereinbarkeit mit § 4 Abs. 1 TVG stößt [209]. Zudem wird argumentiert, daß die Norm keinerlei Anhaltspunkte dafür enthalte, daß eine Unterschreitung der tariflichen Arbeitsbedingungen dann

201 Däubler: Abschaff. der Tarifaut. mit Hilfe des Günstigkeitsp. ArbuR 1996, S.347(349)
202 Kempen, Zachert, TVG, Kommentar, 3. Auflage 1997, §4 Rn185
203 Däubler, Tarifvertragsrecht, S.143, Rn205; Kempen, Zachert, TVG, Kommentar, 3. Auflage 1997 §4 Rn188; Löwisch, Rieble, Tarifvertragsgesetz, §4 Rn198
204 Löwisch, Rieble, Tarifvertragsgesetz, §4 Rn203;
205 Däubler, Tarifvertragsrecht, S.144f, Rn209
206 Buchner: Beschäftigungssicherung unter dem Günstigkeitsprinzip, Beilage Nr. 12/96 zu DB Heft 29/96, S.3(10)
207 Däubler, Tarifvertragsrecht, S.143, Rn205; Kempen, Zachert, TVG, Kommentar, 3. Auflage 1997 §4 Rn188; Löwisch, Rieble, Tarifvertragsgesetz, §4 Rn198
208 Löwisch, Rieble, Tarifvertragsgesetz, §4 Rn197
209 Däubler, Tarifvertragsrecht, S.143, Rn204

lässig ist, wenn sie durch Verbesserungen an anderer Stelle kompensiert wird [210] aber auch, daß Regelungen zu vergleichen wären, die nichts miteinander zu tun haben und deshalb kaum zu vergleichen sind und die Entscheidung deshalb letztlich weithin von subjektiven, zumindest aber schwer nachvollziehbaren Wertungen der Gerichte abhinge [211]. Auch der Vergleich jeder einzelnen Tarifbestimmung mit jeder einzelnen Bestimmung des Arbeitsvertrags wird abgelehnt, weil derartige Einzelvergleiche zu beträchtlichen Unzulänglichkeiten führen können. Legt man sie zugrunde, entsteht die sogenannte Rosinentheorie, die zu Ergebnissen führen kann, die weder die Tarifparteien noch die Arbeitsvertragsparteien gewollt haben [212]. Regelungen dürfen deshalb auch nicht aus ihrem Zusammenhang gerissen werden.

Welche der tariflichen und arbeitsvertraglichen Regelungen in dem sachlichen Zusammenhang stehen und miteinander verglichen werden können, ist im Einzelfall durch Auslegung des Arbeitsvertrages und des Tarifvertrages festzustellen [213]. Mangels anderer Anhaltspunkte sind sachlich entsprechende Regelungen zu vergleichen. Maßgebend ist vor allem, ob die Bestimmungen denselben Gegenstand betreffen, hilfsweise die Verkehrsanschauung [214]. Die h.M. neigt dazu, ganze Komplexe wie den Urlaub, die Lohnfortzahlung und die Kündigung zusammenzuziehen [215]. So gehören beispielsweise tariflicher Grundlohn und tarifliche Lohnzuschläge zusammen [216]. Der sachliche Zusammenhang wird grundsätzlich aber nur dann anzunehmen sein, wenn die Tarifparteien auch eine einheitliche zusammenhängende Regelung mehrerer Einzelregelungen gewollt haben. Verneint wurde er vom BAG nämlich, wenn der Tarifvertrag zum einen den Leistungslohn festsetzt und davon ganz unabhängig auch noch ein Soziallohnsystem enthält [217]. Wenn der Zusammenhang fehlt, soll er nach der Rechtsprechung des BAG von den Arbeitsvertragsparteien allerdings durch ausdrückliche oder stillschweigende, dann aber eindeutige

210 Däubler, Tarifvertragsrecht, S.143, Rn206

211 Däubler, Tarifvertragsrecht, S.142f, Rn204

212 Däubler, Tarifvertragsrecht, S.143, Rn205; Kempen, Zachert, TVG, Kommentar, 3. Auflage 1997, §4 Rn188; Löwisch, Rieble, Tarifvertragsgesetz, §4 Rn197; BAG, Urteil v.23.5.1984, DB 1984, S. 2143(2144)

213 Löwisch,Rieble, Tarifvertragsgesetz, §4 Rn198; BAG, Urteil v.23.5.1984, DB 1984, S. 2143(2144)

214 Kempen, Zachert, TVG, Kommentar, 3. Auflage 1997 §4 Rn188; Löwisch, Rieble, Tarifvertragsgesetz 1997, §4 Rn198; BAG, Urteil v.23.5.1984, DB 1984, S. 2143(2144)

215 Däubler, Tarifvertragsrecht, S.143, Rn206

216 BAG, Urteil v. 23.5.1984, DB 1984, S. 2143(2144)

217 BAG, Urteil v. 19.12.1958, ArbuR 1959, S.313

Vereinbarung hergestellt werden können [218]. Zusammenziehen lassen sich so aber nur Regelungen, die das selbe Regelungsgebiet betreffen, wenn das tarifliche Niveau zudem nicht unterschritten wird, wie sich aus der Entscheidung zu den getrennten Lohnsystemen ersehen läßt. Das BAG hielt es in diesem Fall für möglich, daß die Arbeitsvertragsparteien den fehlenden Zusammenhang zwischen Leistungslohn und Sozialzulage, also zwischen zwei verschiedenen tariflichen Lohnansprüchen herstellen, wenn das übertarifliche Gehalt erwiesenermaßen unter Berücksichtigung der tarifvertraglichen Sozialzulage festgesetzt wurde. Das Arbeitsplatzargument selbst läßt sich demnach nicht in den Vergleich einbeziehen, weil das Arbeitsplatzrisiko keine tarifvertragliche Regelung ist. Ein sachlicher Zusammenhang kann aber nur zwischen Regelungsgegenständen angenommen werden, die auch tarifvertraglich geregelt sind, weil der Vergleichsgegenstand ausschließlich die tarifliche und die arbeitsvertragliche Regelung sind, wie sich aus § 4 Abs. 3 TVG ergibt [219]. Abgesehen davon hat der Verlust des Arbeitsplatzes nichts mit dem Regelungskomplex Lohn zu tun und könnte folglich ohnehin nicht mit einer Lohnvereinbarung verglichen werden.

Schon aufgrund der unterschiedlichen Regelungsgegenstände wird es auch nicht möglich, das Arbeitsplatzargument indirekt über arbeitsplatzsichernde Vereinbarungen einzubeziehen. Buchner und Adomeit meinen, der Lohnverzicht könne damit kompensiert werden. Solche Regelungen, die den Bestand des Arbeitsverhältnisses betreffen wie z.B. ein Kündigungsverzicht, haben aber einen ganz anders gearteten Regelungsgegenstand, für den es keinen gemeinsamen Maßstab mit Lohnvereinbarungen gibt und können somit nicht mit diesen verglichen werden, wie auch das BAG in seiner Entscheidung vom 20.4.1999 feststellt [220]. Weil diese Regelungsgegenstände offensichtlich zu völlig unterschiedlichen Regelungsbereichen gehören, werden sie sich durch die Arbeitsvertragsparteien auch nicht zusammenziehen lassen. Ein sachlicher Zusammenhang läßt sich damit selbst dann nicht herstellen, wenn die Arbeitsvertragsparteien dies ausdrücklich beabsichtigen.

218 Vgl. BAG, Urteil v. 19.12.1958, ArbuR 1959, S.313, anders aber Däubler, der das Zusammenziehen verschiedener Einzelfallregelungen ablehnt, weil dafür vor allem dann ein Bedürfnis besteht, wenn es darum geht teilweise schlechtere als die tariflichen Regelungen durchzusetzen und einen Sachgruppenvergleich deshalb nur für möglich hält, wenn die Tarifparteien mehrere Einzelregelungen bewußt zu einer Einheit zusammengefaßt haben, siehe: Abschaffung der Tarifautonomie mit Hilfe des Günstigkeitsprinzips, ArbuR 1996, S.347(349)

219 Däubler, Tarifvertragsrecht, S.141 Rn201

220 BAG Beschluß v.20.4.1999, 1 ABR 72/98, NZA 1999, S.887ff = DB 1999, S.1555ff unter B III 1 b aa der Gründe

Im Rahmen des Beurteilungsmaßstabs, also bei der Frage, welche der Lohnvereinbarungen ein verständiger Arbeitnehmer als günstiger ansehen würde, ließe sich das Arbeitsplatzargument nach herrschender Meinung ebenfalls wohl nicht berücksichtigen. Ob Auswirkungen der Tarifnormen, die sich aus der persönlichen Sicht des Arbeitnehmers ergeben, hier überhaupt Berücksichtigung finden können, wird zwar auch innerhalb der h.M. nicht ganz einheitlich beurteilt. Däubler beispielsweise hält eine Berücksichtigung schon deshalb nicht für möglich, weil Vergleichsgegenstand die tarifliche und die abweichende arbeitsvertragliche Regelung sind und zwar ausschließlich. Er meint, deshalb seien auch nur diese zu vergleichen. Rückwirkungen, die sich aus der persönlichen Sicht des Einzelnen ergeben, sollen dabei schon aus Gründen der Rechtssicherheit keine Beachtung finden können [221]. Löwisch, Rieble halten es im Rahmen einer wenn auch typisierten Einzelfallbetrachtung dagegen grundsätzlich für möglich zu berücksichtigen, ob sich beispielsweise ein höherer Tariflohn durch steuerliche Nachteile, erhöhte Unterhaltszahlungen oder den Wegfall von Ansprüchen auf staatliche Sozialleistungen auswirkt [222]. Zumal auch Löwisch, Rieble sehr darauf abstellen, daß die Einzelfallbeurteilung unter Berücksichtigung der Tarifautonomie vorzunehmen ist [223], dürfte aber weitgehend Einigkeit bestehen, daß das Arbeitsplatzargument, dessen Einbeziehung im Interesse einer funktionsfähigen Tarifautonomie ganz überwiegend, ja generell abgelehnt wird [224], im Rahmen des objektiven Bewertungsmaßstabs nicht berücksichtigt werden kann.

Außerdem wären betriebseinheitliche und damit zur Rettung von bedrohten Betrieben wirksame Regelungen zumindest nach den bisherigen Auslegungskriterien nicht einmal dann möglich, wenn man das Arbeitsplatzargument in den Vergleich einbeziehen wollte. Denn § 4 Abs. 3 TVG schreibt grundsätzlich jedenfalls den individuellen Günstigkeitsvergleich vor. Dies ergibt sich schon daraus, daß die normative Wirkung die beiderseitige Tarifgebundenheit der Arbeitsvertragsparteien voraussetzt [225]. Stützen läßt es sich aber auch auf den Wortlaut der Norm, wo nur von Abmachungen die Rede ist, die Regelungen zugunsten des Arbeitnehmers enthalten, ohne daß die Berücksichtigung

221 Däubler, Tarifvertragsrecht, S.141, Rn201

222 Löwisch, Rieble, Tarifvertragsgesetz, §4 Rn205

223 Löwisch, Rieble, Tarifvertragsgesetz, §4 Rn203

224 Wiedemann, Stumpf, Tarifvertragsgesetz, §4 Rn238; ebenso, Kempen, Zachert, Tarifvertragsgesetz, 3.Auflage 1997, § 4 Rn188; Hromadka, Reformbedarf im Tarifrecht, AuA 1996, S.289; Däubler: Abschaffung der Tarifautonomie mit Hilfe des Günstigkeitsp., ArbuR 1996, S.347 (352) und Arbeitsrecht 1, S.142; Zachert: Aufhebung der Tarifautonomie durch freiwillige Regelungen im Arbeitsvertr., DB 1990, S. 986 (989)

225 BAG GS DB 1987, S.383(387)

von Gesamtinteressen auch nur angedeutet wird. Zudem entspricht es der möglichst umfassenden Berücksichtigung von Individualinteressen im geltenden Arbeitsrecht [226]. Es ist zwar allgemein anerkannt, daß ein kollektiver Günstigkeitsvergleich ausnahmsweise vor allem dann in Betracht kommt, wenn durch Betriebsvereinbarungen von anderen Abmachungen abgewichen wird [227] und es um Ansprüche mit kollektivem Bezug geht, die der Belegschaft als Ganzes gewährt werden [228]. Soweit es wie hier um Abweichungen durch Arbeitsverträge, die typische Form zur Begründung von Individualansprüchen vom Tariflohn geht, der als Individualanspruch gelten muß, weil Tarifverträge regelmäßig individuelle Ansprüche gewähren [229], dürfte aber unstreitig ein individueller Günstigkeitsvergleich vorzunehmen sein. Das Günstigkeitsprinzip würde arbeitsvertragliche Härtefallregelungen somit allenfalls für diejenigen Arbeitnehmer zulassen, für die der Erhalt ihres Arbeitsplatzes objektiv die günstigere Alternative ist, und dies wird wohl nur bei einigen der Fall sein, die tatsächlich kaum Aussicht auf einen vergleichbaren Arbeitsplatz mehr haben würden.

1.4.6 Vollzieht das BAG eine Abkehr von den objektiven Beurteilungsmaßstäben?

Eine Abkehr des BAG von den objektiven Bewertungsmaßstäben, nach der eine Wahlmöglichkeit zwischen den tariflichen Arbeitsbedingungen und untertariflichen Arbeitsbedingungen zulässig erscheint, wenn diese durch Beschäftigungszusagen kompensiert werden und sich aufgrund der unterschiedlichen Ansichten der Arbeitnehmer nicht sicher beurteilen läßt, welche Regelung günstiger ist [230], wird man nach dem BAG Beschluß vom 20.4.1999 [231] sicher verneinen können. Das BAG hat sich in dieser Entscheidung damit beschäftigt, daß Arbeitgeberund Betriebsrat in einem Druckbetrieb unter anderem vereinbart hatten, daß anstelle der tariflichen 35-Stunden Woche eine Arbeitszeit von

226 Däubler, Tarifvertragsrecht, S.142, Rn202

227 Däubler: Abschaffung der Tarifautonomie mit Hilfe des Günstigkeitsprinzips ArbuR 1996, S.347(349); Kempen, Zachert, Tarifvertragsgesetz, 3.Auflage 1997, §4 Rn186

228 BAG GS DB 1987, S.383(387); Löwisch, Rieble, Tarifvertragsgesetz, §4 Rn188

229 BAG GS DB 1987, S.383(387)

230 Buchner meint eine solche Abkekhr in der älteren Rechtsprechung des BAG erkennen zu können, siehe: Beschäftigungssicherung unter dem Günstigkeitsprinzip, Beilage Nr. 12/96 zu DB Heft 29/96, S.3(9f)

231 BAG Beschluß v.20.4.1999, 1 ABR 72/98, NZA 1999, S.887ff = DB 1999, S.1555ff und hierzu Däubler: Das neue Klagerecht der Gewerkschaften bei Tarifbruch des Arbeitgebers, AiB 1999, S.481 sowie Däubler: Klagerecht der Gewerkschaften bei Tarifbruch durch einzelnen Arbeitgeber, AiB 1999, S.538

39 Stunden gelten sollte, wobei die 36. und 37. Stunde nicht gesondert vergütet werden sollten. Im Gegenzug wurde eine Beschäftigungsgarantie bis Ende 2000 erteilt. Die Regelung sollte nur nach entsprechender Ergänzung der einzelnen Arbeitsverträge für die Arbeitnehmer gelten, die dem zustimmen. Es handelte sich damit um eine sehr ähnliche Vereinbarung, wie sie Buchner vorschlägt, der sowohl vom Arbeitgeber als auch durch die Betriebsparteien eingeräumte Wahlmöglichkeiten für zulässig hält [232].

Das BAG hat in dem Beschluß zwar nicht über die Zulässigkeit dieser Regelung entschieden, weil nicht geklärt war, ob die Arbeitgeber tarifgebunden waren. Es hat sich aber nicht nur dahingehend geäußert, daß Entgelt- und Arbeitszeitregelungen nicht mit Beschäftigungsgarantien verglichen werden können, weil sie völlig andersartige Regelungsgegenstände betreffen und ein derartiger Vergleich nicht mit § 4 Abs. 3 TVG zu vereinbaren ist. Es hat auch gesagt, daß nur dieses Verständnis dem Zweck des Tarifvertragsgesetzes entspricht, welches zum Schutz der Arbeitnehmer die Normwirkung von Tarifverträgen gewährleiste und die wertende Entscheidung darüber, wie die Interessen der Arbeitnehmer an angemessenen Arbeitsbedingungen und die unternehmerischen Interessen an geringen Arbeitskosten um der Wettbewerbsfähigkeit willen und damit letztlich auch zur Sicherung der Arbeitsplätze in Einklang gebracht werden, zu den typischen Aufgaben der Tarifparteien gehöre und diesen überlassen bleiben müsse; die Rechtsprechung würde nicht nur ihre Möglichkeiten rationaler Kontrolle überschreiten, wollte sie die gemeinsame Meinungsbildung der Tarifparteien daraufhin überprüfen, ob sich eine andere Gewichtung der betroffenen Interessenlage für die Arbeitnehmer einzelner Betriebe günstiger auswirkt, denn der nach § 4 Abs. 3 TVG vorzunehmende Günstigkeitsvergleich sei Normvollzug; seine Maßstäbe müßten deshalb aus den Wertungen des Tarifvertrags abgeleitet werden; ein Versuch die normierten Wertungen im Rahmen des Günstigkeitsvergleichs zu überwinden müßte schon daran scheitern, daß es insoweit an handhabbaren Kriterien fehle; die Arbeitsplatzrisiken seien vielfach nicht hinreichend zu objektivieren, zumal die Entscheidung über die Schließung oder Verlagerung eines Betriebs, die zum Abbau von Arbeitsplätzen führen könne, im Ermessen des Arbeitgebers stehe und seine Erwägungen sich weitgehend der gerichtlichen Kontrolle entziehen; wenn man die Arbeitsplatzrisiken, die sich daraus ergeben könnten in dem Vergleich berücksichtigen wollte, so stünde die Wirkung zwingenden Tarifrechts praktisch zur Disposition des Arbeitgebers; an diesem Ergebnis ändere sich auch dann nichts, wenn die Arbeitnehmer weit Überwiegend bereit sei

232 Buchner: Beschäftigungssicherung unter dem Günstigkeitsprinzip, Beilage Nr. 12/96 zu DB Heft 29/96, S.3(14)

seien, um ihrer Arbeitsplatzsicherheit willen auf tarifliche Rechte zu verzichten, denn eine solche Entscheidung sei nur die in dieser Situation möglicherweise sogar vernünftige Reaktion auf die vorangegangene unternehmerische Entscheidung und auf die danach für die Arbeitnehmer verbleibende Alternative; sie sei somit also keineswegs völlig frei; deshalb bestimme § 4 Abs. 3 TVG auch, daß abweichende Abmachungen von den Tarifparteien gestattet werden müssen [233]. Dem ist eindeutig zu entnehmen, daß das Gericht sich nicht nur aufgrund der gesetzlichen Regelung nicht in der Lage sieht, den von Buchner vorgeschlagenen Günstigkeitsvergleich vorzunehmen, sondern die Frage der Arbeitsplatzsicherheit ausschließlich den Tarifparteien überläßt und Beschäftigungsgarantien auch nicht soweit in den Vergleich einbezogen werden können, daß sich nicht sicher beurteilen läßt, welche der Lohnvereinbarungen günstiger ist. Ebensowenig ist nach diesen Ausführungen damit zu rechnen, daß das Gericht bereit sein könnte, den Arbeitnehmern durch eine Wahlmöglichkeit entscheiden zu lassen, deren Entscheidung es in dieser Frage nicht als frei ansieht.

Aber auch die von Buchner herangezogene Entscheidung [234] läßt eine Abkehr nicht erkennen, die eine solche Wahlmöglichkeit zulassen würde. Diese Entscheidung betraf die Verkürzung der Lebensarbeitszeit durch eine nachfolgende Betriebsvereinbarung gegenüber arbeitsvertraglichen Regelungen zur altersbedingten Beendigung des Arbeitsverhältnisses. Das BAG gab den arbeitsvertraglichen Regelungen in der Tat zwar den Vorzug, weil damit nach Ansicht des Gerichts der Vorteil verbunden war, daß die Arbeitnehmer selbst über die Beendigung ihrer Arbeitsverhältnisse entscheiden konnten und somit eine Wahlmöglichkeit hatten, die ihnen allerdings nicht arbeitsvertraglich eingeräumt war, sondern sich aus dem gesetzlichen Kündigungsrecht ergab. Das Ergebnis scheint auf den von Buchner befürworteten Günstigkeitsvergleich aber nicht übertragbar. Zunächst lassen sich Auslegungskriterien, die zu Vergleichen zwischen Betriebsvereinbarungen und Arbeitsverträgen entwickelt wurden, schon grundsätzlich nicht ohne weiteres auf Vergleiche mit tariflichen Abmachungen übertragen. Im ersten Fall ist das Günstigkeitsprinzip nicht unmittelbar, sondern nur entsprechend anwendbar [235]. § 4 Abs. 3 TVG gilt hier nicht, aberzwischen Arbeitsvertrag und Tarifvertrag und in diesem Fall ist folglich der Normzweck der Unabdingbarkeit zu beachten.

233 BAG Beschluß v.20.4.1999, 1 ABR 72/98, NZA 1999, S.887ff = DB 1999, S.1555ff unter B III 1 b aa und bb der Gründe

234 BAG, Beschluß v.7.11.1989, DB 1990, S.1724

235 Kempen, Zachert, Zilius, Tarifvertragsg., 3.Auflage 1997, Rn182; Löwisch, Rieble, Tarifvertragsgesetz, S.279 §4 Rn176

Auch ist die Tarifautonomie nur dann zu beachten, wenn tarifliche Regelungen betroffen sind. In diesem Fall muß es nach einer anderen Entscheidung des BAG in Übereinstimmung mit der h.M. in der Literatur deshalb auch dann bei der tarifvertraglichen Vereinbarung bleiben, wenn sich nicht sicher beurteilen läßt, ob die arbeitsvertragliche Abmachung günstiger ist [236], weil die vertragliche Abweichung vom Gesetzgeber als Ausnahme konzipiert ist und die Unabdingbarkeit des Tarifvertrags als zentraler Grundsatz der Tarifautonomie nach Möglichkeit auch keine unbewußte oder irrtümliche Durchbrechung erfahren darf [237]. Die Wahlmöglichkeit könnte hier somit schon deshalb nicht als die günstigere Lösung gelten.

Das Ergebnis der Entscheidung läßt sich aber auch aufgrund der unterschiedlichen Entscheidungsgegenstände kaum übertragen, denn der Entscheidungsfall betraf mit den verschiedenen Vereinbarungen zum Ruhestandsbeginn Regelungen, die den selben Regelungsgegenstand haben und im Rahmen eines Sachgruppenvergleiches vergleichbar sind. Wenn untertarifliche Lohnvereinbarungen durch beschäftigungssichernde Zusagen kompensiert werden sollen, sind dagegen verschiedene Regelungsgegenstände betroffen. Der sachliche Zusammenhang fehlt und die Regelungen waren schon nach der bisher h.M. [238], die durch den BAG Beschluß vom 20.4.1999 nur bestätigt wird, überhaupt nicht vergleichbar.

Außerdem war im Entscheidungsfall tatsächlich kaum feststellbar, welche Regelung günstiger ist. Bei dem von Buchner vorgeschlagenen Vergleich handelt es sich dagegen keineswegs um gleichwertig scheinende Regelungen, bei denen sich nicht sicher beurteilen läßt, welche günstiger ist. Wenn man den Günstigkeitsvergleich unter Ausschluß des Arbeitsplatzargumentes vornimmt, was man spätestens nach dem Beschluß vom 20.4.1999 muß, ist der höhere Tariflohn eindeutig günstiger als der niedrigere, wie das BAG hier ja auch ausdrücklich feststellt [239]. Auch sind Ruhesstandsregelungen im Bezug auf die Tarifautonomie wesentlich weniger bedenklich als Lohnvereinbarungen, weil die Betroffenen sich hier in einer eher arbeitnehmeruntypischen Situation

236 BAG AP Nr.13 zu §4 TVG Günstigkeitsprinzip nach Löwisch, Rieble, Tarifvertragsgesetz, §4 Rn207, Kempen,Zachert, Tarifvertragsgesetz, 3.Auflage 1997, §4 Rn190

237 Däubler, Tarifvertragsrecht, S.146, Rn213

238 Däubler, Tarifvertragsrecht, S.143, Rn205; Kempen, Zachert, Tarifvertragsgesetz, 3.Auflage 1997, § 4 Rn188; Löwisch,Rieble, Tarifvertragsgesetz, §4 Rn198; Buchner: Beschäftigungssicherung unter dem Günstigkeitsprinzip, Beilage Nr. 12/96 zu DB Heft 29/96, S.3(10)

239 BAG Beschluß v.20.4.1999, 1 ABR 72/98, NZA 1999, S.887ff = DB 1999, S.1555ff unter B III 1 b aa der Gründe

befinden: Wer entgegen der arbeitsvertraglich vorgesehenen Regelung früher in Rente geht, braucht den Zorn des Arbeitgebers nicht zu fürchten. Hier hätte man deshalb auch einer tarifabweichenden Wahlmöglichkeit eventuell sogar zustimmen können [240]. Ganz anders verhält es sich dagegen bei Lohnvereinbarungen. Diese gelten nicht nur längerfristig in bestehenden Arbeitsverhältnissen; es geht auch um die wohl wichtigste unter den Arbeitsbedingungen, deren Bestimmung den Arbeitnehmern wegen ihrer Unterlegenheit eigentlich am wenigsten überlassen bleiben dürfte.

Im Gegensatz zu Buchners Schlußfolgerungen ließ auch die frühere Rechtsprechung des BAG damit keineswegs vermuten, daß das Gericht einer Wahlmöglichkeit für die Arbeitnehmer hier zustimmen würde, sondern wie der Beschluß vom 20.4.1999 gezeigt hat, diese ablehnt.

1.4.7 Ist der Ausschluß des Arbeitsplatzargumentes aufgrund der veränderten Situation zu überdenken?

Es scheint auch fraglich, ob die grundsätzliche Ablehnung des Arbeitsplatzarguments aufgrund der veränderten Situation am Arbeitsmarkt überdacht und aufgegeben werden muß, wie Buchner auch nach dem BAG Beschluß vom 20.4.1999 immer noch und gegen diesen anführt. Er kommt zu diesem Ergebnis, weil er meint, daß die These, untertarifliche Arbeitsbedingungen seien ungünstiger als die Arbeitslosigkeit, nicht mehr haltbar sei, weil der Ausschluß untertariflicher Entlohnung nur solange habe überzeugen können, wie jeder Arbeitswillige einen Arbeitsplatz zu den tariflichen Bedingungen bekommen konnte [241].

Es trifft zwar zu, daß der Wert des Arbeitsplatzes mit dem Anstieg der Arbeitslosigkeit zugenommen hat. Die veränderte Situation ist aber nicht neu [242], denn es war nicht zuletzt dieser besondere Wert des Arbeitsplatzes, der den Unterbietungswettbewerb in der Vergangenheit ermöglicht und dadurch zur Entwicklung der Tarifautonomie und der Unabdingbarkeit geführt hat. Außerdem wurden mit beschäftigungspolitisch motivierten Durchbrechungen der

240 Däubler: Abschaffung der Tarifautonomie mit Hilfe des Günstigkeitsprinzips ArbuR 1996, S.347(351)

241 Buchner: Beschäftigungssicherung unter dem Günstigkeitsprinzip, Beilage Nr. 12/96 zu DB Heft 29/96, S.3(10f) und: Der Unterlassungsanspruch der Gewerkschaft - Stabilisierung oder Ende des Verbandstarifvertrages? NZA 1999, S.897(901)

242 Däubler: Abschaffung der Tarifautonomie mit Hilfe des Günnstigkeitsprinzips ArbuR 1996, S.347(352)

Unabdingbarkeit schon in der Weimarer Republik negative Erfahrungen gemacht [243]. Es ist deshalb wenig logisch, wenn Buchner die Notwendigkeit, das Argument, daß schlechter bezahlte Arbeit günstiger sei als Arbeitslosigkeit, das gerade infolge von hoher Arbeitslosigkeit zu sozialen Mißständen führen konnte, wieder zu berücksichtigen, auch noch mit dem gegenwärtigen Arbeitsplatzmangel begründet. Näher läge eigentlich der Schluß, daß das Arbeitsplatzargument gerade bei hoher Arbeitslosigkeit möglichst keine Rolle mehr spielen sollte, weil die tariflichen Mindestarbeitsbedingungen, wie die geschichtliche Entwicklung zeigt, vor allem dann wichtig sind, wenn der Arbeitsplatz diese Bedeutung bekommt und die Tarifnormen folglich in einer Situation abdingbar würden, in der sie besonders gebraucht werden [244].

Zu einem anderen Ergebnis könnte man wohl nur kommen, wenn man die Gefahr des Unterbietungswettbewerbs bezweifeln wollte. Vereinzelt werden auch Zweifel daran geäußert, ob die Unterbietungstheorie noch zutrifft, die insbesondere damit begründet werden, daß die Sozialhilfe eine Untergrenze für den Arbeitslohn bilde und deshalb nicht mehr zu befürchten sei, daß Arbeitnehmer durch die Bereitschaft zu Lohnverzicht um Arbeitsplätze konkurrieren [245].

Dagegen läßt sich anführen, daß sich der Unterbietungswettbewerb durch das soziale Netz nicht verhindern, sondern bestenfalls abmildern läßt [246], denn die Sozialhilfe orientiert sich am Existenzminimum und kann deshalb kaum als angemessener Arbeitslohn angesehen werden. Zudem ist keineswegs sicher, ob und welche Untergrenze das Sozialsystem für den Unterbietungswettbewerb im Krisenfall wirklich zu bieten vermag, zumal Veränderungen des Sozialsystems gegenwärtig diskutiert werden. Das Gesetz über die Festlegung von Mindestarbeitsbedingungen, das dem Staat die Bestimmung von Mindestarbeitsbedingungen erlaubt, ist nach § 1 Abs. 2 a erst dann anzuwenden, wenn eine Gewerkschaft in dem betreffenden Bereich nicht mehr existiert oder zu wenig Arbeitnehmer organisiert sind. Außerdem wäre die Lohngestaltung damit im Krisenfall wieder staatlichen Eingriffen überlassen, mit deren Hilfe sich, wie die historische Entwicklung gezeigt hat, weniger ausgeglichene Ergebnisse

243 Krummel: Die Geschichte des Unabdingbarkeitsgrundsatzes und des Günstigkeitsprinzips im Tarifvertragsrecht, S.187f

244 Däubler, Tarifvertragsrecht, S.62, Rn29

245 Deregulierungskommission, Marktöffnung und Wettbewerb, S.138; Reuter, Betriebsverfassung und Tarifvertrag, RdA 1994, S.153(160ff); Reuter: Das Verhältnis von Individualautonomie, Betriebsautonomie und Tarifautonomie, RdA 1991, S.192(194)

246 Däubler, Tarifvertragsrecht, S.60, Rn27

erzielen lassen als durch die tarifliche Festsetzung [247] und es würde auch keine angemessenen Arbeitsbedingungen hervorbringen können, wenn man bedenkt, daß dieses Gesetz die Festsetzung nur zur notwendigen Befriedigung der sozialen Grundbedürfnisse vorsieht (§ 1 Abs. 2 b).

Falls man dennoch meint, daß der Ausschluß des Arbeitsplatzargumentes aufgrund der wirtschaftlichen Entwicklung überdacht werden muß, wird man aber auch nicht ohne weiteres zu dem Ergebnis kommen können, daß er nur solange zu rechtfertigen gewesen sei, wie der höhere Tariflohn tatsächlich immer die günstigere Alternative gewesen ist. Die Berücksichtigung des Arbeitsplatzargumentes wird ja auch nicht etwa mit der Begründung abgelehnt, daß der höhere Tariflohn immer günstiger ist und zwar auch dann, wenn dadurch möglicherweise wirklich der Verlust des Arbeitsplatzes droht. Sie wird vielmehr im Interesse eines funktionierenden Tarifsystems abgelehnt [248] und es entspricht dem Zweck des Günstigkeitsprinzips, nicht nur danach zu fragen, ob die eine oder andere Regelung günstiger ist, sondern auch danach, ob der angestellte Vergleich die Schutzwirkung der Unabdingbarkeit und die Tarifautonomie beeinträchtigt [249]. Wenn man bedenkt, daß der Gesetzeszweck darin zu sehen ist, die individuelle Vertragsfreiheit nur dort wieder herzustellen, wo Einschränkungen zum Schutz der Arbeitnehmer nicht mehr erforderlich sind, erscheint es auch zutreffend, daß der Unabdingbarkeitsgrundsatz durch das Günstigkeitsprinzips, eine diesen Grundsatz ergänzende Ausnahmeregelung, in seiner Wirkung nicht beeinträchtigt werden darf und das Günstigkeitsprinzip deshalb eine immanente Grenze in der Unabdingbarkeit finden muß [250]. Es scheint somit auch richtig, Gesichtspunkte unberücksichtigt zu lassen, nach denen eine Regelung möglicherweise sogar objektiv günstiger sein könnte, wenn die Schutzwirkung durch einen solchen Vergleich gefährdet wird. Wenn man ermitteln will, ob der Ausschluß nicht mehr zu rechtfertigen ist, wird man also auch fragen müssen, wie sich die Einbeziehung auf die Schutzfunktion auswirkt. Weder Adomeit noch Buchner gehen ernsthaft darauf ein, wie sich ihre Lösungen auswirken können. Beide beschränken sich darauf auszuführen, aus welchen Gründen sie mögliche Beeinträchtigungen für zulässig halten [251].

247 BVerfGE 88, S.103 und ausführlich zu staatlichen Eingriffen in der Weimarer Zeit: Krummel: Die Geschichte des Unabdingbarkeitsgrundsatzes und des Günstigkeitsprinzips im Tarifvertragsrecht, S.125 bis 184

248 Wiedemann, Stumpf, Tarifvertragsgesetz, §4 Rn238

249 Vgl. oben unter III 1.4.3 Gesetzeszweck und Bedeutungszusammenhang

250 Däubler, Tarifvertragsrecht, S.138, Rn194

251 Adomeit: Das Günstigkeitsp. - neu verstanden, NJW 1984, S.26(27); Buchner: Beschäftigungss. u. dem Günstigkeitsp., Beilage Nr. 12/96 zu DB Heft 29/96, S.3(12ff)

Fragt man nach der Wirkung ihrer Lösungsvorschläge auf die Unabdingbarkeit, so kommt man zu dem Ergebnis, daß Adomeits erster Lösungsansatz aus dem Jahr 1984, die Arbeitnehmer selbst entscheiden zu lassen, praktisch die Aufhebung der Unabdingbarkeit bedeuten würde und deshalb überzeugend abgelehnt wird [252]. Auch seine späteren Vorschläge aus dem Jahr 1995 [253] und die von Buchner vertretene Wahlmöglichkleit [254] scheinen nicht unbedenklich. Durch ein ständiges Wahl- oder Widerrufsrecht läßt sich nämlich nicht verhindern, daß die Arbeitnehmer auf den tariflichen Schutz verzichten und ihre typische Unterlegenheit sich auswirkt. Wenn untertarifliche Lohnvereinbarungen durch beschäftigungssichernde Zusagen zu kompensieren sind, wie Buchner [255] und Adomeit [256] es vorschlagen, ist zwar nicht der vollständige Verzicht auf diesen Schutz möglich. Im Bezug auf den Lohn, dessen tarifliche Festsetzung abgedungen werden könnte, wäre die Schutzwirkung dennoch weitgehend entfallen, zumal der vorgesehene anderweitige Ausgleich von eher zweifelhaftem Wert sein dürfte. Beschäftigungszusagen nützen den nämlich nichts mehr, wenn Betriebe, aus welchen Gründen auch immer (Konkurs, Auslandsverlagerung) doch noch aufgegeben werden. Vor allem aber sind sie keine wirkliche Gegenleistung im Bezug auf die Arbeitsbedingungen, weil sie anders als Lohnvereinbarungen nicht das vertragliche Austauschverhältnis zwischen Leistung und Gegenleistung betreffen. Es wird sich deshalb auch nur schwer beurteilen lassen, ob eine Beschäftigungszusage im Verhältnis zu einem Lohnzugeständnis angemessen ist. Zudem fehlt es abgesehen von den allgemeinen straf- und zivilrechtlichen Bestimmungen (Wucher, Sittenwidrigkeit) überhaupt und damit zumindest an brauchbaren Grenzen, bis zu denen die Unterschreitung von Tariflöhnen hinnehmbar sein könnte. Wenn man den Arbeitnehmern generell die Möglichkeit einräumt, Lohnzugeständnisse gegen Beschäftigungszusagen zu tauschen, so kommt das vom Ergebnis her einer Aufhebung der Unabdingbarkeit von Lohnvereinbarungen nahe. Der Tariflohn könnte jederzeit unterlaufen werden. Ein erneuter Lohnunterbietungswettbewerb bis auf das Niveau der jeweils möglichen Arbeitslosen- oder Sozialhilfeleistungen wäre kaum zu verhindern, wenn der Staat nicht eingreifen würde. Erheblich geschwächt werden könnte zudem die Kampfkraft der Gewerkschaften und damit ihre Fähigkeit, überhaupt erst angemessene Lohnvereinbarungen zu

252 Vgl. oben unter III 1.4.4

253 Adomeit: Jobs durch Lockerungen im Tarifrecht, AuA 1996, S.131

254 Buchner: Beschäftigungssicherung unter dem Günstigkeitsprinzip, Beilage Nr. 12/96 zu DB Heft 29/96, S.3(9ff)

255 Buchner: Beschäftigungssicherung unter dem Günstigkeitsprinzip, Beilage Nr. 12/96 zu DB Heft 29/96, S.3(9ff)

256 Adomeit: Jobs durch Lockerungen im Tarifrecht, AuA 1996, S.131

erreichen, denn es würde sich für Arbeitnehmer kaum lohnen, wirtschaftliche Nachteile durch einen Streik in Kauf zu nehmen um Lohnvereinbarungen durchzusetzen, die jederzeit abgedungen werden können.

Es scheint zweifelhaft, ob sich die Wirkung dadurch vermeiden oder wenigstens auf ein erträgliches Maß begrenzen läßt, daß man den Arbeitnehmern eine solche Möglichkeit nur dann zugesteht, wenn ein Betrieb in seiner Existenz bedroht ist, denn die Unabdingbarkeit könnte auch damit in Problembranchen, in denen möglicherweise viele Betriebe zutreffend behaupten können, in ihrer Existenz bedroht zu sein, praktisch weitgehend außer Kraft gesetzt werden. Die Lohngestaltung könnte den Tarifparteien in diesem Bereich dann mit Hilfe von Ausnahmeregelung nahezu vollständig aus der Hand genommen werden. Schwerwiegender noch scheint aber, daß mit den vorgeschlagen Ausnahmeregelungen, erhebliche Rechtsunsicherheiten und Mißbrauchsrisiken verbunden sein dürften, in deren Folge sich die Anwendung in der Praxis kaum auf tatsächlich bedrohte Betriebe beschränken lassen dürfte. Arbeitnehmer werden nämlich kaum beurteilen können, wann die Existenz eines Betriebes wirklich bedroht ist, weil es ihnen häufig an den hierzu erforderlichen Kenntnissen und Informationen fehlen wird. Sie wären es aber, die zunächst vor dieser Frage stehen würden, wenn der Arbeitgeber behauptet, daß die Vereinbarung untertariflicher Löhne erforderlich ist. Zudem wäre zu befürchten, daß Arbeitnehmer dem Wunsch des Arbeitgebers aus Sorge um ihren Arbeitsplatz sogar dann entsprechen, wenn eine Notlage offensichtlich nicht vorliegt. Eine Klärung bliebe im Zweifel den Arbeitsgerichten überlassen, die mit Fragen nach der Existenzfähigkeit von Unternehmen, deren Beantwortung selbst für die Wirtschaftskammern der Zivilgerichte häufig nicht leicht sein dürfte, aber auch Probleme haben werden. Die Entscheidung über die Rechtmäßigkeit von getroffenen Vereinbarungen hinge zudem weitgehend von subjektiven Bewertungen der Gerichte ab, weil es, wie ja auch das BAG in seinem Beschluß vom 20.4.1999 feststellt [257], an handhabbaren Kriterien fehlt, nach denen zu beurteilen sein könnte, wann genau eine Bedrohung vorliegt, die Tarifunterschreitungen notwendig erscheinen läßt und damit rechtfertigen könnte. Kaum berechenbare Entscheidungen wären als Folge wohl kaum zu vermeiden. Begünstigt werden durch eine solche Rechtsunsicherheit der unbewußte, der fahrlässige und der vorsätzliche Mißbrauch. Wenn man bedenkt, daß die Bereitschaft von Unternehmen zum Tarifbruch schon jetzt eine zunehmende Tendenz zeigt [258], obwohl dies nach bisher h. M. eindeutig rechtswidrig

257 BAG Beschluß v.20.4.1999, 1 ABR 72/98, NZA 1999, S.887ff = DB 1999, S.1555ff unter B III 1 b aa der Gründe

258 Buchner: Beschäftig.. u. d. Günstigkeitsp., Beil. Nr. 12/96 zu DB Heft 29/96, S.3(4)

ist, scheint es jedenfalls naheliegend, daß die Bereitschaft im Zweifel oder sogar absichtlich rechtswidrig Tarife zu brechen, unter den beschriebenen Bedingungen erheblich größer sein könnte. Früher oder später würden sich dann möglicherweise auch Konkurrenzbetriebe, die eigentlich in der Lage sein könnten Tariflöhne zu zahlen, durch den Wettbewerb gezwungen sehen, nachzuziehen und ebenfalls untertarifliche Löhne zu vereinbaren, weil auch die tarifliche Kartellwirkung ja nicht mehr gewährleistet wäre und die Arbeitslöhne damit auch zwischen den Unternehmen wieder zum Wettbewerbsfaktor werden könnten. Das Risiko eines weitgehenden Verlustes der tariflichen Schutzwirkung würde somit durchaus bestehen.

Es fragt sich, ob man zu günstigeren Ergebnissen kommen könnte, wenn man das Arbeitsplatzargument anders als Adomeit und Buchner, die mit Entscheidungs- und Wahlfreiheiten für die Arbeitnehmer Lösungswege außerhalb der objektiven Betrachtung suchen, im Rahmen der objektiven Bewertung beispielsweise durch eine Erweiterung des Sachgruppenvergleiches auf einen gemeinsamen Vergleich von Lohnregelungen und arbeitsplatzsichernden Vereinbarungen oder durch die Berücksichtigung von außertariflichen Auswirkungen einbeziehen wollte. Auch dahingehende Auslegungsversuche dürften dem Anliegen der Befürworter von Härtefallregelungen entsprechen, zumal es ihnen weniger auf den rechtstechnischen Weg zur Einführung der Vereinbarungen als auf das wirtschaftspolitisch für richtig gehaltene Ergebnis ankommen wird. Solche Lösungen wären nach den bisherigen Auslegungsregeln wie schon angesprochen allerdings abzulehnen [259]. Ansätze dafür wären in der Rechtsprechung, die das Zusammenziehen getrennter tariflicher Regelungen durch die Arbeitsvertragsparteien in engerem Umfang schon einmal zugelassen hat [260] und in der Literatur z.B. bei Löwisch, der die Berücksichtigung von außertariflichen Umständen grundsätzlich für möglich hält [261], dennoch zu erkennen. Aber auch hier hätten zunächst die Arbeitnehmer zu entscheiden, wenn der Arbeitgeber auf sie zukommen würde. Die aufgezeigten Rechtsunsicherheiten und Mißbrauchsrisiken würden genauso bestehen, denn es wäre nicht leichter zu beurteilen, unter welchen Voraussetzungen und in welchem Umfang Abweichungen vom Tariflohn als notwendig und damit zulässig angesehen werden könnten. Die Schutzfunktion der Unabdingbarkeit scheint somit unabhängig davon, wie man das Arbeitsplatzargument einbezieht, kaum zu gewährleisten. Dahingehende Neuinterpretationen des Günstigkeitsprinzips scheinen deshalb weder mit dem Unabdingbarkeitsgrundsatz vereinbar, noch dürften sie

259 Vgl. oben unter III 1.4.5
260 BAG, Urteil v. 19.12.1958, ArbuR 1959, S.313
261 Löwisch, Rieble, Tarifvertragsgesetz, §4 Rn205

dem Gesetzeszweck des Günstigkeitsprinzips entsprechen. Es spricht folglich viel dafür, daß es auch in Anbetracht der veränderten Situation geboten ist, an der Ablehnung des Arbeitsplatzargumentes festzuhalten.

1.4.8 Würde die Tarifautonomie die Einbeziehung des Arbeitsplatzargumentes zulassen?

Wenn man die aufgezeigten Beeinträchtigungen des Unabdingbarkeitsgrundsatzes mit § 4 Abs. 1 TVG vereinbaren wollte, fragt sich, ob die Tarifautonomie die angestrebte Neuinterpretation des Günstigkeitsprinzips zulassen würde, denn in der Unabdingbarkeit wird [262] ein wesentlicher Grundpfeiler der Tarifautonomie gesehen [263], der nach ganz überwiegender Meinung in der Literatur und der Rechtsprechung in den Schutzbereich von Art. 9 Abs. 3 GG fällt [264].

Das Grundrecht gewährleistet seinem Wortlaut nach zwar nur jedermann das Recht, zur Wahrung und Förderung der Wirtschaftsbedingungen Vereinigungen zu bilden. Die individualrechtliche Gewährleistung setzt sich nach der feststehenden Rechtsprechung des Bundesverfassungsgerichtes aber in einem Freiheitsrecht der Koalitionen selbst fort und erstreckt sich auch auf die Betätigung der Koalitionen, soweit diese der Wahrung und Förderung der Wirtschaftsbedingungen dienen [265]. Der besondere, über Art. 9 Abs. 1 GG hinausgehende Grundrechtsschutz ergibt sich nach Auffassung der Bundesverfassungsgerichtes nicht nur daraus, daß der Vereinigungszweck in Art. 9 Abs. 3 GG genannt wird, sondern vor allem auch daraus, daß die historische Entwicklung dazu geführt hat, daß frei gebildete Vereinigungen die Arbeitsbedingungen durch Gesamtvereinbarungen normativ und unabdingbar festsetzen [266] und daß diese Vereinigungen vom Staat in der Vergangenheit zeitweilig besonders heftig bekämpft worden sind [267].

Der Schutz ist nicht auf einen Kernbereich der koalitionsmäßigen Betätigung beschränkt, wie nach älteren Bundesverfassungsgerichtsentscheidungen zum

262 Vgl. oben unter III 1.4.3
263 Däubler, Tarifvertragsrecht, S.132, Rn182
264 Vgl. z.B. BVerfGE 44, S.322(341); Löwisch, Rieble, Tarifvertragsgesetz, Grundl. Rn32 und §1 Rn 8; Däubler: Erosion des Flächentarifs? AuA 1996, S.310(312); Hanau: Die Deregulierung von Tarifverträgen durch Betriebsvereinbarungen als Problem der Koalitionsfreiheit, AuR 1993, S. 1(2)
265 BVerfG, Beschluß v.24.4.1996, NZA 1996, S.1157(1158)
266 BVerfGE 4, S.96(106)
267 BVerfG, Beschluß v. 26.6.1991, ArbuR 1992, S.29(30)

Teil angenommen wurde [268], sondern erstreckt sich, wie das BVerfG klargestellt hat, vielmehr auf alle koalitionsspezifischen Verhaltensweisen [269]. Art. 9 Abs. 3 GG gewährleistet den Koalitionen einen spezifischen Wirkungs- bzw. Regelungsbereich für den Abschluß von Tarifverträgen, weil die Aushandlung von Tarifverträgen zu den wesentlichen Zwecken der Koalitionen gehört und ihnen diese im öffentlichen Interesse liegende Aufgabe durch Art. 9 Abs. 3 GG zugewiesen ist. Das Grundrecht gewährleistet ihnen, daß sie insbesondere Löhne und sonstige materielle Arbeitsbedingungen in einem von staatlicher Rechtsetzung weitgehend frei gelassenen Raum in eigener Verantwortung durch unabdingbare Gesamtvereinbarungen sinnvoll ordnen können [270].

Diese Ausdehnung des verfassungsrechtlichen Schutzbereichs auf die Tätigkeit der Koalitionen und die Unabdingbarkeit der Tarifnormen, die der Gesetzgeber den Koalitionen zur Erfüllung ihrer Aufgaben an die Hand gegeben hat, wird von den Befürwortern der Sanierungsvereinbarungen teilweise zwar heftig kritisiert [271]. Sie wird im Zusammenhang mit den Vorschlägen zur Neuinterpretation des Günstigkeitsprinzips aber nicht ernsthaft bestritten. Unterschiedliche Ansichten bestehen allerdings bei den Fragen, ob und welche Einschränkungen der Unabdingbarkeit der grundrechtliche Schutz zuläßt. Abweichend von der wohl herrschenden Meinung [272] sind Adomeit und Buchner der Auffassung, daß das Grundrecht die Beeinträchtigungen zuläßt, die mit ihren Vorschlägen zur Neuinterpretation des Günstigkeitsprinzips verbunden sein könnten [273].

Während Adomeit meint, daß die Tarifautonomie dem nicht entgegenstehen könne, weil sich am Beispiel der Werftindustrie gezeigt habe, daß sie in Krisenzeiten und für Grenzbetriebe keine angemessenen Löhne hervorbringen könne und in diesem Bereich damit nicht funktioniere [274], vertritt Buchner die Auffassung, daß auch die Tarifautonomie dem gestiegenen Schutzbedürfnis der Arbeitnehmer an der Sicherung ihrer Arbeitsplätze Rechnung tragen müsse

268 Söllner: Grenzen des Tarifvertrags, NZA 1996, S.897(898)

269 BVerfG, Beschluß v.24.4.1996, NZA 1996, S.1157(1158)

270 BVerfGE 44, S.322(340f)

271 Reuter: Betriebsverfassung und Tarifvertrag, RdA 1994, S.153(160ff); Reuter: Das Verhältnis von Individualautonomie, Betriebsautonomie und Tarifautonomie, RdA 1991, S.192(194)

272 Wiedemann, Stumpf, Tarifvertragsgesetz, §4 Rn238; ähnlich: Kempen, Zachert, TVG, 3.Auflage, §4Rn188ff und DÄubler: Abschaffung der Tarifautonomie mit Hilfe des Günstigkeitsprinzips ArbuR 1996, S.347(349,352)

273 Adomeit: Das Günstigkeitsprinzip - neu verstanden, NJW 1984, S.26(27); Buchner: Beschäftig. unter dem Günstigkeitsp., Beilage Nr. 12/96 zu DB Heft 29/96, S.3(12ff)

274 Adomeit: Das Günstigkeitsprinzip - neu verstanden, NJW 1984, S.26(27)

und einer Rücknahme von tariflich festgesetzten Arbeitsbedingungen im Interesse der Erhaltung von Arbeitsplätzen selbst dann nicht entgegen stehe, wenn damit die Rechtsetzungsbefugnis der Tarifparteien beeinträchtigt werde. Dies lasse sich aus der Rechtsprechung des Bundesverfassungsgerichtes ableiten, das in seiner Entscheidung zum Flaggenrechtsgesetz den Ausschluß der Anwendung deutschen Arbeits- und Tarifrechts für Seeleute ohne inländischen Wohnsitz auf Schiffen unter deutscher Flagge gebilligt und seine Entscheidung damit begründet habe, daß Seeschiffahrt zu deutschen Arbeitsbedingungen nicht mehr wettbewerbsfähig betrieben werden könne [275].

Es fragt sich, ob man der Rechtsprechung des Bundesverfassungsgerichts tatsächlich entnehmen kann, daß Art. 9 Abs. 3 GG Beeinträchtigungen der unabdingbaren Wirkung zuläßt und kein zwingendes tarifliches Mindestniveau erfordert, wenn es um die Erhaltung von Arbeitsplätzen geht. Das BVerfG hatte bisher noch nicht zu entscheiden, ob das Grundrecht die Vereinbarung untertariflicher Löhne in solchen Fällen zuläßt. Sowohl die von Buchner herangezogene Entscheidung [276] als auch die Entscheidung zum Hochschulfristvertragsgesetz [277] enthalten aber Aussagen des Gerichtes, die Schlüsse darauf zulassen, ob es hier Einschränkungen der Unabdingbarkeit akzeptieren würde.

In der Entscheidung zum Flaggenrechtsgesetz läßt das Gericht tatsächlich eine gesetzliche Regelung unbeanstandet, die eine Beschränkung des Anwendungsbereiches für das gesamte deutsche Arbeitsrecht einschließlich des Tarifrechts bedeutet und stimmt damit einer weitgehenden Einschränkung der Tarifautonomie zu. Es führt hierzu aus, daß dem vorbehaltlos gewährleisteten Grundrecht der Koalitionsfreiheit grundsätzlich nur zur Wahrung verfassungsrechtlich geschützter Güter Schranken gezogen werden können, was allerdings eine Ausgestaltungsbefugnis des Gesetzgebers nicht ausschließe, soweit er Regelungen treffe, die erst die Voraussetzungen für eine Wahrnehmung des Freiheitsrechts bilden; die Ausgestaltung müsse sich jedoch am Normziel von Art. 9 Abs. 3 GG orientieren. Wenn die Grundrechtsausübung die Rechtsordnungen andere Staaten berühre und die widerstreitenden Interessen der Grundrechtsträger in einem Raum ausgetragen werden, der von der deutschen Rechtsordnung nicht mit alleinigem Gültigkeitsanspruch beherrscht werde, sei die Gestaltungsbefugnis größer als bei Regelungen mit inländischem Schwerpunkt; namentlich sei es dem Gesetzgeber nicht verwehrt, Gegebenheiten zu berücksichtigen, die den ausgestaltungsbedürftigen Bereich prägen; so dürfe er

275 Buchner: Beschäftig. u. d. Günstigkeitsp., Beil. Nr. 12/96 zu DB Heft 29/96, S.3(11ff)
276 BVerfGE 92, S.26
277 BVerfG, Beschluß v.24.4.1996, NZA 1996, S.1157(1158)

zwischenstaatliche Beziehungen und Rahmenbedingungen der internationalen Märkte berücksichtigen; auch dann bliebe er aber verpflichtet, dem Grundrecht die unter den obwaltenden und von ihm nicht beeinflußbaren Bedingungen größtmögliche Anwendung zu sichern; eine solche besondere Gegebenheit liege bei der Handelsschiffahrt in internationalen Gewässern vor; sie sei dadurch gekennzeichnet, daß sie notwendig außerhalb des deutschen Hoheitsgebiets auf einem Markt stattfinde, der wie kein anderer in vollem Umfang internatonalisiert sei und es sei den Betreibern der Handelsschiffe möglich, sich der Geltung des deutschen Rechts durch das Ausflaggen gänzlich zu entziehen, ohne daß der Gesetzgeber wirksame Mittel dagegen habe; er stehe deswegen vor der Alternative, den deutschen Grundrechtsstandard entweder ungeschmälert zu wahren, ihm damit im Bereich der Hochseeschiffahrt aber das Anwendungsfeld zu entziehen, oder ihm ein Anwendungsfeld zu erhalten, dann aber eine Minderung des Grundrechtsstandards in Kauf zu nehmen; unter diesen Umständen sei es dem Gesetzgeber von Verfassungs wegen nicht verhindert, den zweiten Weg zu wählen und Positionen der Koalitionen aufzugeben, die sich in der internationalen Rechtswirklichkeit ohnehin nicht behaupten ließen [278].

Die Begründung vermag nicht ganz zu überzeugen, denn es bedarf nach den Voraussetzungen für grundrechtseinschränkende Gesetzesregelungen, die das BVerfG eingangs selbst formuliert, wenn es zutreffend anspricht, daß Eingriffe in den Schutzbereich des Freiheitsrechts nur zur Wahrung anderer verfassungsrechtlich geschützer Interessen möglich sind und der Gesetzgeber das Freiheitsrecht auch bei der Ausgestaltung zu beachten hat, eigentlich einer Grundrechtsgüterabwägung zwischen den widerstreitenden verfassungsrechtlich geschützten Interessen. Es scheint folglich nicht konsequent, wenn es die grundrechtseinschränkende Gesetzgebung dann billigt, ohne eine vollständige Güterabwägung vorzunehmen. Es spricht zwar an, daß es dem Gesetzgeber bei der überprüften Gesetzgebung um die Interessen am Erhalt einer leistungsfähigen Handelsflotte ging. Unter Hinweis darauf, daß es schließlich auch um den Schutz weiterer wichtiger Gemeinschaftsgüter geht, läßt es aber ausdrücklich dahinstehen, ob den Interessen am Bestand der Handelsflotte durch Art. 27 GG verfassungsrechtlicher Schutz zukommt und geht auch nicht darauf ein, ob und welchen verfassungsrechtlichen Schutz die wichtigen Gemeinschaftsgüter genießen könnten, die es unter anderem in der Sicherheit des Schiffsverkehrs und dem Umweltschutz auf den Weltmeeren sowie dem Erhalt von qualifizierten Arbeitsplätzen sieht. Auch führt es zwar aus, daß die getroffene Regelung geeignet ist, die angestrebten Ziele zu erreichen. Es prüft aber nicht, ob sie

278 BVerfGE 92, S.26(41f)

auch erforderlich und verhältnismäßig ist [279]. Strenggenommen unterstellt das BVerfG dem Grundrecht damit einem Gesetzesvorbehalt, den es nicht enthält.

Das Entscheidungsergebnis wird sich aber unabhängig davon, ob es selbst einer vollständigen Verhältnismäßigkeitsprüfung standhalten könnte, nicht auf die hier fragliche Problematik übertragen lassen. Ein entscheidender Gesichtspunkt in der Urteilsbegründung war nämlich, daß sich das Geschehen auf Schiffen unter deutscher oder ausländischer Flagge in internationalen Gewässern weitgehend dem Zugriff der deutschen Staatsgewalt entzieht, nur deshalb wurden Abstriche in Kauf genommen [280]. Hier ist dagegen der inländischen Teil des Anwendungsbereiches betroffen, für den das BVerfG keinen so großen Spielraum des Gesetzgebers annimmt. Zudem lassen sich die wirtschaftlichen Voraussetzungen in dem hier betroffenen Teil des Anwendungsbereiches nicht mit den Verhältnissen in der Seeschiffahrt vergleichen. In der Handelsschiffahrt, die nach den Feststellungen des Gerichts wie kein anderer Markt in vollem Umfang internationalisiert ist, mag es sein, daß es mit den tariflichen Arbeitsbedingungen tatsächlich nahezu unmöglich ist, im internationalen Wettbewerb zu bestehen, nicht jedoch in der gesamten übrigen deutschen Wirtschaft und dies ist der hier betroffene Teil des Anwendungsbereiches. Einzelne Betriebe, denen der Konkurs oder die Auslandsverlagerung drohen als eigene Teile des Anwendungsbereiches ansehen zu wollen und damit zu argumentieren, daß dieser Teil verlorengehen könnte und deshalb Sonderregelungen erfordert, würde eine willkürliche Unterteilung des Anwendungsbereiches bedeuten, weil hier im Bezug auf die ausschließliche Geltung der deutschen Rechtsordnung keinerlei Unterschiede zu dem verbleibenden Teil bestehen. Die besonderen rechtlichen und wirtschaftlichen Verhältnisse oder auch nur vergleichbare Gegebenheiten, wie sie das BVerfG in der Entscheidung zum Flaggenrechtsgesetz feststellt und zum Anlaß nimmt, einer Einschränkung des Grundrechts zuzustimmen, liegen damit hier eindeutig nicht vor.

Außerdem ist zweifelhaft, ob sich die Gestaltungsbefugnis, die das Gericht dem Gesetzgeber einräumt, auf Änderungen der Rechtslage durch die Auslegung von Gesetzen und damit auf die richterliche Rechtsfortbildung übertragen läßt. Das Bundesarbeitsgericht geht anscheinend nicht davon aus, wenn es in seinem Beschluß vom 20.4.1999 unter Hinweis auf einen Beschluß des Bundesverfassungsgerichts ausführt, daß die Anwendung des Günstigkeitsprinzips

279 BVerfGE 92, S.26(41f)
280 Däubler: Abschaffung der Tarifautonomie mit Hilfe des Günstigkeitsprinzips ArbuR 1996, S.347(352)

nur Normvollzug sei, obwohl der Sachgruppenvergleich, den das BAG in Übereinstimmung mit der herrschenden Lehre anwende, möglicherweise zwar nicht die allein verfassungskonforme Art des Günstigkeitsvergleichs sei, weil die Koalitionsfreiheit der rechtlichen Ausgestaltung bedürfe und der Gesetzgeber die Tarifautonomie dabei in den Grenzen der Verhältnismäßigkeit auch einschränken könne; ob es insoweit möglich sei, spezielle betriebliche Interessenlagen zu typisieren und in das Prüfprogramm mit aufzunehmen, sei aber jedenfalls solange nicht zu erörtern, wie eine gesetzliche Grundlage dafür fehle; vielmehr müsse § 4 Abs. 3 TVG im Lichte des Art. 9 Abs. 3 GG so ausgelegt werden, daß der Vorrang des Tarifvertrags gewahrt bleibe [281]. Das BAG sieht damit offensichtlich einen größeren Spielraum für den Gesetzgeber. Aber auch wenn man die Übertragbarkeit auf die richterliche Rechtsfortbildung annehmen wollte, weil bestehende Gesetze eigentlich immer der Konkretisierung durch Auslegung und zuweilen auch der Anpassung an veränderte Umstände bedürfen, spricht hier dagegen, daß die Änderung der Auslegung mit der Entscheidung, die der Gesetzgeber durch § 4 Abs. 1 TVG in dieser Frage getroffen hat, vom Wortlaut und vor allem vom Sinn und Zeck her wenn überhaupt, dann nur schwer zu vereinbaren wäre.

Man wird der Entscheidung aus den genannten Gründen weder entnehmen können, daß das BVerfG Einschränkungen der Koalitionsfreiheit zugunsten der vorgeschlagenen Härtefallregelungen billigen würde noch, daß es generell geneigt ist Beschränkungen zu akzeptieren, wenn Betriebe und damit Arbeitsplätze durch den internationalen Wettbewerb bedroht scheinen. Wenn man bedenkt, daß das Gericht dem Gesetzeber für den inländischen Anwendungsbereich ausdrücklich keinen so großen Gestaltungsspielraum einräumt und in der Entscheidung noch besonders hervorhebt, daß dem Grundrecht auch unter den Bedingungen eines veränderten Weltmarkts größtmögliche Anwendung zu sichern ist [282], wäre schon eher zu vermuten, daß es erheblichen Einschränkungen der Tarifautonomie, wie sie mit den Vorschlägen zur Einführung von Härtefallregelungen durch das Günstigkeitsprinzip verbunden wären, nicht zustimmen würde. Denn die Schutzwirkung der Unabdingbarkeit wäre, wie schon erörtert [283], selbst dann ernsthaft gefährdet, wenn man die vorgeschlagenen Härtefallregelungen ausschließlich in tatsächlich bedrohten Betrieben zulassen wollte, weil sich deren Anwendung kaum auf solche Fälle beschränken lassen wird. Den Tarifparteien könne die Erfüllung ihrer durch die Verfassung

281 BAG Beschluß v.20.4.1999, 1 ABR 72/98, NZA 1999, S.887ff = DB 1999, S.1555ff unter B III 1 b cc der Gründe

282 BVerfGE 92, S.26(41f)

283 Vgl. oben unter III 1.4.7

zugewiesenen Aufgabe, angemessene Arbeitsbedingungen zu gewährleisten, damit erschwert und im ungünstigsten Fall sogar unmöglich werden.

In der etwas neueren Entscheidung zum Hochschulfristvertragsgesetz beschreibt das BVerfG noch etwas genauer, welche Anforderungen es generell an gesetzliche Einschränkungen der Koalitionsfreiheit und hier insbesondere im Bereich der Festsetzung der Arbeitsbedingungen stellt. Es spricht auch in dieser Entscheidung zunächst an, daß die Koalitionsfreiheit schrankenlos gewährleistet ist und ergänzt dann, dem Gesetzgeber seien Regelungen im Schutzbereich des Grundrechts aber nicht verwehrt; soweit das Verhältnis der Tarifparteien zueinander berührt sei, bedürfe die Koalitionsfreiheit der Ausgestaltung; aber auch im übrigen sei dem Gesetzgeber die Regelung von Fragen, die Gegenstand von Tarifverträgen sein können, nicht von vornherein entzogen, dies ergebe sich bereits aus der Gesetzgebungszuständigkeit des Art. 74 Nr. 12 GG; eine gesetzliche Regelung in dem Bereich, der auch Tarifverträgen offensteht, komme jedenfalls dann in Betracht, wenn der Gesetzgeber sich dabei auf Grundrechte Dritter oder andere mit Verfassungsrang ausgestattete Rechte stützen könne und der Grundsatz der Verhältnismäßigkeit gewahrt werde; im Rahmen der Verhältnismäßigkeitsprüfung komme es wesentlich auf den Gegenstand der gesetzlichen Regelung an; der Grundrechtsschutz sei nicht für alle koalitionsmäßigen Betätigungen gleich intensiv, die Wirkkraft nehme vielmehr in dem Maße zu, in dem die Materie aus Sachgründen am besten von den Tarifparteien geregelt werden könne, weil sie nach den dem Art. 9 Abs. 3 GG zugrundeliegenden Vorstellungen des Verfassungsgebers die gegenseitigen Interessen angemessener zum Ausgleich bringen könne als der Staat; das gelte vor allem für die Festsetzung der Löhne und der anderen materiellen Arbeitsbedingungen; die Abstufung des Schutzes wirke sich in den Anforderungen aus, die an die Rechtfertigung von Eingriffen zu stellen seien, je gewichtiger der Schutz sei, desto schwerwiegender müßten die Gründe sein, die einen Eingriff rechtfertigen sollen [284].

Dem ist zu entnehmen, daß der Gesetzgeber das Grundrecht sowohl bei der Ausgestaltung als auch bei direkten Eingriffen in den Aufgabenbereich der Tarifparteien zu beachten hat. Vor allem aber wird deutlich, daß das BVerfG der tariflichen Festsetzung der Arbeitsbedingungen und hier insbesondere der Löhne, die es ausdrücklich erwähnt, einen sehr hohen Stellenwert und deshalb einen besonders intensiven Grundrechtsschutz zuerkennt, der Einschränkungen nur zuläßt, wenn entsprechend schwerwiegende verfasungsrechtlich geschützte

284 BVerfG, Beschluß v.24.4.1996, NZA 1996, S.1157(1158)

Interessen dies rechtfertigen. Man wird folglich nicht davon ausgehen können, daß das BVerfG einer teilweisen Verlagerung der Lohnfestsetzung von den Tarifparteien, die gerade diese Materie nach Auffassung des Gerichts am besten regeln können, auf die Arbeitsvertragsparteien, die sich hierzu in der Vergangenheit als besonders wenig geeignet erwiesen haben, zustimmen würde, zumal die angestrebten Härtefallregelungen nicht unerhebliche Gefahren für die Funktionsfähigkeit des Tarifsystems mit sich bringen würden, die nur zu rechtfertigen wären, wenn ebenso schwerwiegende Interessen mit Verfassungsrang dies erfordern.

Wenig überzeugend scheint deshalb auch Adomeits Begründung zur verfassungsrechtlichen Rechtfertigung [285]. Er spricht nämlich nicht einmal an, welcher andere grundrechtliche Schutz Einschränkungen der Vereinigungsfreiheit rechtfertigen könnte. Davon abgesehen, läßt sich aus dem Rückgang (von einem Niedergang der Werftindustrie wird man kaum sprechen können, wenn man bedenkt, daß die BRD beim Handelsschiffbau im weltweiten Vergleich auch 1998 noch auf dem dritten Platz lag) eines vom Strukturwandel betroffenen Industriezweiges sicher nicht schließen, daß das Tarifsystem für Grenzbetriebe generell nicht funktioniert und das Grundrecht der Vereinigungsfreiheit deshalb weitreichende Einschränkungen der Tarifautonomie zulassen muß. Dabei würde auch verkannt, daß der Zweck der Tarifautonomie weniger darin zu sehen ist, Tariflöhne zu gewährleisten, die allen im internationalen Konkurrenzkampf wirtschaftlich bedrohten Betrieben die weitere Existenz sichern, sondern vor allem darin, die strukturelle Unterlegenkeit der Arbeitnehmer auszugleichen und angemessene Mindestarbeitsbedingungen zu gewährleisten. Selbst wenn man davon ausgehen wollte, daß die Tarifparteien gerade in Anbetracht der hohen Arbeitslosigkeit auch das Ziel verfolgen müssen, möglichst viele Arbeitsplätze zu erhalten und das Tarifsystem in diesem Bereich Schwächen gezeigt hat, ließe sich daraus nicht ohne weiteres ableiten, daß das Grundrecht Einschränkungen der Unabdingbarkeit zuläßt. Hierzu bedarf es eben verfassungsrechtlich geschützter Interessen. Zudem wäre jedenfalls seine Anregung aus dem Jahr 1984, die Arbeitnehmer den Günstigkeitsvergleich selbst entscheiden zu lassen, im Rahmen einer Rechtsgüterabwägung kaum zu rechtfertigen. Die Auswirkungen auf Funktionsfähigkeit des Tarifsystems, wie sie mit dieser Lösung verbunden wären, die praktisch die Aufhebung der Unabdingbarkeit und damit die Beseitigung des gesetzlichen Schutzes vor dem Lohnunterbietungswettbewerb bedeuten würden, scheint nämlich offensichtlich unverhältnismäßig, wenn es darum geht, einige bedrohte Betriebe zu erhalten.

285 Adomeit: Das Günstigkeitsprinzip - neu verstanden, NJW 1984, S.26(27)

Auch Buchner nimmt keine Güterabwägung vor; er versucht aber durchaus, mögliche Beeinträchtigungen der Unabdingbarkeit verfasungsrechtlich zu rechtfertigen. Wenn er argumentiert, daß die Tarifautonomie dem gestiegenen Schutzbedürfnis der Arbeitnehmer an der Sicherung ihrer Arbeitsplätze Rechnung tragen müsse und Art. 9 Abs. 3 GG Einschränkungen deshalb nicht entgegen stehen dürfe [286], so ist ihm auch hier zunächst entgegenzuhalten, daß es unter Berücksichtigung der geschichtlichen Entwicklung, die nach der Rechtsprechung des Bundesverfassungsgerichts bei der Bestimmung der Tragweite des Grundrechts heranzuziehen ist [287], eigentlich näher liegen würde, daß das Grundrecht der Rechtfertigung von untertariflichen Löhnen durch die Einbeziehung des Arbeitsplatzargumentes gerade unter den veränderten Bedingungen entgegenstehen müßte, weil sich in der Vergangenheit gezeigt hat, daß der tarifliche Schutz besonders dann erforderlich ist, wenn durch hohe Arbeitslosigkeit eine erhöhte Gefahr des Unterbietungswettbewerbs besteht.

Auch nicht zu überzeugend vermag, daß das Grundrecht die angestrebte Fortschreibung aufgrund eines veränderten Schutzanliegens erfordert, weil es ein funktionsfähiges Tarifsystem schützt, zu dem auch das Günstigkeitsprinzip bzw. dessen Leitgedanke gehört, daß durch individuelle arbeitsvertragliche Vereinbarungen günstigere Arbeitsbedingungen vorgesehen werden können. Wie Buchner meint [288]. Das Günstigkeitsprinzip wird zwar auch von anderen mit der Vereinigungsfreiheit in Verbindung gebracht [289]. Unberücksichtigt bleibt aber, daß es die individuelle Vertragsfreiheit dort wieder herstellt, wo Einschränkungen durch die Unabdingbarkeit und damit durch die Tarifautonomie nicht mehr erforderlich sind. Im Verhältnis zur Tarifautonomie hat es folglich einen eher begrenzenden Charakter. Überzeugender ist es deshalb auch, wenn die überwiegende Meinung in der Literatur das Günstigkeitsprinzip aus der allgemeinen Handlungsfreiheit ableitet und den Grundrechtsschutz hier sieht [290] oder ihm mittelbaren verfassungsrechtlichen Schutz aus Art. 2 Abs. 1 GG zuspricht [291]. Fraglich ist, ob es zutrifft, wenn Buchner meint: Schließlich

286 Buchner: Beschäftig. u. d. Günstigkeitsp., Beil. Nr. 12/96 zu DB Heft 29/96, S.3(11)
287 BVerfGE 50, S.290(367)
288 Buchner: Beschäftig. u. d. Günstigkeitsp., Beil. Nr. 12/96 zu DB Heft 29/96, S.3(12)
289 Kempen, Zachert, Tarifvertragsgesetz, 2.Auflage 1997, §4 Rn164
290 Richardi: Eingriff in eine Arbeitsvertragsregelung durch Betriebsvereinbarung, RdA 1983, S.201(216); Belling: Das Günstigkeitsp. nach dem Beschluß des Großen Senats vom 16.9.1986; DB 1987, S.1888(1890f); Hromadka: Die belastende Betriebsvereinbarung; DB 1985, S.864(866); Ehmann, Schmidt: Betriebsv. und Tarifv., NZA 1995, S.193(198f); Blomeyer: Das kollektive Günstigkeitsp.; DB 1987, S.634(637) und: Das Günstigkeitsp. in der Betriebsverfassung, NZA 1996, S.3367(338) m. w. Nachweisen
291 Däubler, Tarifvertragsrecht, S.140 Rn197

sei Förderung der Arbeits- und Wirtschaftsbedingungen Leitlinie des Grundrechtes. Dazu gehöre auch die Sorge um die Begründung und Bestandserhaltung von Arbeitsverhältnissen. Der Wortlaut des Grundrechtes lasse jedenfalls darauf schließen, daß es nicht nur um die einzelnen Arbeitsbedingungen gehen könne, sondern daß auch der Bestand des Arbeitsverhältnisses als Grundlage der Arbeitsbedingungen Schutzgegenstand ist. Beschäftigungssichernde Vereinbarungen der Tarifparteien seien damit zweifellos im Anwendungsbereich der Tarifautonomie. Dies müsse auch für Lohnverzicht in Verbindung mit Beschäftigungszusagen gelten [292].

Vereinbarungen zur Beschäftigungsicherung dürften sich grundsätzlich schon mit Art. 9 Abs. 3 GG in Verbindung bringen lassen, da der Aufgabenbereich mit der Förderung der Arbeits- und Wirtschaftsbedingungen allgemein und weiträumig beschrieben ist. Es ist allerdings umstritten, ob beschäftigungspolitische Ziele überhaupt der Regelungskompetenz der Tarifparteien unterfallen [293]. Selbst wenn man davon ausgehen und sogar annehmen wollte, daß sich der grundrechtliche Schutz auf die Verfolgung dieser Ziele erstreckt, fragt sich, ob der Schutz sich auf Vereinbarungen der Arbeitsvertragsparteien erstrecken kann, denn das Grundrecht schützt über die Freiheit des Einzelnen, sich einer Koalition anzuschließen hinaus die Tätigkeit der Koalitionen. Der verfassungsrechtliche Schutz ist insofern auf die Aktivitäten der Tarifparteien beschränkt und kann sich nicht auf arbeitsvertragliche Vereinbarungen erstrekken. Wenn mit ihnen die tariflichen Mindestarbeitsbedingungen unterlaufen werden sollen, richten sie sich sogar gegen die Gestaltungsbefugnis der Tarifparteien und damit gegen den grundrechtlichen Schutz, den die Tarifautonomie durch kollektive Vereinbarungen bieten soll. Durch Art. 9 Abs. 3 GG werden Tariflohnunterschreitungen sich damit nicht begründen lassen.

Wenn man Sanierungsvereinbarungen verfassungsrechtlich rechtfertigen wollte, würde man andere Grundrechte heranziehen müssen. Es scheint nicht einmal abwegig, dies zu tun und eine Grundrechtsgüterabwägung zwischen den Interessen an Härtefallregelungen und der Unabdingbarkeit vorzunehmen,

292 Buchner: Beschäftig. u. d. Günstigkeitsp., Beil. Nr. 12/96 zu DB Heft 29/96, S.3(13)

293 Vgl. unten unter IV 1.3, dafür z.B. Käppler: Tarifvertragliche Regelungsmacht, NZA 1991, S.745(748); Waltermann: Beschäftigungssicherung durch Tarifvertrag? NZA 1991, S.754 und Zachert: Rechtsfragen zu den aktuellen Tarifverträgen über Arbeitszeitverkürzung und Beschäftigungssicherung, ArbuR 1995, S.1f. Dagegen beispielsweise Zöllner, DB 1989, S.2121; Bengelsdorft, ZfA 1990, S.563(570f), Loritz, ZfA 1990, S.133(163f) und Rieble: Beschäftigungspolitik durch Tarifvertrag, ZTR 1993, S.54ff m.w.N. dieser Position

denn die Unabdingbarkeit der Tarifnormen kann im Einzelfall tatsächlich schwerwiegende Auswirkungen für die Arbeitnehmer haben. Es scheint nämlich durchaus möglich, daß einige Arbeitnehmer in Anbetracht der hohen Arbeitslosigkeit tatsächlich keine Aussicht mehr haben, jemals wieder einen neuen Arbeitsplatz zu bekommen, wenn sie ungünstige Voraussetzungen wie z.B. ein hohes Lebensalter, eine wenig gefragte Berufsausbildung bzw. Qualifikation oder eine Behinderung mitbringen. Der Verlust des Arbeitsplatzes zieht dann nicht selten weitere schwerwiegende Folgen, wie den sozialen Abstieg verbunden mit dem Verlust von Eigentum und Familie nach sich. Die Sozialsysteme sind nur bedingt in der Lage, diese Folgen abzumildern. Im Fall von länger anhaltender Arbeitslosigkeit wird nur noch Arbeitslosen- bzw. Sozialhilfe und damit das Existenzminimum geleistet. Dies schützt nicht davor, daß laufende Zahlungsverpflichtungen nicht mehr erfüllt werden können und schließlich Überschuldung und Obdachlosigkeit drohen. Hinzu kommt, daß es keineswegs sicher ist, auf welchem Niveau die sozialen Leistungen in der Zukunft gewährt werden. Auch wenn es um die Tarifautonomie geht, sollte man sich darüber nicht leichtfertig hinwegsetzen. Weil dies keine unmittelbaren Folgen, sondern nur mittelbare Auswirkungen der Unabdingbarkeit sind, könnte man Zweifel daran haben, ob sie zur Einschränkung der Tarifautonomie herangezogen werden können. Grundrechte schützen aber nicht nur vor unmittelbaren Eingriffen, sondern auch vor mittelbaren Beeinträchtigungen.

Es scheint deshalb auch nicht ganz unbegründet, wenn einige kritisieren, daß das BAG mit Rücksicht auf die Tarifautonomie an dem bisherigen Sachgruppenvergleich festhalten und die Arbeitsplatzsicherheit nicht einbeziehen will, ohne sich mit den möglicherweise betroffenen Grundrechten der Arbeitnehmer auseinanderzusetzen [294]. Verfassungsrechtlich ernsthaft angreifen wird man den BAG Beschluß damit allerdings nicht können. Große Erfolgsaussichten, die Belastungen, die sich für Einzelne hier mittelbar aus der gesetzlichen Regelung ergeben können, zur Rechtfertigung von Durchbrechungen der Unabdingbarkeit heranzuziehen, dürften nämlich kaum bestehen, wenn man bedenkt, daß das BVerfG in seinem Urteil zum Flaggenrechtsgesetz eine gesetzliche Regelung im Hinblick auf Art. 12 Abs. 1 GG ausdrücklich nicht beanstandet hat, die nach den Erkenntnissen des Gerichts für einige Seeleute einem Berufsausschluß gleich kommt [295] und den Einzelnen damit nicht weniger hart treffen.

294 Müller: Privatautonomie gegen Kollektivgewalt, DB 1999, S.2310(2312); Bauer: Betriebliche Bündnisse für Arbeit vor dem Aus? NZA 1999, S.957(960f) und Thüsing: Der Schutz des Tarifvertrags vor den tarifvertraglich Geschützten, DB 1999, S.1552(1553), die selbst allerdings auch keine Rechtsgüterabwägung vornehmen.

295 BVerfGE 92, S.26(45ff)

Da es um den Erhalt des Arbeitsplatzes geht, wird man auch hier Art. 12 Abs. 1 GG als die einschlägige Verfassungsnorm ansehen müssen. In der Kritik an der Entscheidung vom 20.4.1999 wird nun ja auch mit diesem Grundrecht argumentiert [296]. Art. 2 Abs. 1 GG den Thüsing anführt [297] müßte durch das speziellere Grundrecht aus Art. 12 GG eigentlich verdrängt sein.

Das Grundrecht der Berufsausübung Art. 12 Abs. 1 GG steht wie im übrigen auch die allgemeine Handlungsfreiheit unter einem Gesetzesvorbehalt, der sogar Einschränkungen durch Tarifverträge zuläßt. Beeinträchtigungen durch die ebenfalls verfassungsrechtlich geschützte Unabdingbarkeit im Interesse der Tarifautonomie sind also zweifellos zulässig. Aber auch solche Beschränkungen müssen verhältnismäßig sein [298]. Zu prüfen wäre im Rahmen der Güterabwägung, ob eine Durchbrechung der Unabdingbarkeit und die damit verbundene Beeinträchtigung der Tarifautonomie zur Abwendung der drohenden Auswirkungen geeignet, erforderlich und verhältnismäßig ist.

Zweifel bestehen schon im Bezug auf die Eignung. Abgesehen davon, daß die Erfolgsaussichten, Arbeitsplätze durch Lohnsenkungen zu erhalten, wirtschaftlich betrachtet generell umstritten sind, scheint die Lösung, dies durch Arbeitsverträge über das Günstigkeitsprinzip zu erreichen, besonders wenig erfolgversprechend. Denn betriebseinheitliche Regelungen werden wie die vorgeschlagenen Lösungen, nach denen alle Arbeitnehmer unabhängig von den persönlichen Voraussetzungen selbst entscheiden können oder ein Wahlrecht erhalten, nicht möglich sein, wenn man versucht, die Härtefallregelungen über die Grundrechte Einzelner zu rechtfertigen. Die Vereinbarung der untertariflichen Bedingungen könnte nämlich genaugenommen nur mit den Arbeitnehmern erfolgen, die wirklich keine Aussicht mehr haben würden, einen anderen Arbeitsplatz zu bekommen, denn nur in diesen Fällen scheint es denkbar, daß grundrechtlich geschützte Interessen am Erhalt des Arbeitsplatzes derart schwer beeinträchtigt werden, daß die tarifliche Lohnfestsetzung eventuell dahinter zurückstehen muß. Etwas wesentlich anderes würde im übrigen auch das Günstigkeitsprinzip, über das die Ausnahmeregelungen hier ja eingeführt werden sollen, nicht zulassen, weil es den individuellen Vergleich vorschreibt [299]. Tatsächlich keine Chance auf eine neue Beschäftigung haben wird gegenwärtig

296 Müller: Privatautonomie gegen Kollektivgewalt, DB 1999, S.2310(2312); Bauer: Betriebliche Bündnisse für Arbeit vor dem Aus? NZA 1999, S.957(960)

297 Thüsing: Der Schutz des Tarifvertrags vor den tarifvertraglich Geschützten, DB 1999, S.1552(1553)

298 Blomeyer: Das Günstigkeitsprinzip in der Betriebsverfassung, NZA 1996, S. 337(339)

299 Vgl. oben unter III 1.4.5

wenigstens aber noch immer nur ein geringer Teil der Belegschaft eines Betriebes. Selbst wenn man Lohnsenkungen generell für geeignet hält, wird man zugeben müssen, daß sich durch Lohnzugeständnisse Einzelner kaum ein Betrieb wird erhalten lassen.

Bedenken bestehen auch hinsichtlich der Erforderlichkeit. Erforderlich ist eine Maßnahme dann, wenn das angestrebte Ziel nicht auch durch geeignetere, insbesondere weniger grundrechtsbeeinträchtigende Maßnahmen zu erreichen ist. Gegen die Erforderlichkeit spricht die zunehmende Bereitschaft der Tarifparteien, Lohnöffnungsklauseln zu vereinbaren. Aber auch für den Fall, daß eine solche Klausel nicht vereinbart wurde, wird es häufig möglich sein, das Unternehmen aus dem Verbandstarif herauszunehmen und mit der Gewerkschaft eine Sonderabmachung zu treffen [300], wenn es wirklich in seiner Existenz bedroht ist. Solche Lösungswege scheinen im Bezug auf die Tarifautonomie schon deshalb weniger bedenklich, weil die Tarifparteien beteiligt sind. Auch böten sie den Vorteil, daß die Gewerkschaften eher als Arbeitnehmer in der Lage sind zu prüfen, ob eine Senkung der Löhne zur Erhaltung eines Betriebes wirklich erforderlich ist und somit besser der Gefahr entgegenwirken können, daß Arbeitgeber das Arbeitsplatzargument nur benutzen, um das Betriebsergebnis durch Lohnsenkungen zu verbessern. Weitere Möglichkeiten für Unternehmen, die sich im Konkursverfahren befinden, bietet das Sanierungsrecht [301]. Tariflohnunterschreitende Vereinbarungen durch Arbeitsverträge scheinen damit zur Abwendung der durch den Arbeitsplatzverlust für einige drohenden Folgen weder erforderlich noch geeignet. Eine Verhältnismäßigkeitsprüfung im engeren Sinne wäre damit eigentlich entbehrlich.

Hier wären die Beeinträchtigungen der Grundrechte gegeneinanderzustellen und zu ermitteln, welche Beeinträchtigung schwerer wiegt. Auf der einen Seite stünden die beschriebenen schwerwiegenden Folgen, die in Einzelfällen mit dem Arbeitsplatzverlust verbunden sein können und auf der anderen Seite die Folgen für die Gemeinschaft der gewerkschaftlichen organisierten Arbeitnehmer, die sich aus einer Beeinträchtigungen der Funktionsfähigkeit des Tarifsystems ergeben können, wenn man Durchbrechungen der Unabdingbarkeit erst einmal zuläßt. Hier wird man wie schon erörtert davon ausgehen können, daß erhebliche Beeinträchtigungen drohen, die es den Tarifparteien erschweren würden, angemessene Mindestarbeitsbedingungen zu gewährleisten, weil die Anwendung der vorgeschlagenen Härtefallregelungen sich schon aufgrund von

300 Däubler, Tarifvertragsrecht, S.64, Rn33
301 Däubler, Tarifvertragsrecht, S.64, Rn33

Mißbrauchsgefahren kaum auf tatsächlich bedrohte Betriebe beschränken lassen wird [302] und sich ebensowenig auf einzelne Mitarbeiter in diesen wird begrenzen lassen. Es wäre nämlich noch schwieriger festzustellen, welcher Arbeitnehmer wirklich keine Aussicht mehr auf Beschäftigung hat. Die Beschränkung auf gefährdete Betriebe scheint genaugenommen auch rechtlich nicht haltbar, wenn man mit den Grundrechten einzelner argumentiert. Es ist nämlich nicht zu erkennen, aus welchen Gründen es nur Arbeitnehmern in bedrohten Betrieben möglich sein soll, ihren Arbeitsplatz zu erhalten und nicht auch Arbeitnehmern in wirtschaftlich gesunden Betrieben; deren Interessen, ihren Arbeitsplatz nicht durch eine betriebsbedingte Kündigung zu verlieren, dürften kaum geringer zu bewerten sein. Nichts anderes kann für Arbeitslose gelten, die Beschäftigung suchen. Beide Arbeitnehmergruppen wären in ihren Grundrechten nicht weniger betroffen und müßten den anderen gleichgestellt werden. Würde man dies auch noch zulassen wollen, wären untertarifliche Vereinbarungen praktisch immer gefahrlos in jedem Betrieb, bei Einstellungen wie in bestehenden Arbeitsverhältnissen und mit jedem Arbeitnehmer möglich, weil sich wie gesagt nur schwer feststellen lassen wir, wer kaum Wiedereinstellungschancen hat. Hier müßte man spätestens zu dem Ergebnis kommen, daß angemessene Arbeitsbedingungen nicht mehr zu gewährleisten wären, wenn die Bereitschaft der Arbeitgeber die Möglichkeit, Härtefallregelungen zu vereinbaren auszunutzen groß genug ist und die Arbeitnehmer mitmachen würden, womit aufgrund ihrer typischen Unterlegenheit zu rechnen wäre.

Welche der möglichen Beeinträchtigungen schwerer wiegt, wird sich kaum sachgerecht entscheiden lassen, da es sich auf beiden Seiten um rein hypothetische Folgen handelt, die nicht sicher zu prognostizieren sind. Man wird die Interessen derer, denen der tarifliche Schutz jetzt Probleme bereitet, zumindest solange, wie das soziale Netz ihnen noch eine Existenz ermöglicht, wohl nicht über die Interessen der Gemeinschaft stellen können, wenn man bedenkt, daß sie diesen Schutz durch den Gewerkschaftsbeitritt zuvor selbst gesucht und auch in Anspruch genommen haben. Falls die wirtschaftliche Entwicklung allerdings noch ungünstiger verlaufen und dazu führen sollte, daß das Sozialsystem zusammenbricht, dürfte nicht mehr erwartet werden, daß die Betroffenen ihre Interessen zurückstellten. Gerade unter solchen Umständen wäre, wie die Geschichte lehrt, allerdings auch die tarifliche Lohnfestsetzung besonders wichtig, die sich realistisch betrachtet dann allerdings ohnehin nur noch wird erhalten lassen, wenn die Arbeitnehmer davon auch überzeugt sind und sich soweit solidarisch verhalten, daß sie sich freiwillig an die Tarifnormen halten.

302 Vgl. oben unter IV 1.4.7

Arbeitsvertragliche Tariflohnunterschreitungen scheinen zur Abwendung der schwerwiegenden Folgen, die einzelnen Arbeitnehmern drohen, damit gegenwärtig jedenfalls weder geeignet und erforderlich noch verhältnismäßig. Härtefallregelungen über das Günstigkeitsprinzip einzuführen, läßt sich somit auch nicht dadurch rechtfertigen, daß man diese besonderen Belastungen heranzieht und eine Güterabwägung vornimmt. Sie müssen vielmehr im Interesse eines funktionierenden Tarifsystems ausgeschlossen bleiben.

1.5 Sind arbeitsvertragliche Härtefallregelungen außerhalb der gesetzlichen Ausnahmeregelungen möglich?

Lösungswege, arbeitsvertragliche tariflohnunterschreitende Sanierungsvereinbarungen einzuführen, wurden bisher nur über das Günstigkeitsprinzip gesucht. Die Vorschläge von Vollmer und Reuter, tariflohnunterschreitende Vereinbarungen außerhalb der gesetzlich vorgesehenen Ausnahmeregelungen zuzulassen, beziehen sich nur auf Betriebsvereinbarungen [303]. Es scheint aber denkbar, daß auch für arbeitsvertragliche Härtefallregelungen weitere als die in § 4 Abs. 3 TVG genannten Möglichkeiten in Betracht gezogen und gefordert werden. Derartige Ausnahmen scheinen allerdings schon nach dem insoweit klaren Wortlaut dieser Norm ausgeschlossen, denn abweichende Abmachungen sind demnach nur und damit ausschließlich dann zulässig, wenn sie durch den Tarifvertrag gestattet sind oder eine Regelung zugunsten des Arbeitnehmers enthalten. Eine Auslegung gegen den Wortlaut wird sich hier selbst durch verfassungsrechtliche Erwägungen nicht rechtfertigen lassen, wenn man bedenkt, daß die Härtefallregelungen nicht einmal durch das Günstigkeitsprinzip zu rechtfertigen sind, was mit dem Wortlaut der Norm schon eher vereinbar wäre.

2 Tarifabweichende Betriebsvereinbarungen

In der Verlagerung von Regelungskompetenzen auf die betriebliche Ebene wird anscheinend mehr noch als in der Verlagerung auf die Arbeitsvertragsparteien eine ernsthafte Alternative zu der kritisierten tariflichen Festsetzung der Arbeitsbedingungen gesehen. Jedenfalls werden diesbezüglich die meisten Forderungen erhoben. Auch die Vorschläge, Härtefallregelungen nach dem geltenden Recht zuzulassen, sind insbesondere darauf gerichtet, diese

303 Vollmer: Bestandssicherung existenzgefährdeter Unternehmen durch Kürz. von Löhnen und Leistungen, DB 1982, S.1670ff; Reuter: Betriebsverfassung und Tarifvertrag, RdA 1994, S.152(167)

ausschließlich oder zumindest unter Beteiligung der Betriebsparteien zu ermöglichen [304].Betriebliche Regelungen scheinen zumindest auf den ersten Blick auch geeigneter als Arbeitsverträge, weil sie als kollektive Vereinbarungen möglicherweise einheitliche Regelungen für den gesamten Betrieb und einen höheren Schutz vor den Auswirkungen des typischen Verhandlungsungleichgewichtes bieten können.

Ohne Ermächtigung der Tarifparteien sind sie dagegen eher noch problematischer als arbeitsvertragliche Regelungen, denn hier ist nicht nur fraglich, ob die untertariflichen Vereinbarungen sich durch das Günstigkeitsprinzip, wie Ehmann [305], Adomeit [306] und Buchner [307] vorschlagen oder anders, wie es Vollmer [308] und Reuter [309] wollen, rechtfertigen und mit der Unabdingbarkeit der Tarifnormen vereinbaren lassen, sondern auch, ob Lohnvereinbarungen auf der betrieblichen Ebene überhaupt möglich sind und das Günstigkeitsprinzip hier überhaupt zur Anwendung kommen kann. Das BetrVG enthält mit den §§ 77 Abs. 3 und 87 Abs. 1 BetrVG nämlich besondere gesetzliche Bestimmungen zur Abgrenzung der Regelungszuständigkeit zwischen den Betriebsparteien und den Tarifparteien, die betriebliche Lohnvereinbarungen generell ausschließen könnten, und es ist fraglich, ob der Unabdingbarkeitsgrundsatz und das Günstigkeitsprinzip aus § 4 TVG gegenüber tarifabweichenden Betriebsvereinbarungen gelten, denn in § 4 Abs. 1 TVG, auf den sich § 4 Abs. 3 bezieht, wird gesagt, daß die Tarifnormen für beiderseits tarifgebundene Arbeitsvertragsparteien gelten. Ob die Norm gegenüber tarifabweichenden Betriebsvereinbarungen anzuwenden ist, wird nicht ausdrücklich erwähnt.

Fraglich ist also, welche der beiden Normen aus dem BetrVG hier anzuwenden ist und ob diese Bestimmungen den tarifrechtlichen Regelungen des § 4 TVG als die spezielleren gesetzliche Regelungen vorgehen und sie verdrängen oder daneben anzuwenden sind und gegebenenfalls, ob tarifabweichende

304 Buchner: Beschäftigungssicherung unter dem Günstigkeitsprinzip, Beilage Nr. 12/96 zu DB Heft 29/96, S.3(14); Adomeit: Das Günstigkeitsprinzip - neu verstanden, NJW 1984, S.26(27; Ehmann, Schmidt: Betriebsvereinbarung und Tarifverträge, NZA 1995, S.193(202), Vollmer: Bestandssicherung existenzgefährdeter Unternehmen durch Kürzung von Löhnen und Leistungen, DB 1982, S.1670ff; Reuter: Betriebsverfassung und Tarifvertrag, RdA 1994, S.152(167)

305 Ehmann, Schmidt: Betriebsvereinbarung und Tarifverträge, NZA 1995, S.193(202)

306 Adomeit: Das Günstigkeitsprinzip - neu verstanden, NJW 1984, S.262(27)

307 Buchner: Beschäftig. u. d. Günstigkeitsp., Beilage Nr. 12/96 zu DB Heft 29/96, S.9ff

308 Vollmer: Bestandssicherung existenzgefährdeter Unternehmen durch Kürzung von Löhnen und Leistungen, DB 1982, S.1670ff

309 Reuter: Betriebsverfassung und Tarifvertrag, RdA 1994, S.152(167)

Betriebsvereinbarungen "abweichende Abmachungen" im Sinne von § 4 Abs. 3 TVG sind. Unstreitig scheint abgesehen von Reuter, der in Frage stellt, ob § 77 Abs. 3 BetrVG überhaupt noch Anwendung finden soll [310], nur, daß die Abgrenzungsbestimmungen aus dem BetrVG, mit denen den Tarifparteien nach herrschender Auffassung der Vorrang vor den Betriebsparteien eingeräumt wird, anwendbar sind [311] und hier § 77 Abs. 3 BetrVG einschlägig ist. Das ergibt sich aber auch schon aus den Gesetzestext dieser Norm, nach dem Arbeitsentgelte und sonstige Arbeitsbedingungen, die durch Tarifvertrag geregelt sind oder üblicherweise geregelt werden, nicht Gegenstand von Betriebsvereinbarungen sein können, wenn der Tarifvertrag den Abschluß ergänzender Betriebsvereinbarungen nicht ausdrücklich zuläßt. Es war zwar lange umstritten, ob die Regelungssperre für tarifübliche Regelungen auch bei Überschneidungen der Anwendungsbereiche der beiden Normen aus dem BetrVG gilt oder durch § 78 Abs. 2 BetrVG verdrängt wird, wie das BAG entschieden hat [312]. Wenn es um die Festsetzung des Arbeitsentgelts geht, das im Gesetzestext sogar ausdrücklich erwähnt wird, müßte aber unstreitig § 77 Abs. 3 BetrVG zur Anwendung kommen. Es besteht insoweit auch Einigkeit, daß diese Norm außerhalb der Mitbestimmungsrechte für den hier betroffenen Bereich der freiwilligen Betriebsvereinbarungen gilt [313].

Umstritten ist dagegen das Verhältnis zu § 4 TVG. Die wohl herrschende Meinung sieht in § 77 Abs. 3 BetrVG die speziellere Bestimmung [314], neben der § 4 TVG allerdings anzuwenden ist, soweit die Norm aus dem BetrVG keine entgegenstehenden Regelungen enthält. Betriebsvereinbarungen werden überwiegend als andere Abmachungen im Sinne von § 4 TVG angesehen [315].

310 Reuter: Betriebsverfassung und Tarifvertrag, RdA 1994, S.152(154)

311 Kempen, Zachert, TVG, 3.Auflage, Einl. Rn258ff; Däubler: Tarifvertragsrecht, S.153 Rn224; Weyand: Möglichkeiten und Grenzen der Verlagerung tariflicher Regelungskompetenzen auf die Betriebsebene, AuR 1989, S.193(194)

312 Däubler, Tarifvertragsrecht, S.154 Rn227; Weyand: Möglichkeiten und Grenzen der Verlagerung tariflicher Regelungskompetenzen auf die Betriebsebene, ArbuR 1989, S.193(194); BAG, Beschluß v. 24.2.1987, DB 1987, S.1435; bestätigt in BAG DB 1991, S.1630; Wank: Tarifautonomie u. betriebliche Mitbestimmung? RdA 1991, S.129ff; Hromadka: Betriebsvereinbarung über mitbestimmungspflichtige soziale Angelegenheiten bei Tarifüblichkeit: Zwei-Schranken-Theorie ade? DB 1987, S.1991ff

313 Kempen, Zachert, TVG, 3.Aufl. 1997, Einl. Rn 256ff; Fitting, Auffahrth, Kaiser, Heither, BtrVG, 17.Auflage, §77 Rn65

314 Vgl. z.B. Wank: Empfiehlt es sich, die Regelungsbefugnisse der Tarifparteien im Verhältnis zu den Betriebsparteien neu zu ordnen? NJW 1996, S.2273(2274) m. w. N.

315 Löwisch, Rieble, Tarifvertragsgesetz, §4 Rn161 S.276; Däubler, Tarifvertragsrecht, S.140 Rn199; Wank: Empfiehlt es sich, die Regelungsbefugnisse der Tarifparteien im Verhältnis zu den Betriebsparteien neu zu ordnen? NJW 1996, S.2273(2274)

Nicht ganz einheitlich beurteilt werden dann Fragen nach der Anwendbarkeit des Günstigkeitsprinzips zwischen Tarifverträgen und Betriebsvereinbarungen aus § 4 Abs. 3 TVG [316]. Weitgehend Einigkeit besteht aber darüber, daß es im Anwendungsbereich von § 77 Abs. 3 BetrVG nicht eingreift bzw. vollständig verdrängt wird, weil diese Norm jede Betriebsvereinbarung ausschließt, wenn keine Öffnungsklausel vereinbart wurde [317], wie auch der Große Senat des BAG festgestellt hat [318].

Andere Autoren halten die Bestimmungen aus § 4 TVG nicht für einschlägig und sehen Betriebsvereinbarungen nicht als andere Abmachungen im Sinne von § 4 TVG an [319]. Sie wollen das Günstigkeitsprinzip zwischen Betriebsvereinbarungen und Tarifverträgen dann überhaupt nicht anwenden [320] oder befürworten die Anwendung mit den verfassungsrechtlichen Begründungen, die im Arbeitsrecht allgemein zu seiner Anwendung außerhalb von § 4 Abs. 3 TVG herangezogen werden, wenn eine einfachgesetzliche Grundlage fehlt. Neben der Formel des BAG, nach der das Günstigkeitsprinzip ein verfassungsmäßig allgemein anerkannter Grundsatz ist, werden die Privatautonomie und das Subsidiaritätsprinzip herangezogen [321].

Zweifelhaft ist zudem, ob die Tarifautonomie tariflohnunterschreitende Betriebsvereinbarungen zulassen würde, denn der grundrechtliche Schutz aus Art. 9 Abs. 3 GG erstreckt sich nach der Rechtsprechung des Bundesverfassungsgerichtes nicht nur auf die Unabdingbarkeit der Tarifnormen, sondern auch auf § 77 Abs. 3 BetrVG, der zur Abgrenzung der Regelungsbereiche von Tarifverträgen und Betriebsvereinbarungen dient [322].

316 Kempen, Zachert Tarifvertragsgesetz, 3.Auflage 1997, §4 Rn175; Löwisch, Rieble, Tarifvertragsgesetz, §4 Rn162 S.276; Däubler, Tarifvertragsrecht, S.140 Rn199 und S.153 Rn224

317 Löwisch, Rieble Tarifvertragsgesetz, §4 Rn162 S.276; Däubler, Tarifvertragsrecht, S.140 Rn199 und S.153 Rn224, Kempen, Zachert, Zilius, Tarifvertragsgesetz, 3.Auflage, Einleitung Rn256ff

318 BAG AP Nr.17 zu §77 BetrVG 1972 unter CII3a der Gründe

319 Kempen: Der verfassungsrechtliche Vorrang der Tarifautonomie im rbeitsrechtlichen Regelungsgefüge, ArbuR 1996, S.336(344); Ehmann, Schmidt: Betriebsvereinbarungen und Tarifverträge, NZA 1995, S.193(199f) Ehmann, Lambrich: Vorrang der Betriebs- vor der Tarifautonomie kraft des Subsidiaritätsprinzips, NZA 1996 S.346(348)

320 Vgl. Kempen: Der verfassungsrechtliche Vorrang der Tarifautonomie im arbeitsrechtlichen Regelungsgefüge, ArbuR 1996, S.336(344)

321 Ehmann, Schmidt: Betriebsvereinbarungen und Tarifverträge, NZA 1995, S.193(199f); Ehmann, Lambrich, Vorrang der Betriebs- vor der Tarifautonomie kraft des Subsidiaritätsprinzips, NZA 1996, S.346(347)

322 BVerfG v. 24.4.1996, NZA 1996, S.1157(1158)

Eingegangen werden soll auf diese Fragen, wenn die Argumentationen der Befürworter von betrieblichen Sanierungsvereinbarungen nachfolgend zunächst dargestellt und anschließend erörtert werden. Dabei soll untersucht werden, ob sich die vorgeschlagenen Härtefallregelungen mit den angesprochenen Normen vereinbaren lassen.

2.1. Die Vorschläge zur Einführung betrieblicher Sanierungsvereinbarungen über das Günstigkeitsprinzip

2.1.1 Die Auffassung von Ehmann , Schmidt und Lambrich

Ehmann, der seine Auffassung in verschiedenen Beiträgen mit den wechselnden Co-Autoren Lambrich und Schmidt begründet, will das Günstigkeitsprinzip zwischen Betriebsvereinbarung und Tarifvertrag im Bereich der Regelungssperre anwenden [323] und untertarifliche Lohnvereinbarungen dadurch rechtfertigen [324].

Für die Notwendigkeit der Verlagerung von Regelungskompetenzen auf die Betriebsparteien führen sie die wirtschaftlichen Überlegungen und die Kritik am Tarifsystem an, die allgemein von neoliberaler Seite geäußert werden [325]. Das Tarifsystem wird in diesem Zusammenhang schließlich als mittelalterliches Fehdewesen bezeichnet, das der wirtschaftlichen Entwicklung und den Arbeitnehmern nur schadet und keine gerechten Löhne hervorbringen kann, weil sich die unterschiedliche Leistungsfähigkeit und Leistungsbereitschaft der Arbeitnehmer sowie die unterschiedliche Wirtschaftskraft der Betriebe in den großflächigen Tarifverträgen nicht genügend berücksichtigen läßt [326]. Zur Vermeidung von Wiederholungen soll hier nicht noch einmal darauf eingegangen werden. Daß § 77 Abs. 3 BetrVG der Anwendung des Günstigkeitsprinzips in seinem Regelungsbereich nicht entgegensteht, wird damit begründet, daß der Wortlaut eine solche Auslegung zulasse, weil er unergiebig sei [327]

323 Ehmann, Lambrich: Vorrang der Betriebs- vor der Tarifautonomie kraft des Subsidiaritätsprinzips, NZA 1996, S.346f; Ehmann, Schmidt: Betriebsvereinbarung und Tarifverträge, NZA 1995, S.193f

324 Ehmann, Schmidt: Betriebsvereinbarung und Tarifverträge, NZA 1995, S.193(202)

325 Ehmann, Lambrich: Vorrang der Betriebs- vor der Tarifautonomie kraft des Subsidiaritätsprinzips, NZA 1996, S.346f; Ehmann, Schmidt: Betriebsvereinbarung und Tarifverträge, NZA 1995, S.193f; Ehmann, Schmidt: Betriebsvereinbarung und Tarifverträge, NZA 1995, S.193(202)

326 Ehmann, Schmidt: Betriebsvereinbarung und Tarifverträge, NZA 1995, S.193(194)

327 Ehmann, Schmidt: Betriebsvereinbarungen und Tarifverträge, NZA 1995, S.193(199)

und sich ihm nicht entnehmen lasse, daß auch günstigere betriebliche Regelungen ausgeschlossen sein sollen [328]. Vor allem aber wird angeführt, daß diese Auslegung verfassungsrechtlich geboten ist. Dies ergibt sich sowohl bei Ehmann, Lambrich als auch bei Ehmann, Schmidt aus einer Abwägung zwischen der Tarifautonomie, der Betriebsautonomie und dem Günstigkeitsprinzip [329]. Zumindest Ehmann, Lambrich gehen dabei entgegen der h.M. davon aus, daß § 77 Abs. 3 BetrVG nur eine einfachgesetzliche, nicht grundgesetzlich abgesicherte Regelung ist [330]. Der Betriebsautonomie räumen sie dagegen auch entgegen der h.M. grundgeseztlichen Schutz ein, den sie aus Art. 9 Abs. 3 GG und Art. 2 Abs. 1 GG herzuleiten versuchen [331]. Hauptsächlich argumentieren sie wie Ehmann, Schmidt damit, daß der Anwendung des Günstigkeitsprinzips, das sie aus der Privatautonomie ableiten, als verfassungsrechtlich anerkanntem Grundsatz des Arbeitsrechts und nach dem Subsidiaritätsprinzip verfassungsrechtliche Bedeutung zukomme, die einen Ausschluß durch § 77 Abs. 3 BetrVG nur zulasse, wenn gewichtige Gründe dies rechtfertigen [332]. Ehmann, Schmidt und Lambrich gehen dabei davon aus, da eine sachgerechte Abwägung erst möglich wird, wenn man § 77 Abs. 3 BetrVG nicht als speziellere Gesetzgebung im Verhältnis zu den ihrer Ansicht nach generell nicht einschlägigen Regelungen aus § 4 Abs. 1 und 3 TVG ansieht; weil dann nur noch geprüft werden müsse, ob die Tarifautonomie durch günstigere Betriebsvereinbarungen gefährdet sei [333]. Sie kommen dann zu dem Ergebnis, daß der Ausschluß der Günstigkeitsprinzips nicht mehr zu rechtfertigen sei [334], weil eine Gefahr für die Tarifautonomie nach dem Wegfall der Betriebsrätebewegung

328 Ehmann, Lambrich: Vorrang der Betriebs- vor der Tarifautonomie kraft des Subsidiaritätsprinzips, NZA 1996, S.346(355)

329 Ehmann, Schmidt: Betriebsvereinbarungen und Tarifverträge, NZA 1995, S.193(197ff)
Ehmann, Lambrich: Vorrang der Betriebs- vor der Tarifaut., NZA1996 S.346(352ff)

330 Ehmann, Lambrich: Vorr. der Betriebs- vor der Tarifaut., NZA 1996, S.346(348,354)

331 Ehmann, Lambrich: Vorrang der Betriebs- vor der Tarifaut., NZA 1996, S.346(349ff); dem Beitrag von Ehmann, Schmidt: Betriebsv. und Tarifverträge, NZA 1995, S.193 ist dagegen kaum zu entnehmen, ob die Regelungssperre grundrechtlichen Schutz genießen soll; sie gehen ohne es deutlich zu sagen anscheinend aber auch nicht davon aus.

332 Ehmann, Schmidt: Betriebsvereinbarungen und Tarifverträge, NZA 1995, S.193(198ff)
Ehmann, Lambrich: Vorrang der Betriebs- vor der Tarifautonomie kraft des Subsidiaritätsprinzips, NZA 1996 S.346(352ff)

333 Ehmann, Schmidt: Betriebsvereinbarungen und Tarifverträge, NZA 1995, S.193(199f)
Ehmann, Lambrich: Vorrang der Betriebs- vor der Tarifautonomie kraft des Subsidiaritätsprinzips, NZA 1996 S.346(348)

334 Ehmann, Schmidt: Betriebsvereinbarungen und Tarifverträge, NZA 1995, S.193(198ff)
Ehmann, Lambrich: Vorrang der Betriebs- vor der Tarifautonomie kraft des Subsidiaritätsprinzips, NZA 1996 S.346(352ff)

nicht mehr angenommen werden könne, zumal den Beweis einer ernsthaften Gefährdung bisher ohnehin niemand auch nur ansatzweise erbracht habe [335] und freiwillige Betriebsvereinbarungen zur Regelung der Arbeitsbedingungen nicht weniger [336] oder sogar besser geeignet seien als der Flächentarifvertrag [337].

Ehmann, Lambrich meinen, daß günstigere Betriebsvereinbarungen aber auch dann nicht ausgeschlossen seien, wenn man ihrer verfassungsrechtlichen Argumentation nicht folgen und weder der Betriebsautonomie noch dem Günstigkeitsprinzip grundrechtliche Bedeutung zumessen wollte, weil das Verhältnis von Tarif- und Betriebsautonomie dann eine durch § 77 Abs. 3 BetrVG geregelte Frage des einfachen Rechts sei und hier könne man durch Auslegung auch zu dem Ergebnis kommen, daß günstigere Betriebsvereinbarungen zulässig sind; aus dem Mangel an grundrechtlichem Schutz der Betriebsautonomie folge nämlich nicht, daß gesetzliche Regelungen, die günstigeren Betriebsvereinbarungen den Vorzug einräumen, gegen die Tarifautonomie verstoßen, weil die Tarifautonomie insofern keinesfalls durch Art. 9 Abs. 3 GG geschützt sei [338].

Die Frage, ob das Günstigkeitsprinzip untertarifliche Sanierungsvereinbarungen ermöglicht, wenn man es anwendet, wird bei Ehmann, Schmidt angesprochen. Sie sind der Auffassung, daß das Arbeitsplatzargument zwar grundsätzlich nicht in den Vergleich einbezogen werden dürfe, weil hier die Tarifautonomie zu beachten sei, deren Schutz aufgehoben wäre, wenn jeder untertarifliche Lohnvereinbarungen mit der Begründung treffen könne, daß er sonst keine Anstellung bekomme; die Tarifautonomie erlaube es aber ausnahmsweise, das Arbeitsplatzargument zu berücksichtigen, wenn eine Gefährdung der Schutzfunktion unter keinen Umständen mehr denkbar sei und von einem solchen Fall könne man ausgehen, wenn einem Betrieb der Konkurs droht [339].

Nachfolgend soll auf diese Argumente näher eingegangen und geklärt werden, ob betriebliche Härtefallregelungen sich durch das Günstigkeitsprinzip rechtfertigen lassen.

335 Ehmann, Schmidt: Betriebsvereinbarungen und Tarifverträge, NZA 1995, S.193(200)

336 Ehmann, Lambrich: Vorrang der Betriebs- vor der Tarifautonomie kraft des Subsidiaritätsprinzips, NZA 1996, S.346(353)

337 Ehmann, Schmidt: Betriebsv. und Tarifverträge, NZA 1995, S.193 (197,199)

338 Ehmann, Lambrich: Vorrang der Betriebs- vor der Tarifautonomie kraft des Subsidiaritätsprinzips, NZA 1996, S.346(354f)

339 Ehmann, Schmidt: Betriebsvereinbarungen und Tarifverträge, NZA 1995, S.193(202)

2.1.1.1 Läßt der Wortlaut des § 77 Abs. 3 BetrVG günstigere betriebliche Lohnvereinbarungen zu?

Es ist widersprüchlich, wenn Ehmann, Schmidt hier anführen, daß der Wortlaut nicht ergiebig sei, obwohl § 77 Abs. 3 BetrVG seinem Wortlaut nach den Abschluß jeder Betriebsvereinbarung pauschal untersagt, wie sie in diesem Zusammenhang selbst ansprechen [340]. Ihrem Argument, daß dem Wortlaut nicht ausdrücklich zu entnehmen sei, daß auch günstigere Betriebsvereinbarungen ausgeschlossen sein sollen [341], ist entgegenzuhalten, daß es einer ausdrücklichen Erwähnung günstigerer Regelungen aufgrund des generellen Ausschlusses nicht bedurfte. Wenn es in § 77 Abs. 3 Satz 1 BetrVG heißt, Arbeitsentgelte und sonstige Arbeitsbedingungen, die durch Tarifvertrag geregelt sind oder üblicherweise geregelt werden, können nicht Gegenstand einer Betriebsvereinbarung sein; so ist schwer vorstellbar, wie sonst eine Bestimmung lauten müßte, die generell jegliche Betriebsvereinbarung ausschließen will. Falls Verbesserungen als Ausnahme von dem generellen Ausschluß hätten zugelassen werden sollen, so hätte vielmehr dies der ausdrücklichen Erwähnung bedurft [342]. Daß statt dessen der generelle Ausschluß einschließlich günstigerer Regelungen gemeint ist, wird zudem an der Ausnahmevorschrift des § 77 Abs. 3 Satz 2 BetrVG deutlich [343]. Diese Ausnahmeregelung scheint im wesentlichen § 4 Abs. 3 TVG nachgebildet. Sie enthält im Gegensatz zu dieser Norm aber keine Ausnahmeerlaubnis für günstigere Regelungen. Es kann kaum zutreffen, wenn Ehmann, Lambrich dazu anmerken, dies sei nach herrschender Meinung nur ein Redaktionsversehen [344], denn der Gesetzgeber wollte, wie sich eindeutig aus der Begründung zu § 77 Abs. 3 BetrVG ergibt, erreichen, daß nicht einmal bestehende tarifliche Regelungen durch Betriebsvereinbarungen übernommen werden können [345].

Wenn man aus den genannten Gründen richtigerweise davon ausgeht, daß § 77 Abs. 3 BetrVG seinem klaren Wortlaut nach jede Betriebsvereinbarung in

340 Ehmann, Schmidt: Betriebsvereinbarungen und Tarifverträge, NZA 1995, S.193(199)

341 Ehmann, Lambrich: Vorrang der Betriebs- vor der Tarifautonomie kraft des Subsidiaritätsprinzips, NZA 1996, S.346(355(323)

342 Däubler: Abschaffung der Tarifautonomie mit Hilfe des Günstigkeitsprinzips ArbuR 1996, S.347(353)

343 Däubler: Abschaff. der Tarifaut. mit Hilfe des Günstigkeitsp. ArbuR 1996, S.347(353)

344 Ehmann, Lambrich: Vorrang der Betriebs- vor der Tarifautonomie kraft des Subsidiaritätsprinzips, NZA 1996, S.346(355)

345 BT-Drucksache VI 1786 S.47 nach Neumann: Tarif- und Betriebsautonomie, RdA 1990, S.257(258/259)

seinem Anwendungsbereich ausschließt, scheint eine dahingehende Auslegung, daß günstigere Regelungen zulässig sind, nicht möglich. Falls dies verfassungsrechtlich geboten wäre, wie Ehmann, Schmidt und Lambrich behaupten, wäre schon aus Gründen der Rechtssicherheit danach zu fragen, ob es nicht näher liegen würde, die Norm als verfassungswidrig anzusehen, als sie gegen ihren insofern klaren und eindeutigen Wortlaut auszulegen. Es ist aber zweifelhaft, ob eine derartige Auslegung überhaupt geboten ist.

2.1.1.2 Ist der Vorrang für günstigere Betriebsvereinbarungen geboten?

Die Argumentation von Ehmann, Schmidt und Lambrich ist hier schon nicht ganz schlüssig. Besonders der Beitrag von Ehmann, Lambrich hat den Nachteil, daß bei der Auslegung von § 77 Abs. 3 BetrVG nicht wie eigentlich üblich, vom Gesetzeszweck ausgehend danach gefragt wird, ob dieser günstigere Regelungen erlaubt und erst in diesem Zusammenhang geprüft wird, ob grundrechtlicher Schutz möglicherweise die eine oder andere Auslegung gebietet, sondern gleich verfassungsrechtlich argumentiert wird [346]. Relativ unschädlich scheint diese Vorgehensweise nur, weil sie im Rahmen ihrer Abwägung auf einige Argumente eingehen [347], mit denen der tarifliche Vorrang sowohl auf der einfachgesetzlichen Ebene als auch verfassungsrechtlich begründet wird [348] und den Zweck der Regelungssperre durchaus in Übereinstimmung mit der h.M. in dem Schutz der Tarifparteien vor der Konkurrenz durch die Betriebsparteien sehen [349].

346 Ehmann, Lambrich: Vorrang der Betriebs- vor der Tarifautonomie kraft des Subsidiaritätsprinzips, NZA 1996, S.346(352ff); Ehmann, Schmidt: Betriebsvereinbarungen und Tarifverträge, NZA 1995, S.193(198ff)

347 Ehmann, Lambrich: Vorrang der Betriebs- vor der Tarifautonomie kraft des Subsidiaritätsprinzips, NZA 1996, S.346(353f); Ehmann, Schmidt: Betriebsvereinbarungen und Tarifverträge, NZA 1995, S.193(200) argumentieren allerdings auch vorwiegend verfassungsrechtlich

348 BAG, Beschluß v.18.8.1987, NZA 1987, S.779(780); Fitting, Auffahrth, Kaiser, Heither, Betriebsverfassungsgesetz, §77 Rn65; Kempen, Zachert, Tarifvertragsgesetz, 3.Auflage, Einleitung Rn 248ff und Rn258; BAG AP Nr.3 zu §87 BetrVG 1972 Lohngestaltung; Däubler, Tarifvertragsrecht, S.61 Rn28; Reuter: Das Verhältnis von Individualautonomie, Betriebsautonomie und Tarifautonomie; RdA 1991, S. 193(194) und Reuter: Betriebsverfassung und Tarifvertrag, RdA 1994, S.152(154) BAG AP Nr.142 zu §242 BGB Ruhegehalt und BAG AP Nr.26 zu §611 BGB Fürsorgepflicht nach Däubler, Tarifvertragsrecht, S.61 Rn28; siehe auch die amtliche Begründung des Regierungsentwurfs zu §77 Abs.3 BetrVG, BT Drucksache VI/1786, S.47

349 Deutlich gesagt wird dies allerdings nur bei Ehmann, Schmidt: Betriebsvereinbarungen und Tarifverträge, NZA 1995, S.193(196)

Nicht nachzuvollziehen ist allerdings, aus welchen Gründen Ehmann, Lambrich überhaupt eine verfasungsrechtliche Güterabwägung zwischen der Betriebs- und der Tarifautonomie vornehmen wollen [350], denn eine Grundrechtsgüterabwägung wäre genaugenommen nur erforderlich, wenn die entgegenstehenden rechtlichen Interessen beide verfassungsrechtlichen Schutz genießen. Ehmann, Lambrich gehen hier aber davon aus, daß der Regelungssperre nur der Rang einer einfachgesetzlichen Regelung zukommt [351], die Regelungen zur Unabdingbarkeit aus § 4 TVG, die sie zutreffend im Schutzbereich der Tarifautonomie sehen, nicht anwendbar sind [352] und die Betriebsautonomie oder wenigstens das Günstigkeitsprinzip dagegen verfassungsrechtlichen Schutz genießen [353]. Damit würde lediglich eine Seite grundrechtlichen Schutz genießen. Unter diesen Voraussetzungen wäre nur danach zu fragen, ob die gewünschte Auslegung mit dem Wortlaut des Gesetzes und dem Gesetzeszweck zu vereinbaren ist. Hier müßten die verfassungsrechtlich geschützten Interessen berücksichtigt werden, denen im Zweifel dann ohne eine Rechtsgüterabwägung durch verfassungskonforme Auslegung der einfachgesetzlichen Regelung der Vorzug zu geben wäre und darauf wollen Ehmann, Lambrich vom Ergebnis her ja auch ausdrücklich hinaus, wenn sie ausführen, daß dem Günstigkeitsprinzip als Verfassungsprinzip der Vorrang vor der ihreserachtens einfachgesetzlichen Regelungssperre eingeräumt werden müsse [354] und § 77 Abs. 3 dahingehend verfassungskonform auszulegen sei [355].

Auch nicht zu verstehen ist, aus welchen Gründen eine sachgerechte Argumentation, die zu einer Abwägung der Interessen an betrieblichen Regelungen gegen die Interessen der Koalitionen an dem Schutz vor der Konkurrenz von der betrieblichen Ebene führt, erst dann möglich sein soll, wenn man in § 77 Abs. 3 BetrVG nicht die speziellere Gesetzgebung zu den Regelungen des § 4 TVG sieht, sondern diese Norm generell nicht für einschlägig hält [356].

350 Ehmann, Lambrich: Vorrang der Betriebs- vor der Tarifautonomie kraft des Subsidiaritätsprinzips, NZA 1996, S.346(352)
351 Ehmann, Lambrich: Vorr. der Betriebs- vor der Tarifaut., NZA 1996, S.346(348,355)
352 Ehmann, Lambrich: Vorrang der Betriebs- vor der Tarifaut., NZA 1996, S.346(348)
353 Ehmann, Lambrich: Vorrang der Betriebs- vor der Tarifautonomie kraft des Subsidiaritätsprinzips, NZA 1996, S.346(352ff)
354 Ehmann, Lambrich: Vorrang der Betriebs- vor der Tarifautonomie kraft des Subsidiaritätsprinzips, NZA 1996, S.346(348)
355 Ehmann, Lambrich: Vorrang der Betriebs- vor der Tarifautonomie kraft des Subsidiaritätsprinzips, NZA 1996, S.346(353)
356 Ehmann, Schmidt: Betriebsvereinbarungen und Tarifverträge, NZA 1995, S.193(199f)
Ehmann, Lambrich: Vorrang der Betriebs- vor der Tarifautonomie kraft des Subsidiaritätsprinzips, NZA 1996 S.346(348)

Hier überzeugt es schon nicht unbedingt, wenn Ehmann, Schmidt und Lambrich § 4 Abs. 1 und 3 TVG zwischen Betriebsvereinbarungen und Tarifverträgen mit der Begründung generell nicht anwenden wollen, daß die Unabdingbarkeit nicht gegenüber dem Betriebsrat als Institution gelte, weil die normative Wirkung nur zwischen den beiderseits tarifgebundenen Arbeitsvertragsparteien bestehe und der Betriebsrat als Gremium nicht Gewerkschaftsmitglied und damit nicht tarifgebunden sei; die Konkurrenz zwischen Tarifvertrag und Betriebsvereinbarung regele sich deshalb ausschließlich nach § 77 Abs. 3 BetrVG und nicht nach § 4 Abs. 1 TVG.

Betriebsvereinbarungen könnten folglich auch keine anderen Abmachungen im Sinne von § 4 Abs. 3 TVG sein [357]. Dagegen läßt sich nämlich vorbringen, daß Betriebsvereinbarungen durchaus unter den Begriff andere Abmachungen fallen können und die Anwendung der Norm auch ihrem Gesetzeszweck, Mindestarbeitsbedingungen zu gewährleisten, entsprechen dürfte, denn die Tarifnormen können nur dann wirklich zwingend für die Arbeitsvertragsparteien gelten, wenn sie auch durch andere als deren Vereinbarungen nicht abdingbar sind.

Daß der Betriebsrat als Institution nicht tarifgebunden ist und die Tarifnormen ihm gegenüber deshalb nicht gelten, steht dem nicht entgegen, denn es widerspricht sich nicht, wenn die tariflichen Arbeitsbedingungen ausschließlich für die tarifgebundenen Arbeitsvertragsparteien gelten, abweichende Abmachungen aber weder von diesen, noch von anderen getroffen werden können. Dagegen, daß das Verhältnis zwischen Betriebsvereinbarung und Tarifvertrag ausschließlich durch § 77 Abs. 3 TVG geregelt sein soll, spricht auch, daß die Abgrenzungsbestimmungen unterschiedliche Schutzziele haben.

Während die Unabdingbarkeit davor schützen soll, daß die tariflichen Mindestarbeitsbedingungen durch andere Abmachungen unterlaufen werden, dient § 77 Abs. 3 BetrVG dem Schutz der Koalitionen vor Konkurrenz durch die Betriebsparteien, um die Mächtigkeit und Durchsetzungsfähigkeit der Gewerkschaften nicht zu beeinträchtigen. Überzeugender wäre es deshalb, die Regelungen aus § 4 TVG mit der herrschenden Meinung [358] neben den Normen aus

357 Ehmann, Schmidt: Betriebsvereinbarungen und Tarifverträge, NZA 1995, S.193(199f) Ehmann, Lambrich: Vorrang der Betriebs- vor der Tarifaut., NZA 1996 S.346(348)

358 Löwisch, Rieble, Tarifvertragsgesetz, §4 Rn161 S.276; Däubler, Tarifvertragsrecht, S.140 Rn199; Wank: Empfiehlt es sich, die Regelungsbefugnisse der Tarifparteien im Verhältnis zu den Betriebsparteien neu zu ordnen? NJW 1996, S.2273(2274) mit weiteren Nachweisen

aus dem BetrVG anzuwenden, soweit diese als speziellere Bestimmungen keine entgegestehenden Regelungen enthalten.

Noch unverständlicher scheint, aus welchen Gründen eine sachgerechte Abwägung zwischen Betriebs- und Tarifautonomie erst dann möglich sein soll, wenn man § 4 TVG nicht anwendet und warum dann nur noch geprüft werden muß, ob die Tarifautonomie durch günstigere Betriebsvereinbarungen gefährdet ist [359], denn der grundrechtliche Schutz, den Ehmann, Lambrich der Betriebsautonomie zusprechen, wäre unabhängig davon zu berücksichtigen, wenn man von dem Bestand dieses Schutzes ausgehen wollte. Auch die verfassungsrechtliche Absicherung des Günstigkeitsprinzips hängt nicht davon ab, ob man die Regelungen aus § 4 TVG anwendet oder nicht, und die Tarifautonomie ist selbst dann zu berücksichtigen, wenn man die tarifrechtlichen Regelungen nicht für einschlägig hält, denn der grundrechtliche Schutz kann nicht vom Bestand oder der Anwendbarkeit einfachgesetzlicher Regelungen abhängen.

Wenn diese fehlen, muß eben unmittelbar auf das Grundrecht zurückgegriffen werden. Solange es nur um den Ausschluß günstigerer Betriebsvereinbarungen geht, wäre im Rahmen einer Rechtsgüterabwägung unabhängig von der Anwendbarkeit der tarifrechtlichen Bestimmungen ohnehin nur der Schutz der Koalitionen vor Konkurrenz durch die betriebliche Ebene zu berücksichtigen. Es ist nicht zu erkennen, warum diese Beschränkung auf den Konkurrenzschutz, auf die es Ehmann, Schmidt und Lambrich offensichtlich ankommt, lediglich dann gelten soll, wenn die gesetzliche Normierung der Unabdingbarkeit keine Anwendung findet.

Die Unabdingbarkeit betrifft nur Tarifabweichungen nach unten. Wenn es allerdings um untertarifliche Regelungen geht, müßte der grundrechtliche Schutz der tariflichen Mindestarbeitsbedingungen Berücksichtigung finden, und zwar auch unabhängig von der Anwendbarkeit der gesetzlichen Regelung der Unabdingbarkeit. Zumindest Ehmann, Schmidt sehen dies wohl nicht anders, denn bei der konkreten Frage nach der Einbeziehung des Arbeitsplatzverlustes zur Rechtfertigung von untertariflichen Lohnvereinbarungen die Vereinbarkeit mit der Tarifautonomie prüfen sie dies gesondert [360]. Fraglich ist vor allem aber, ob es in der Sache überzeugen kann, wenn Ehmann, Schmidt und Lambrich der Betriebsautonomie den Vorrang einräumen.

359 Ehmann, Schmidt: Betriebsvereinbarungen und Tarifverträge, NZA 1995, S.193(199f)
Ehmann, Lambrich: Vorrang der Betriebs- vor der Tarifautonomie kraft des Subsidiaritätsprinzips, NZA 1996 S.346(348)

360 Ehmann, Schmidt: Betriebsvereinbarungen und Tarifverträge, NZA 1995, S.193(202)

2.1.1.2.1 Kann sich der Vorrang für günstigere Betriebsvereinbarungen aus der Verfassung ergeben?

2.1.1.2.1.1 Aus der Tarifautonomie?

Die Betriebsautonomie läßt sich kaum mit Tarifautonomie in Verbindung bringen, wie Ehmann, Lambrich anregen [361]. Wenn man dies wollte, müßte man die Belegschaften der Betriebe, deren gewählte Interessenvertreter die Betriebsräte ja sind, als Vereinigungen im Sinne von Art. 9 Abs. 3 GG ansehen, wie sie in diesem Zusammenhang selbst ansprechen. Unter Koalitionen werden allgemein aber nur freiwillig gebildet Zusammenschlüsse von Arbeitgebern oder Arbeitnehmern zur Wahrung und Förderung ihrer Interessen bei der Gestaltung der Arbeits- und Wirtschaftsbedingungen verstanden, die unter anderem rechtlich und tatsächlich völlig unabhängig vom Gegner und auf überbetrieblicher Ebene organisiert sind [362]. Die Belegschaft eines Betriebes ist aber weder völlig unabhängig vom Arbeitgeber noch handelt es sich um freiwilligen Zusammenschluß zur Wahrung und Förderung der Arbeitsbedingungen auf überbetrieblicher Ebene, sondern vielmehr um eine Gemeinschaft, die sich daraus ergibt, daß die Belegschaftsmitglieder alle in dem selben Betrieb beschäftigt sind. Ein freiwilliger Zusammenschluß zur gemeinsamen Interessenvertretung läßt sich auch nicht daraus ableiten, daß der Beitritt zu dieser Gemeinschaft durch den freiwilligen Abschluß des Arbeitsvertrages erfolgt, wie Ehmann, Lambrich meinen [363]. Denn der Arbeitsvertrag wird jedenfalls nicht in erster Linie mit der Absicht abgeschlossen, einer Vereinigung zur gemeinsamen Vertretung der Interessen beizutreten, sondern ein Arbeitsverhältnis einzugehen. Der Abschluß des Arbeitsvertrages scheint gerade deshalb auch nicht völlig freiwillig, wenn man bedenkt, daß es in der Regel erforderlich sein wird, den Lebensunterhalt durch abhängige Arbeit zu erwirtschaften und deshalb ein Arbeitsverhältnis einzugehen. Die Vergleiche [364] mit dem Beitritt zu einer Koalition oder Vereinen sind aus diesem Grund wenig überzeugend. Arbeitsverträge weisen hier wie im Bezug auf die ungleiche Verhandlungsposition bei der Bestimmung der Arbeitsbedingungen eben eine Besonderheit auf, die sich aus der Abhängigkeit der Arbeitnehmer ergibt und den Vergleich mit anderen zivilrechtlichen Verträgen nicht zuläßt. Ein freiwilliger Beitritt ist somit eigentlich nur anzunehmen, wenn er unabhängig vom Arbeitsverhältnis

361 Ehmann, Lambrich: Vorrang der Betriebs- vor der Tarifautonomie kraft des Subsidiaritätsprinzips, NZA 1996 S.346(350)

362 Schaub, Arbeitsrechtshandbuch, §187, S.1421ff

363 Ehmann, Lambrich: Vorrang der Betriebs- vor der Tarifaut., NZA 1996, S.346(351)

364 Ehmann, Lambrich: Vorrang der Betriebs- vor der Tarifaut., NZA 1996, S.346(351)

erfolgen kann. Die Einbeziehung der Betriebsautonomie in das Grundrecht der Koalitionsfreiheit entspräche auch nicht der geschichtlichen Entwicklung, die dazu geführt hat, daß die materiellen Arbeitsbedingungen durch die Koalitionen ausgehandelt und festgesetzt werden und dem Sinn dieses Grundrechts, der allgemein darin gesehen wird, die Bildung dieser Koalitionen und deren Tätigkeit zu schützen, weil man davon ausgeht, daß sich die Vereinbarung angemessener Arbeitsbedingungen durch die Tätigkeit der unabhängigen und überbetrieblichen Vereinigungen am besten gewährleisten läßt.

2.1.1.2.1.2 Aus der Privatautonomie?

Auch der Schutz der Privatautonomie läßt sich, anders als Ehmann, Lambrich annehmen, wohl nicht auf die Betriebsautonomie erstrecken, denn Voraussetzung dafür wäre, wie sie hier selbst ansprechen, daß die Regelungsbefugnis der Betriebsparteien und damit die Betriebsvereinbarungen von dem freien Willen des einzelnen Arbeitnehmers getragen sind [365] und dies ist entgegen ihren Ausführungen eben nicht der Fall, weil schon der Beitritt zu der Gemeinschaft, deren Interessen vertreten werden sollen, genaugenommen nicht völlig freiwillig ist. Zuzustimmen wäre damit eher der wohl h.M., nach der die Betriebsautonomie verfassungsrechtlich nicht geschützt ist [366]. Weil Betriebsvereinbarungen nicht völlig freiwillig sind, wird sich auch die verfassungsrechtliche Absicherung durch Art. 2 Abs. 1 GG, die dem Günstigkeitsprinzip überwiegend zugestanden wird, wenn es um einzelarbeitsvertragliche Abmachungen geht [367], kaum auf günstigere Betriebsvereinbarungen übertragen lassen.

2.1.1.2.1.3 Durch das Subsidiaritätsprinzip?

Fraglich scheint dann noch, ob sich grundrechtlicher Schutz für die Anwendung des Günstigkeitsprinzips durch das Subsidiaritätsprinzip ergeben kann. Das Subsidiaritätsprinzip, nach dem die höhere bzw. umfassendere Regelungsebene als subsidiär verdrängt wird, wenn Regelungen auf der niedrigeren

365 Ehmann, Lambrich: Vorrang der Betriebs- vor der Tarifautonomie kraft des Subsidiaritätsprinzips, NZA 1996, S.346(351)(

366 Neumann: Tarif- und Betriebsautonomie, RdA 1990, S.257(259); Wank: Empfiehlt es sich, die Regelungsbefugnisse der Tarifparteien im Verhältnis zu den Betriebsparteien neu zu ordnen? NJW 1996, S.2273(2275)

367 BAG GS v.16.9.86 AP Nr.17 zu §77 BetrVG 1972 = DB 1987, S.383(386) unter CII3a der Gründe; Blomeyer: Das Günstigkeitsprinzip in der Betriebsverfassung, NZA 1996, S.337(338) mit weiteren Nachweisen; Ehmann, Schmidt: Betriebsvereinbarungen und Tarifverträge, NZA 1995, S.193(198f); Däubler, Tarifvertragsrecht, S.139, Rn197

oder spezielleren Ebene möglich sind, ist nunmehr durch Art. 23 Abs. 1 Satz 1 GG ausdrücklich in die Verfassung aufgenommen [368] und bedarf somit kaum mehr der Ableitung aus Art. 2 Abs. 1 GG, die Ehmann, Lambrich und Schmidt vornehmen [369]. Wenn man es als verfassungsrechtlich anerkannten Grundsatz dennoch auch auf die Privatautonomie stützen wollte, läge es nahe, daß dieses Grundrecht auch nicht mittelbar über das Subsidiaritätsprinzip eingreifen kann, weil Betriebsvereinbarungen nicht als Ergebnis des freien Willens angesehen werden können. Zweifelhaft scheint aber vor allem, ob das Subsidiaritätsprinzip zwischen Betriebsvereinbarung und Tarifvertrag überhaupt anwendbar ist, wenn es um Lohnvereinbarungen geht. Kempen beispielsweise führt dagegen an, daß die Anwendung entsprechend dem in Art. 23 Abs. 1 GG in Bezug genommenen Art. 3b EG-V voraussetzt, daß der primär zuständige Entscheidungsträger dieselben Zwecke und Ziele verfolgt, wie die als subsidiär verdrängte, umfassendere Instanz und dies ist nicht der Fall, denn die Tarifautonomie bezweckt eine normative Regelung der Arbeits- und Wirtschaftsbedingungen. Die Betriebsautonomie dient dagegen sowohl traditionell als auch nach dem Aufgabenbereich, der den Betriebsparteien durch das BetrVG zugewiesen ist, mehr dem Ausgleich bei der Binnenregulierung des betrieblichen Arbeitsverbands. Eine weitere Voraussetzung ist darin zu sehen, daß die Regelungsebenen nach dem Kriterium größerer Selbstbestimmungsqualität praktisch unterscheidbar sein müssen [370], womit gemeint sein dürfte, daß durch die Entscheidung auf der niedrigeren Ebene eine größere Selbstbestimmung eingeräumt werden muß. Auch dies scheint kaum der Fall, weil die Geltung der betrieblichen Regelungen mit dem Eintritt in das Arbeitsverhältnis notwendig verbunden und damit nicht völlig freiwillig ist. Wenn man bedenkt, daß der Beitritt zu den Koalitionen dagegen wirklich freiwillig erfolgen kann, müsse man sogar davon ausgehen, daß diese Entscheidungsebene auch die bessere Selbstbestimmungsqualität bietet. Die Regelungsebenen weisen zudem weitere gravierende Unterschiede bezüglich der Konfliktlösungsverfahren und der Durchsetzungsmöglichkeiten der Verhandlungspartner auf. Während die Betriebsparteien der Friedenspflicht unterliegen und den Konsens über das Einigungsstellenverfahren suchen müssen, steht den Koalitionen als letztes Mittel der Arbeitskampf zur Verfügung. Außerdem ist der Kreis der Normadressaten selbst auf der niedrigeren, der betrieblichen Ebene, nicht identisch, weil die Betriebsvereinbarung auch für diejenigen gilt, die nicht tarifgebunden sind.

368 Kempen: Der verfassungsrechtliche Vorrang der Tarifautonomie im arbeitsrechtlichen Regelungsgefüge, ArbuR 1996, S.336(343)

369 Ehmann, Lambrich: Vorrang der Betriebs- vor der Tarifautonomie kraft des Subsidiaritätsprinzips, NZA 1996, S.346(352f)

370 Kempen: Der verfassungsrechtliche Vorrang der Tarifauton., ArbuR 1996, S.336(343)

Es kann folglich nicht überzeugen, wenn Ehmann, Schmidt damit argumentieren, daß der Betriebsautonomie der Vorrang nach dem Subsidiaritätsprinzip einzuräumen sei, weil Betriebsvereinbarungen das beste Instrument für Sanierungsregelungen seien, die eine Berücksichtigung der besonderen Verhältnisse auf der kleineren Entscheidungsebene ermöglichen und deshalb sachnäher seien [371]. Selbst wenn man davon ausgehen wollte, daß Betriebsvereinbarungen
Es kann folglich nicht überzeugen, wenn Ehmann, Schmidt damit argumentie
hier Vorteile bieten könnten, so würde dies nämlich nichts daran ändern, daß die Regelungsebenen die aufgezeigten entscheidenden Unterschiede aufweisen.

Außerdem sind Betriebsvereinbarungen bei näherer Betrachtung nicht unbedingt geeigneter als Tarifverträge, wenn es um Sanierungsregelungen geht. Es mag zwar sein, daß der Betriebsrat die Probleme des Betriebes in aller Regel besser kennt als die Gewerkschaft, wie Ehmann und Schmidt anführen [372] und als kollektive Arbeitnehmervertretung grundsätzlich auch einen gewissen Schutz vor den Auswirkungen des typischen Verhandlungsungleichgewichtes bieten könnte. Er hat aber den gravierenden Nachteil, daß die Arbeitsplätze seiner Mitglieder nicht anders, als es bei dem einzelnen Arbeitnehmer der Fall ist, vom Weiterbestand des Betriebs abhängen und dadurch die Gefahr besteht, daß sie den Wünschen des Arbeitgebers allzu unkritisch entsprechen, wenn es um den Betriebserhalt geht.

Die Gewerkschaften, deren Kooperationsbereitschaft Ehmann, Schmidt hier zu negativ einschätzen, wenn sie meinen, daß Firmentarifverträge praktisch unmöglich zu erreichen seien [373], wären wie man zugeben muß, zwar der schwierigere Verhandlungspartner, sie hätten aber den Vorteil, daß sie als unabhängige und überbetriebliche Instanz besser darauf achten würden, ob Lohnzugeständnisse wirklich erforderlich sind. Sachgerechtere Vereinbarungen wären damit wahrscheinlich eher von der tariflichen Ebene zu erwarten. Man wird aus den genannten Gründen zu dem Ergebnis kommen müssen, daß die Regelungsebenen aufgrund der Unterschiede nicht im Verhältnis der Subsidiarität stehen und Betriebsvereinbarungen Tarifverträgen nach dem Subsidiaritätsprinzip nicht vorgehen können.

Aus dem Grundgesetz kann sich ein Vorrang für die Betriebsautonomie und/oder die Anwendung des Günstigkeitsprinzips damit eigentlich nicht mehr ergeben.

371 Ehmann, Schmidt: Betriebsvereinbarungen und Tarifverträgge, NZA 1995, S.193(197)
372 Ehmann, Schmidt: Betriebsvereinbarungen und Tarifverträge, NZA 1995, S.193(197)
373 Ehmann, Schmidt: Betriebsvereinbarungen und Tarifverträge, NZA 1995, S.193(197)

2.1.1.3 Lassen der Gesetzeszweck der Regelungssperre und Art. 9 Abs. 3 GG günstigere Lohnvereinbarungen auf der Betriebsebene zu?

Anwenden könnte man das Günstigkeitsprinzip dann allenfalls noch als allgemeinen Grundsatz des Arbeitsrechts oder abweichend von Ehmann, Lambrich und Schmidt über § 4 Abs. 3 TVG, wenn man annehmen wollte, daß § 77 Abs. 3 BetrVG dies nicht nur entgegen den bisherigen Feststellungen seinem Wortlaut nach, sondern auch von seinem Gesetzeszweck her zuläßt und Art. 9 Abs. 3 GG dem nicht entgegensteht, weil das Grundrecht entweder nicht eingreift, wie Ehmann, Lambrich meinen [374] oder günstigere Betriebsvereinbarungen mit dem grundrechtlichen Schutz vereinbar sind. Die Argumentation, mit der Ehmann und Lambrich günstigeren Betriebsvereinbarungen selbst dann noch den Vorrang einräumen wollen, wenn man weder der Betriebsautonomie noch der Anwendung des Günstigkeitsprinzips verfassungsrechtliche Bedeutung zumißt, scheint allerdings besonders wenig überzeugend. Obwohl sie an dieser Stelle ausdrücklich davon ausgehen wollen, daß es dann eine Frage des einfachen Rechts ist, argumentieren sie neben ihren Ausführungen zum Wortlaut nämlich wieder damit, daß das Günstigkeitsprinzip Verfassungsrang habe und kommen zu dem unverständlichen Ergebnis, daß es deshalb als Schranke der Tarifautonomie auf der Grundlage des einfachen Rechts anzuwenden sei [375], anstatt wenigstens hier danach zu fragen, ob der Schutzzweck der Norm günstigere Betriebsvereinbarungen zuläßt.

Fraglich ist zudem, ob die Abgrenzungsregelung aus § 77 Abs. 3 BetrVG anders als Ehmann, Lambrich es sehen [376], nicht doch verfassungsrechtlichen Schutz durch die Vereinigungsfreiheit genießt, der möglicherweise den tariflichen Vorrang gebietet. Durch den allgemein gehaltenen Wortlaut des Grundrechtes ist der Schutz vor betrieblichen Regelungen zwar nicht ausdrücklich vorgeschrieben, wie Ehmann, Schmidt und Lambrich zutreffend ansprechen [377]. Der Wortlaut steht dem aber auch nicht entgegen und der Schutz aus

374 Ehmann, Lambrich: Vorrang der Betriebs- vor der Tarifautonomie kraft des Subsidiaritätsprinzips, NZA 1996, S.346(348,354)

375 Ehmann, Lambrich: Vorrang der Betriebs- vor der Tarifautonomie kraft des Subsidiaritätsprinzips, NZA 1996, S.346(348,354f)

376 Ehmann, Lambrich: Vorrang der Betriebs- vor der Tarifautonomie kraft des Subsidiaritätsprinzips, NZA 1996, S.346(348,354)

377 Ehmann, Lambrich: Vorrang der Betriebs- vor der Tarifautonomie kraft des Subsidiaritätsprinzips, NZA 1996, S.346(348f) Ehmann, Schmidt: Betriebsvereinbarungen und Tarifverträge, NZA 1995, S.193(195)

Art 9 Abs. 3 GG erstreckt sich, wie schon angesprochen [378], auf die Betätigung der Koalitionen und gewährleistet ihnen, daß sie insbesondere Löhne und sonstige materielle Arbeitsbedingungen in einem von staatlicher Rechtsetzung weitgehend frei gelassenen Raum in eigener Verantwortung durch unabdingbare Gesamtvereinbarungen sinnvoll ordnen können, um die ihnen durch das Grundrecht zugewiesene Ordnung des Arbeitslebens verwirklichen zu können [379]. Zum geschützten Regelungsbereich gehört nach der Rechtsprechung des Bundesverfassungsgerichtes auch § 77 Abs. 3 BetrVG, der zur Abgrenzung der Regelungsbereiche von Tarifverträgen und Betriebsvereinbarungen dient [380]. Ehmann, Lambrich sind davon abweichend der Auffassung, daß der Abgrenzungsregelung aus § 77 Abs. 3 keine verfassungsrechtliche Bedeutung zukommt [381] oder wie sie an anderer Stelle formulieren, die Tarifautonomie durch Art. 9 Abs. 3 GG keinesfalls soweit geschützt sei, daß günstigeren Betriebsvereinbarungen nicht der Vorrang eingeräumt werden könne [382]. Ohne konkret zu sagen, ob sie das Fehlen des grundrechtlichen Schutzes daraus ableiten wollen, führen sie in diesem Zusammenhang die Entscheidung des BAG vom 24.2.1987 an, die das Verhältnis von § 77 Abs. 3 und § 87 Abs. 1 BetrVG betraf [383].

In dieser Entscheidung argumentieren sie, habe das BAG hervorgehoben, daß durch § 87 Abs. 1 BetrVG die einzelvertraglichen Vereinbarungen wegen der fehlenden Vertragsparität zurückgedrängt werden sollen. Damit habe es Betriebsvereinbarungen bewußt eine Funktion beigemessen, welche die Koalitionen zuunrecht als ihre alleinige Aufgabe begreifen würden. Das BAG habe demgegenüber zu Recht dem durch Mitbestimmung geschaffenen Arbeitnehmerschutz ausdrücklich den Vorrang vor dem in Art. 9 Abs. 3 GG gewährten Schutz der Koalitionen zugesprochen. Wenn man den Schutz der Koalitionen deshalb richtigerweise nicht zu einem Monopol hochstilisiere, müsse auch das Günstigkeitsprinzip Anwendung finden [384].

378 Vgl. Oben unter III 1.1.4 Verfassungsgarantie des Unabdingbarkeitsgrundsatzes

379 Söllner: Grenzen des Tarifvertrags, NZA 1996, S.897(898) BverfGE 44, S.322(340f);

380 BVerfG v. 24.4.1996, NZA 1996, S.1157(1158)

381 Ehmann, Lambrich: Vorrang der Betriebs- vor der Tarifautonomie kraft des Subsidiaritätsprinzips, NZA 1996, S.346(348)

382 Ehmann, Lambrich: Vorrang der Betriebs- vor der Tarifautonomie kraft des Subsidiaritätsprinzips, NZA 1996, S.346(354)

383 Ehmann, Lambrich: Vorrang der Betriebs- vor der Tarifaut., NZA 1996, S.346(354f); BAG, Beschluß v. 24.2.1987, DB 1987, S.1435 = NZA 1987, S.639 = AP Nr.72 zu §77 Abs.3 BetrVG 1972 bestätigt in BAG DB 1991, S.1630

384 Ehmann, Lambrich: Vorrang der Betriebs- vor der Tarifautonomie kraft des Subsidiaritätsprinzips, NZA 1996, S.346(355)

In der herangezogenen Entscheidung schränkt das BAG den Konkurrenzschutz der Tarifparteien zwar insoweit ein, als im Überschneidungsbereich der beiden Abgrenzungsbestimmungen des Betriebsverfassungsgesetzes nur § 87 BetrVG anzuwenden ist, der betriebliche Regelungen anders als § 77 Abs. 3 BetrVG bei Tarifüblichkeit nicht ausschließt, sondern nur, wenn tatsächlich eine tarifliche Regelung besteht. Daraus wird man aber nicht schließen können, daß es der Abgrenzungsregelung keinen Grundrechtsschutz zugesteht oder den Schutz dahingehend einschränken würde, daß günstigere Betriebsvereinbarungen im Bereich von § 77 Abs. 3 BetrVG möglich sind. Abgesehen davon, daß es bei dieser Entscheidung des BAG weniger darum ging, den Betriebsparteien zu Lasten des Konkurrenzschutzes mehr Kompetenzen einzuräumen, sondern vielmehr darum, eine Schutzlücke zu schließen, die bestehen würde, wenn keine tarifliche Regelung existiert, geht es hier im Unterschied zu der Problematik, über die das BAG zu entscheiden hatte, um Abweichungen von bestehenden tariflichen Regelungen, die auch § 87 Abs. 1 BetrVG nicht zulassen würde. Zudem war mit dem Überschneidungsbereich der beiden Normen ein Regelungsbereich betroffen, für den die Betriebsparteien neben den Tarifparteien, wenn auch nur nachrangig, nach § 87 BetrVG zuständig sind. Bei den kollektiven Lohnvereinbarungen, um die es hier geht, hat der Betriebsrat aber nicht mitzubestimmen. Hier sind ausschließlich die Tarifparteien zuständig, denen diese Aufgabe schon durch Art. 9 Abs. 3 GG zugewiesen ist [385]. Die Erweiterung der betrieblichen Regelungskompetenz, die mit der angeführten BAG-Entscheidung verbunden ist, läßt sich somit nicht auf diesen Bereich übertragen, wie auch das BAG in seinem Beschluß vom 20.4.1999 feststellt, dem nunmehr eindeutig zu entnehmen ist, daß es den Koalitionen durchaus verfassungsrechtlichen Schutz vor betrieblichen Vereinbarungen zugesteht und diesen auch nicht soweit eingeschränkt sieht, daß das Günstigkeitsprinzip hier Anwendung finden kann. Das BAG spricht in dieser Entscheidung an, daß Betriebsvereinbarungen über das Arbeitsentgelt gegen § 77 Abs. 3 BetrVG verstoßen und sogar eine auf die einzelvertragliche Umsetzung gerichtete betriebliche Regelungsabrede, die nach Ansicht des Gerichts nicht einmal von § 77 Abs. 3 BetrVG erfaßt wird, unzulässig ist, weil sie gegen das Grundrecht aus Art. 9 Abs. 3 GG verstößt, das vor allen Abreden schützt, welche die Koalitionsfreiheit einschränken oder zu behindern suchen [386].

Zu der bereits zitierten Aussage des Bundesverfassungerichts, mit der es der Regelungssperre ausdrücklich den Schutz der Vereinigungsfreiheit zuspricht, äußern sich Ehmann, Lambrich nicht. Ehmann, Schmidt und Lambrich gehen

385 BVerfGE 44, S.322(340f)
386 BAG Beschluß v.20.4.1999, 1 ABR 72/98 unter B II 1.und 2.der Gründe

in ihren Beiträgen insbesondere bei der Abwägung, mit der sie der Betriebsautonomie den Vorrang einräumen wollen, aber auf einige Argumente ein [387], mit denen der tariflichen Vorrang sowohl auf der einfachgesetzlichen als auch auf der verfassungsrechtlichen Ebene allgemein begründet wird [388].

Nicht einmal völlig unzutreffend scheint es, wenn sie dabei davon ausgehen, daß sich der tarifliche Vorrang vor günstigeren Betriebsvereinbarungen [389] nur vertreten läßt, wenn es Gründe gibt, die dies rechtfertigen. Es fragt sich aber, ob das entgegen ihrer Auffassung nicht doch anzunehmen ist.

Nach herrschender Meinung in der Literatur und der Rechtsprechung dient der Vorrang der tariflichen Normsetzungsbefugnis der Sicherung der Tarifautonomie und trägt insofern auch Art. 9 Abs. 3 GG Rechnung [390]. Die Koalitionen sollen vor Beeinträchtigungen durch die betriebliche Rechtsetzung geschützt werden, um ein leistungsfähiges Tarifsystem zu gewährleisten. Die Regelungsbefugnis der Tarifparteien soll nicht dadurch ausgehöhlt werden, daß Arbeitgeber und Betriebsrat abweichende Regelungen vereinbaren [391]. Auf den Gewerkschaftsbeitritt soll nicht verzichtet werden, weil günstige kollektive Regelungen auch über Betriebsvereinbarungen möglich sind, wie sich auch der amtlichen Begründung zur Gesetzgebung der Regelungssperre entnehmen läßt [392]. Es geht vor allem darum, die Tarifautonomie durch den Erhalt der Mächtigkeit und Durchsetzungsstärke der Gewerkschaften zu sichern. Das Schutzbedürfnis der Gewerkschaften wird damit begründet, daß sie verglichen

387 Ehmann, Schmidt: Betriebsvereinbarungen und Tarifverträge, NZA 1995, S.193(199); Ehmann, Lambrich: Vorrang der Betriebs- vor der Tarifautonomie kraft des Subsidiaritätsprinzips, NZA 1996, S.346(352f)

388 BAG, Beschluß v.18.8.1987, NZA 1987, S.779(780); Fitting, Auffahrth, Kaiser, Heither, Betriebsverfassungsgesetz, 17.Auflage, §77 Rn65; Kempen, Zachert, Tarifvertragsgesetz, 3.Auflage, Einleitung Rn248ff und Rn 258; BAG AP Nr.3 zu §87 BetrVG 1972 Lohngestaltung; siehe auch die amtliche Begründung des Regierungsentwurfs zu §77 Abs.3 BetrVG, BT Drucksache VI/1786, S.47; Däubler, Tarifvertragsrecht, S.61 Rn28; Reuter: Das Verhältnis von Individualautonomie, Betriebsautonomie und Tarifautonomie; RdA 1991, S. 193(194) und Reuter: Betriebsverfassung und Tarifvertrag, RdA 1994, S.152(154)

389 Ehmann, Schmidt: Betriebsvereinbarungen und Tarifverträge, NZA 1995, S.193(199); Ehmann, Lambrich: Vorrang der Betriebs- vor der Tarifaut., NZA 1996, S.346(353)

390 Fitting, Auffahrth, Kaiser, Heither, Betriebsverfassungsgesetz, 17.Auflage §77 Rn65 mit weiteren Nachweisen

391 BAG, Beschluß v.18.8.1987, NZA 1987, S.779(780)

392 Kempen, Zachert, Tarifvertragsgesetz, 3.Auflage, Einleitung Rn258; BAG AP Nr.3 zu §87 BetrVG 1972 Lohngestaltung; siehe auch die amtliche Begründung des Regierungsentwurfs zu §77 Abs.3 BetrVG, BT Drucksache VI/1786, S.47

mit den Betriebsräten die bessere Eignung zur Festsetzung angemessener Arbeitsbedingungen haben [393].

Wenn Ehmann, Schmidt dagegen vorbringen, daß eine Gefährdung der Tarifautonomie durch günstigere Betriebsvereinbarungen bisher keineswegs nachgewiesen sei und nach dem Wegfall der Betriebsrätebewegung auch nicht mehr angenommen werden könne [394], muß ihnen entgegengehalten werden, daß eine Schwächung der Gewerkschaften auch heute noch möglich scheint, obwohl die Gefahr durch die kommunistische Betriebsrätebewegung, in der allgemein ein wesentlicher Beweggrund für diese Gesetzgebung gesehen wird [395], weggefallen sein mag, wenn man günstigere Betriebsvereinbarungen und damit die Konkurrenz durch die Betriebsparteien bei der Festsetzung der materiellen Arbeitsbedingungen zulassen wollte. Zu bedenken ist hier nämlich, daß Betriebsvereinbarungen für alle Belegschaftsmitglieder und damit auch für diejenigen gelten, die tariflich nicht gebunden sind, und daß gegenwärtig nicht selten übertarifliche Löhne gezahlt werden. Günstigere Betriebsvereinbarungen wären damit schon in vielen Fällen möglich, wenn man nur übertarifliche Vereinbarungen zuläßt. Schon in diesem Fall dürfte folglich die Gefahr bestehen, daß Arbeitnehmer auf den Gewerkschaftsbeitritt verzichten. Läßt man auch noch untertarifliche Lohnvereinbarungen als günstigere Regelung zu, wird es sich kaum vermeiden lassen, daß die Arbeitnehmer den Eindruck gewinnen, daß es häufig die Betriebsräte sind, die ihre Löhne vereinbaren und in diesen dann beitragsfreie Gewerkschaften sehen. Eine solche Entwicklung könnte den Gewerkschaften und damit der Funktionsfähigkeit des Tarifsystems durchaus erheblichen Schaden zufügen. Sie sollte nicht nur wegen der schlechten Erfahrungen, die ohne Tarifsystem gemacht werden mußten, und den im wesentlichen guten Erfahrungen mit dem funktionierenden Tarifsystem vermieden werden. Denn gerade die Bestrebungen, Vereinbarungen über untertarifliche Arbeitsbedingungen als günstigere Abmachungen zu rechtfertigen zeigen, daß das tarifliche Mindestniveau nicht nur indirekt durch einen Machtverlust der Gewerkschaften, sondern auch direkt bedroht ist, obwohl es hier angeblich nur um günstigere Vereinbarungen geht.

Ehmann, Lambrich argumentieren weiter damit, daß Betriebsvereinbarungen sich nicht weniger zur Bestimmung von materiellen Arbeitsbedingungen eignen

393 Däubler, Tarifvertragsrecht, S.61 Rn28; Reuter: Das Verhältnis von Individualautonomie, Betriebsautonomie und Tarifautonomie; RdA 1991, S. 193(194) und Reuter: Betriebsverfassung und Tarifvertrag, RdA 1994, S.152(154)

394 Ehmann, Schmidt: Betriebsvereinbarungen und Tarifverträge, NZA 1995, S.193(200)

395 Vgl. z.B. Neumann: Tarif- und Betriebsautonomie, RdA 1990, S.256(259)

als Tarifverträge [396]. Sie wollen offensichtlich darauf hinaus, daß ein Schutzbedürfnis der Tarifparteien hier zumindest nicht mehr besteht und führen dafür an, daß man nicht mehr davon ausgehen könne, daß der Betriebsautonomie mangels hinreichender Vertragsparität keine Richtigkeitsgewähr zukommen würde, weil die Betriebe von der Leistungs- und Kooperationsbereitschaft der Betriebsräte derart abhängig seien, daß diese sogar stärker als die Gewerkschaften seien und Tarifverträge damit überflüssig wären [397]. Dem wird man mit der auf Sinzheimer zurückzuführenden Auffassung entgegenhalten müssen, daß die betriebliche Arbeitnehmervertretung immer noch schwächer einzuschätzen ist als die überbetrieblichen Gewerkschaften; sie ist als kollektive gesetzliche Interessenvertretung mit besonderem Kündigungsschutz zwar unabhängiger als der einzelne Arbeitnehmer, aber im Gegensatz zu den Gewerkschaften nach wie vor letztlich von dem jeweiligen Arbeitgeber abhängig und damit leichter unter Druck zu setzen [398]. Hier ist in der Tat keine ebenso freie Willensbildung- und äußerung gewährleistet. Speziell wenn es um Sanierungsvereinbarungen geht, dürfte der Betriebsrat sogar ähnlich empfindlich reagieren wie der einzelne Arbeitnehmer, denn die Arbeitsplätze der Betriebsratsmitglieder sind nicht weniger als die der anderen Kollegen vom Bestand des Betriebs abhängig; im Fall des Betriebsuntergangs nützt auch der Kündigungsschutz nicht mehr. Es ist nicht zu erkennen, aus welchen Gründen der Arbeitgeber derart von der Kooperationsbereitschaft des Betriebsrates abhängen soll, daß ein ebenso ausgeglichenes Verhältnis bei den Verhandlungen möglich sein soll, wie mit den Gewerkschaften, wenn dem Betriebsrat, wie zutreffend angeführt wird, nach dem geltenden Recht, das die Festsetzung der Arbeitsbedingungen ja auf der tariflichen Ebene vorsieht, die notwendigen Durchsetzungsmöglichkeiten völlig fehlen [399]. Wenn es um Vereinbarungen der Lohnhöhe geht, würde nicht einmal ein erzwingbares Mitbestimmungsrecht bestehen, während die Tarifparteien das Streikrecht haben. Diese Durchsetzungsschwäche wird sich auch nicht dadurch ausgleichen lassen, daß die Arbeitgeber durch Gewerkschaften bestreikt und zum Abschluß eines Tarifvertrags gezwungen werden können, wenn es zu keinem zufriedenstellenden Abschluß auf der Betriebsebene kommt und die Arbeitnehmer dies wollen, wie Ehmann,

396 Ehmann, Lambrich: Vorrang der Betriebs- vor der Tarifautonomie kraft des Subsidiaritätsprinzips, NZA 1996, S.346(353)

397 Ehmann, Lambrich: Vorrang der Betriebs- vor der Tarifaut., NZA 1996, S.346(353)

398 Vgl. z.B. Däubler, Tarifvertragsrecht, S.61 Rn28 und BAG AP Nr.142 zu §242 Ruhegehalt und BAG AP Nr.26 zu §611 Fürsorgeplicht nach Däubler, Tarifvertragsrecht, S.61 Rn28, Sinsheimer: Der Tarifgedanke in Deutschland, 1915, abgedruckt in: Arbeitsrecht und Rechtssoziologie, Band I 1976 S.158

399 Kempen, Zachert, Tarifvertragsgesetz, 3.Auflage, Einleitung Rn250 mit weiteren Nachweisen

Lambrich meinen [400]. Dies würde nämlich voraussetzen, daß die Gewerkschaft hierzu nicht nur bereit, sondern auch mächtig genug ist und davon ist, wie schon erörtert, kaum mehr auszugehen, wenn betriebliche Lohnvereinbarungen erst einmal möglich sind und der tariflichen Ebene nur noch subsidiäre Bedeutung zukommt, wie Ehmann und Lambrich es durchaus wollen [401]. Deutlich wird hier auch, wie wichtig der gewerkschaftliche Schutz ist, dessen Verlust auf der betrieblichen Ebene nicht auszugleichen wäre.

Hinzu kommt, daß eine einheitliche Regelung der Arbeits- und Lohnbedingungen für möglichst viele Betriebe, wie sie durch die Flächentarifverträge erfolgt, besser geeignet ist, gerechte und sozial verträgliche Arbeitsbedingungen zu gewährleisten als Regelungen auf betrieblicher Ebene, weil die Arbeits- und Lohnbedingungen als Wettbewerbsfaktoren so auch zwischen den Unternehmen in den Tarifgebieten ausgeschaltet werden und Lohndrückerei dadurch im weitesten Sinne verhindert werden kann [402].

Es spricht folglich einiges dafür, daß der Gesetzgeber sich aus guten Gründen, die auch heute noch überzeugen können, mit § 77 Abs. 3 BetrVG für eine klare Regelung zum Schutz des Tarifsystems und hier insbesondere der Gewerkschaften entschieden hat, die Lohnbetriebsvereinbarungen gänzlich ausschließt und daß das Bundesverfassungsgericht dieser Regelungssperre grundrechtlichen Schutz zuspricht.

Zustimmen kann man somit der wohl herrschenden Meinung in der Literatur, daß sich der tariflichen Vorrang aus der Verfassung ergibt [403] und der Rechtsprechung des BAG, nach der das Günstigkeitsprinzip im Anwendungsbereich von § 77 Abs. 3 BetrVG nicht eingreifen kann [404], weil die Norm hier von vornherein jede Betriebsvereinbarung ausschließt, wenn keine Öffnungsklausel vereinbart wurde. Damit würden nicht nur der Wortlaut von § 77 Abs. 3 BetrVG, sondern auch der Gesetzeszweck der Regelungssperre und Art. 9 Abs. 3 GG günstigere betriebliche Lohnvereinbarungen nicht zulassen.

400 Ehmann, Lambrich: Vorrang der Betriebs- vor der Tarifautonomie kraft des Subsidiaritätsprinzips, NZA 1996, S.346(353)

401 Ehmann, Lambrich: Vorrang der Betriebs- vor der Tarifaut., NZA 1996, S.346(354)

402 Däubler, Tarifvertragsrecht, S.61 Rn28; Reuter: Das Verhältnis von Individualautonomie, Betriebsautonomie und Tarifautonomie; RdA 1991, S. 193(194) und Reuter: Betriebsverfassung und Tarifvertrag, RdA 1994, S.152(154)

403 Kempen, Zachert, TVG, 3.Auflage, Einleitung Rn 196 und 199; Löwisch, Rieble Tarifvertragsg., §4 Rn162 S.276; Däubler, Tarifvertragsr., Rn249 und Rn258

404 BAG AP Nr.17 zu §77 BetrVG 1972 unter CII3a der Gründe und BAG Beschluß v.20.4.1999, 1 ABR 72/98 unter B II 1.und 2.der Gründe

Zu dem Ergebnis, daß ein Vorrang der Betriebsautonomie vor der Tarifautonomie verfassungsrechtlich geboten oder auch nur zulässig ist, könnte man allerdings auch dann kaum gelangen, wenn man der Betriebsautonomie oder der Anwendung des Günstigkeitsprinzips grundrechtlichen Schutz durch die Privatautonomie zugestehen wollte. Wenn Ehmann, Schmidt und Lambrich dies anders sehen, verkennen sie, wie im übrigen auch Blomeyer, nach dessen Auffassung die Regelungssperre nur insoweit greifen kann, wie es von deren Schutzzweck her geboten ist, was er im Bezug auf günstigere Betriebsvereinbarungen jedenfalls nicht generell annimmt [405], daß der Gesetzgeber bei der Abgrenzung der Regelungskompetenzen einen Ermessensspielraum hat, von dem er durch § 77 Abs. 3 BetrVG Gebrauch gemacht hat. Auch wenn die mit dieser Norm getroffene Entscheidung nicht die einzig denkbare sein mag, weil der Ausschluß günstigerer Betriebsvereinbarungen verfassungsrechtlich möglicherweise auch nicht unbedingt geboten sein mag und deshalb eine andere Zuordnung von Privat- und der Tarifautonomie vorstellbar wäre, muß berücksichtigt werden, daß der Gesetzgeber eine eindeutige Regelung getroffen hat, von der man kaum behaupten kann, daß sie einen verfassungswidrigen Eingriff in die Privatautonomie darstellt, wie [406]. Einschränkungen der Privatautonomie, wie sie mit dem Ausschluß von günstigeren Betriebsvereinbarungen eventuell verbunden sein könnten, sind nämlich schon deshalb nicht besonders schwerwiegend, weil den Arbeitnehmern die Möglichkeit bleibt, günstigere Arbeitsbedingungen individualvertraglich zu vereinbaren. Eine solche grundrechtliche Beeinträchtigung scheint keineswegs unverhältnismäßig, wenn es darum geht, den Bestand eines funktionsfähigen Tarifsystems durch den Schutz der Gewerkschaften vor Konkurrenz auf der betrieblichen Ebene zu sichern, und zwar auch dann, wenn man die mit einer Erweiterung der betrieblichen Regelungskompetenz verbundenen Gefahren nicht als besonders schwerwiegend ansehen wollte.

2.1.1.4 Würde das Günstigkeitsprinzip untertarifliche Lohnvereinbarungen überhaupt ermöglichen?

Selbst wenn man das Günstigkeitsprinzip im Regelungsbereich von § 77 Abs. 3 BetrVG dennoch für anwendbar halten wollte, müßte der Einbeziehung des Arbeitsplatzverlustes wie bei den arbeitsvertraglichen Abweichungen die Unabbingbarkeit und deren grundrechtlicher Schutz, die Tarifautonomie

405 Blomeyer: Das Günstigkeitsprinzip in der Betriebsverfassung, NZA 1996, S.337(345)

406 Däubler: Abschaffung der Tarifautonomie mit Hilfe des Günstigkeitsprinzips ArbuR 1996, S.347(353)

entgegenstehen, denn bei tariflohnunterschreitenden Sanierungsvereinbarungen wären die Unabdingbarkeit oder wenigstens die Tarifautonomie zu beachten, falls man die Norm aus dem TVG nicht für einschlägig halten wollte. Ehmann, Schmidt prüfen dies auch [407]. Sie kommen hier aber nicht zu dem richtigen Ergebnis, wenn sie meinen, daß bei drohendem Konkurs keine Beeinträchtigung der kollektivvertraglichen Schutzfunktion mehr denkbar ist, weil die Existenz des Betriebes Vorbedingung für die Anwendbarkeit des Kollektivvertrages sei. Zutreffend daran scheint zwar, daß eine Beeinträchtigung der Schutzwirkung in den tatsächlich bedrohten Betrieben nur schwer auszumachen sein dürfte, weil der Schutz im Fall des Konkurses hier ohnehin verloren gehen würde. Unberücksichtigt bliebe aber, daß es wie schon untersucht mit erheblichen Rechtsunsicherheiten und Mißbrauchsrisiken verbunden wäre, Sanierungsvereinbarungen über das Günstigkeitsprinzip zu ermöglichen und die Schutzwirkung der Tarifautonomie dadurch so schwerwiegend beeinträchtigt werden könnte, daß sich die untertariflichen Lohnvereinbarungen nicht einmal dann rechtfertigen lassen, wenn man die schweren Folgen, die einzelnen Arbeitnehmern durch den Arbeitsplatzverlust drohen, besonders berücksichtigt und eine Grundrechtsgüterabwägung durchführt [408]. Wenn es um betriebliche Sanierungsvereinbarungen geht, wird man zu keinem anderen Ergebnis kommen können. Die Gefahr für das tarifliche Mindestniveau dürfte nämlich kaum geringer sein, weil der Betriebsrat auf das Arbeitsplatzargument hier kaum weniger empfindlich reagieren dürfte als der einzelne Arbeitnehmer, denn die Arbeitsplätze der Betriebsratsmitglieder hängen genauso vom Weiterbestand des Betriebs ab wie die der übrigen Belegschaft. Damit würde die Gefahr bestehen, daß sich der Betriebsrat aus Sorge um den eigenen Arbeitsplatz, aber auch aus dem Verantwortungsgefühl für die Kollegen, ebenso wie einzelne Arbeitnehmer im Zweifel auf Regelungen einläßt, von deren Notwendigkeit er nicht überzeugt ist.

Außerdem würde das Günstigkeitsprinzip betriebseinheitliche Regelungen selbst dann nicht ermöglichen, wenn man das Arbeitsplatzargument in den Vergleich einbeziehen würde. Die niedrigere Lohnvereinbarung wäre nämlich nur für diejenigen günstiger, die kaum mehr Aussicht auf einen gleichwertigen Arbeitsplatz haben, jedenfalls wenn man den grundsätzlich vorgeschriebenen individuellen Günstigkeitsmaßstab anlegen wollte. Anders als bei der Entscheidung über arbeitsvertragliche Tarifabweichungen wäre hier zwar schon eher daran zu denken, einen kollektiven Günstigkeitsvergleich vorzunehmen, bei dem das Gesamtinteresse der Belegschaft zu berücksichtigen wäre, zumal

407 Ehmann, Schmidt: Betriebsvereinbarungen und Tarifverträge, NZA 1995, S.193(201)
408 Vgl. Oben, unter III 1.4.1 bis 1.4.7

auch diejenigen, die für eine möglichst konsequente Berücksichtigung der Individualinteressen eintreten [409] einräumen, daß sich der individuelle Maßstab speziell dann nicht ausnahmslos durchhalten läßt, wenn es um Betriebsvereinbarungen geht [410]. Es scheint aber nicht nur fraglich, ob hier tatsächlich ein kollektiver Maßstab angelegt werden könnte, sondern auch, ob sich die Wirkung der Härtefallregelungen so in der Praxis überhaupt verbessern ließe.

Ob die Gesamtinteressen hier berücksichtigt werden könnten, läßt sich nach den in der Literatur und der Rechtsprechung entwickelten Kriterien nicht zweifelsfrei feststellen. Nach dem BAG kann jedenfalls bei Abweichungen von arbeitsvertraglichen Vereinbarungen ein kollektiver Vergleichsmaßstab angelegt werden, wenn es um freiwillige soziale Leistungen aus vom Arbeitgeber gesetzten Einheitsregelungen oder aus einer Gesamtzusage des Arbeitgebers geht, die einen kollektiven Bezug aufweisen [411]. Auf den Tariflohnanspruch wird sich dies nicht übertragen lassen, denn das BAG weist in seiner Entscheidung selbst darauf hin, daß Tarifverträge in der Regel Individualansprüche gewähren [412] und der Anspruch auf das Arbeitsentgelt muß als typisches Beispiel für einen solchen individuellen Anspruch gelten. Hier fehlt unzweifelhaft auch der kollektive Bezug, den das BAG als Voraussetzung für den kollektiven Maßstab sieht. Es handelt sich nämlich nicht um Leistungen, die freiwillig vom Arbeitgeber gewährt und nach generellen Maßstäben verteilt werden, wie es das BAG im Bezug auf die in der Entscheidung betroffenen Sozialleistungen feststellt [413], sondern um die Gegenleistung, die der Einzelne für seine individuelle Arbeitsleistung erhält. Hier wäre folglich ein individueller Maßstab anzulegen. Nach Löwisch, Rieble kommt es für den Günstigkeitsvergleich darauf an, wen die betroffene Tarifnorm schützt: Den einzelnen Arbeitnehmer oder die Belegschaft als Ganzes. Wendet der Tarifvertrag dem Arbeitnehmer ein Individualrecht zu, kann sich eine andere Abmachung nur durchsetzen, wenn sie gerade für ihn günstigere Rechtsfolgen auslöst [414]. Abgesehen davon, daß die Tarifnormen der Flächentarifverträge ohnehin nicht die Belegschaft als Ganzes, sondern allenfalls die Gesamtheit der gewerkschaftlich organisierten Arbeitnehmer schützen können, handelt es sich bei dem Tariflohnanspruch um einen individuellen Anspruch. Auch nach dieser Meinung wäre die Berücksichtigung der Gesamtinteressen damit möglich.

409 Däubler, Tarifvertragsrecht, S.141f, Rn202
410 Däubler: Abschaff. der Tarifaut. mit Hilfe des Günstigkeitsp. ArbuR 1996, S.347(349)
411 BAG GS DB 1987, S.383(387)
412 BAG GS DB 1987, S.383(387)
413 BAG GS DB 1987, S.383(387)
414 Löwisch,Rieble, Tarifvertragsgesetz, §4 Rn188

Nach Kempen, Zachert, kommt es bei einzelarbeitsvertraglichen Abmachungen auf das Interesse der jeweiligen Arbeitnehmer an; bei allgemeinen Arbeitsbedingungen oder Betriebsvereinbarungen kann dagegen das Interesse der betroffenen Gruppe oder der gesamten Belegschaft zu berücksichtigt sein [415]. Die tarifabweichende Betriebsvereinbarung soll den Einzelnen und die gesamte Belegschaft vor dem Verlust des Betriebes und der Arbeitsplätze schützen und entspricht damit einem Gesamtinteresse, aber auch den Individualinteressen. Weil es um die Betriebserhaltung und damit um den Erhalt einer gemeinsamen Einrichtung geht, an deren Weiterbestand alle ein gemeinsames Interesse haben dürften, könnte man hier daran denken, die Gesamtinteressen in den Vordergrund zu stellen und zu berücksichtigen. Der niedrigere Lohn könnte, wenn man dies annehmen wollte, aber nur dann als die günstigere Regelung angesehen werden, wenn der überwiegende Teil der Belegschaft kaum mehr Aussicht hat, einen neuen Arbeitsplatz zu finden. Gegenwärtig noch wird das kaum vorkommen. Die Berücksichtigung der Gesamtinteressen dürfte in der Praxis folglich kaum dazu führen können, daß eine Sanierungsvereinbarung sich als günstigere Regelung durchsetzen kann. Der kollektive Maßstab würde damit tatsächlich wohl eher dazu führen, daß solche Regelungen dann für keinen gelten.

2.1.2 Die Auffassung von Adomeit

Auch Adomeit wollte jedenfalls 1984 betriebliche Sanierungsvereinbarungen durch das Günstigkeitsprinzip zulassen. Seine damalige Anregung scheitert aber ebenso wie die Vorstellungen von Ehmann, Lambrich und Schmidt nicht nur daran, daß untertarifliche Lohnvereinbarungen mit der Unabdingbarkeit der Tarifnormen und der Tarifautonomie nicht zu vereinbaren sind, sondern schon daran, daß § 77 Abs. 3 BetrVG betriebliche Lohnvereinbarungen ohne Ermächtigung durch die Tarifparteien gänzlich ausschließt. Denn auch sein Argument, daß die Norm der Anwendung des Günstigkeitsprinzips hier nicht entgegensteht, weil es sich bei den vorgeschlagenen tariflohnunterschreitenden Sanierungsvereinbarungen um höchst unübliche Regelungen handele [416], überzeugt nicht. Wenn durch Härtefallregelungen Vereinbarungen über die Lohnhöhe getroffen werden, handelt es sich nämlich ohne jeden Zweifel um Regelungen über Arbeitsentgelte im Sinne von § 77 Abs. 3 BetrVG und diese sind als solche äußerst tarifüblich. Derartige Vereinbarungen können und dürfen keinesfalls als andere Vereinbarung eigener Art angesehen werden, die keine

415 Kempen, Zachert, Tarifvertragsgesetz, 3.Auflage, §4 Rn186
416 Adomeit: Das Günstigkeitsprinzip - neu verstanden, NJW 1984, S.26(27)

tarifüblichen Lohnvereinbarungen im Sinne von § 77 Abs. 3 BetrVG sind. Jede andere Interpretation wäre offensichtlich weder mit dem Wortlaut und dem Sinn der Norm noch mit dem verfassungsrechtlichen Schutz aus Art. 9 Abs. 3 GG zu vereinbaren, denn den Betriebsparteien würden Möglichkeiten eröffnet, die Regelungssperre praktisch vollständig zu umgehen, wenn sie Regelungen über materielle Arbeitsbedingungen treffen könnten, weil diese von den Tarifparteien noch nicht genauso getroffen wurden bzw. üblicherweise nicht getroffen werden. Da in den letzten Jahren auch tarifliche Ausnahmeregelungen z.B. durch Öffnungsklauseln vereinbart wurden, müßten Härtefallregelungen nunmehr ohnehin auch von Adomeit als tarifüblich angesehen werden.

Wenn er in einem späteren Gutachten anregt, § 77 Abs. 3 BetrVG dahingehend zu ändern, daß auch Arbeitsentgelte und sonstige materielle Arbeitsbedingungen Gegenstand von Betriebsvereinbarungen sein können, falls eine solche Regelung durch das Ziel der Beschäftigungsförderung geboten sei [417], läßt dies erkennen, daß er zumindest inzwischen selbst Bedenken hat, ob derartige Regelungen nach der geltenden Fassung der Norm zulässig sind.

2.1.3 Die Auffassung von Buchner

Buchner will betriebliche Härtefallregelungen zwar nicht unmittelbar durch Betriebsvereinbarungen einführen. Er hält es aber unabhängig davon, ob der Betriebsrat von sich aus oder auf Veranlassung des Arbeitgebers mit diesem eine tariflohnunterschreitende Regelung zur Sanierung des Betriebs vorbereitet, für rechtlich völlig unbedenklich, wenn dieses dann zu Vorschlägen für den Abschluß arbeitsvertraglicher Vereinbarungen führt. Er ist der Auffassung, die Neugestaltung könne dabei in Gestalt sogenannter Regelungsabreden ohne normative Wirkung konzipiert werden. Den Betriebsparteien sei es aber möglich, sich dadurch zu verpflichten, für eine entsprechende arbeitsvertragliche Umsetzung zu sorgen. Die Herstellung der verbindlichen Wirkung bliebe dann den Arbeitsvertragsparteien überlassen. Es entstehe aber auch keine Kollision mit § 77 Abs. 3 BetrVG, wenn den Arbeitnehmern durch normativ wirkende Betriebsvereinbarungen die Option eingeräumt werde, durch einen Verzicht auf Tarifbedingungen Beschäftigungszusagen zu erlangen, denn die Betriebsvereinbarung regele in diesem Fall nicht selbst tarifvertraglich geregelte oder tarifübliche Arbeitsbedingungen. Die Umgestaltung erfolge vielmehr erst durch die Ausübung der Option seitens der Arbeitnehmer. Arbeitsbedingungen selbst gestalten wolle nur eine Betriebsvereinbarung, die tariflichen Leistungen

417 Adomeit: Jobs durch Lockerungen im Tarifrecht, AuA 1996, S.131(132)

mit unmittelbarer Wirkung, also ohne die Mitwirkung der Arbeitnehmer herabsetzen würde [418].

Regelungsabreden, wie Buchner sie vorschlägt, scheinen nicht unbedenklich. Jedenfalls hat das BAG sich in dem schon mehrfach angesprochenen Beschluß vom 20.4.1999 inzwischen ablehnend zu einer Buchners Vorstellungen ganz ähnlichen Sanierungsregelung geäußert [419].

Die betriebliche Regelungsabrede wird auch betriebliche Einigung oder Betriebsabsprache genannt. Sie ist gesetzlich nicht geregelt, scheint neben den Betriebsvereinbarungen als verbindliche Form der Einigung zwischen Betriebsrat und Arbeitgeber inzwischen aber anerkannt [420] und unterscheidet sich von der Betriebsvereinbarung insbesondere bezüglich der Rechtswirkung. Während die Betriebsvereinbarung normativ, also unmittelbar und zwingend auf die Arbeitsverträge einwirkt, ist die Regelungsabrede nur auf die gegenseitige Verpflichtung der Betriebsparteien gerichtet. Wenn durch sie Einfluß auf die Arbeitsverträge genommen werden soll, bedarf es der arbeitsvertraglichen Umsetzung [421]. Eingeführt wurde die Regelungsabrede für Einigungen der Betriebsparteien, die nicht als Betriebsvereinbarungen angesehen werden können, das heißt für die Fälle, in denen das Gesetz den Abschluß von Betriebsvereinbarungen nicht vorsieht bzw. vorschreibt, insbesondere Beschlüsse über Einzelmaßnahmen wie Einstellungen oder Kündigungen. Für möglich gehalten werden in der Literatur teilweise aber auch kollektive Regelungen und dies sogar dann, wenn eine Betriebsvereinbarung wegen Tarifüblichkeit ausgeschlossen wäre [422], denn die Sperrwirkung des § 77 Abs. 3 BetrVG greift nach der herrschenden Meinung [423] bei den Regelungsabreden nicht ein.

Überzeugen kann dies nicht. Die Regelungssperre bezieht sich vom Wortlaut her zwar nur auf Betriebsvereinbarungen. Aus dem Normzweck, der allgemein in dem Schutz der Tarifparteien vor Konkurrenz auf der Betriebsebene

418 Buchner: Beschäftigungssicherung unter dem Günstigkeitsprinzip, Beilage Nr. 12/96 zu DB Heft 29/96, S.3(14)

419 BAG Beschluß v.20.4.1999, 1 ABR 72/98, NZA 1999, S.887ff = DB 1999, S.1555ff und hierzu Däubler: Das neue Klagerecht der Gewerkschaften bei Tarifbruch des Arbeitgebers, AiB 1999, S.481 sowie Däubler: Klagerecht der Gewerkschaften bei Tarifbruch durch einzelnen Arbeitgeber, AiB 1999, S.538

420 Däubler, Arbeitsrecht 1, S.532 Rn940; Fitting, Auffahrth, Kaiser, Heither, BetrVG, 17.Auflage, §77 Rn90 und 91; Schaub, Arbeitsrechts-Handbuch, §231 II 2., S.1689

421 Schaub, Arbeitsrechts-Handbuch, §231 II 2, S.1689

422 Fitting, Auffahrth, Kaiser, Heither, BetrVG, 17.Auflage, §77 Rn90 und 91

423 Däubler, Tarifvertragsrecht, S.161 Rn249

gesehen wird, könnte sich jedoch etwas anderes ergeben. Die Tarifautonomie scheint nämlich in gleicher Weise bedroht, wenn auf der betrieblichen Ebene zwar keine Betriebsvereinbarungen, wohl aber Betriebsabsprachen getroffen werden, die dann von den Arbeitsvertragsparteien umgesetzt werden. Die Wirkung der Regelungsabrede ist in diesem Fall zwar nicht von der rechtlichen Konstruktion her identisch; sie ist aber von der Folge her dieselbe [424], oder zumindest sehr ähnlich. Nimmt man den Schutzzweck der Regelungssperre ernst, müßte folglich sowohl diese als auch der verfassungsrechtliche Schutz der Regelung der vorgeschlagenen Regelungsabrede entgegenstehen [425], zumal sich hier nicht verkennen läßt, daß diese Regelungsform ausschließlich deshalb gewählt worden sein dürfte, weil eine Betriebsvereinbarung unzulässig wäre und somit daran zu denken ist, ob in einer solche Vorgehensweise nicht eine unzulässige Umgehung der Regelungssperre zu sehen ist. Ausschließen ließe sich eine solche Regelungsabrede, indem man § 77 Abs. 3 BetrVG auf die betrieblichen Absprachen entsprechend anwendet. Begründen ließe sich es sich damit, da § 77 Abs. 3 BetrVG generell zur Abgrenzung bzw. Ordnung der Regelungskompetenzen zwischen dient und nicht nur bezogen auf eine bestimmte Handlungsform. Einer solchen Auslegung dürfte auch der Wortlaut der Norm nicht entgegenstehen, wenn man bedenkt, daß die Betriebsabsprache gesetzlich ohnehin nicht erwähnt wird [426].

Das BAG kommt in seinem Beschluß vom 20.4.1999 zu einem ähnlichen, aber etwas anderen Ergebnis. Es bestätigt die h.M., daß § 77 Abs. 3 BetrVG nur Betriebsvereinbarungen, nicht aber die Regelungsabrede verbietet und greift unmittelbar auf den verfassungsrechtlichen Schutz der Koalitionstätigkeit aus Art. 9 Abs. 3 GG zurück. Hierzu führt das Gericht sinngemäß aus: Dem Umstand, daß § 77 Abs. 3 BetrVG vom Wortlaut her nur Betriebsvereinbarungen erfasse, komme keine entscheidende Bedeutung zu, denn dies reiche für den Umkehrschluß nicht aus; hier werde zutreffend darauf hingewiesen, daß die Regelungsabrede im BetrVG auch sonst nirgends erwähnt werde; entscheidend sei vielmehr der Zweck der Vorschrift; die Norm solle die betriebliche Konkurrenz zur tariflichen Normsetzung ausschließen und eine solche Konkurrenz liege im Abschluß einer Regelungsabrede nicht vor, denn die Regelungsabrede könne den Inhalt der Arbeitsverträge anders als die Betriebsvereinbarung mangels der normativen Wirkung nicht unmittelbar gestalten und an dieser Gestaltungsmacht setze die Kompetenzgrenze der Regelungssperre erst ein; der verfassungsrechtliche Schutz aus Art. 9 Abs. 3 GG greife dagegen ein, da zum

424 Däubler, Tarifvertragsrecht, S.162 Rn249
425 Zachert: Krise des Flächentarifvertrages? RdA 1996, S.140(145)
426 Däubler: Tarifvertragsrecht, S.162 Rn249

Schutzbereich des Grundrechts auch die koalitionsmäßige, hier gewerkschaftliche Betätigung gehöre; diese werde durch das Grundrecht gewährleistet; der Schutz richte sich nach Art. 9 Abs. 3 Satz 2 GG auch gegen privatrechtliche Beschränkungen und habe somit Drittwirkung; die geschützte Regelungsbefugnis werde nicht erst dann beeinträchtigt, wenn eine Tarifpartei daran gehindert werde, Tarifrecht zu schaffen; eine Behinderung oder Beschränkung liege vielmehr auch in Abreden oder Maßnahmen, die zwar nicht die Entstehung oder den rechtlichen Bestand betreffe, wohl aber darauf gerichtet seien, dessen Wirkung zu vereiteln oder leerlaufen zu lassen; die Beeinträchtigung solcher Absprachen liege schon darin, daß sie aufgrund ihres erklärten Geltungsanspruchs faktisch geeignet seien, an die Stelle der tariflichen Regelung zu treten; die verbreitete Praxis tarifwidriger Vereinbarungen belege dies, denn die Tarifnorm könne auch in diesem Fall ihren Zweck nicht mehr erfüllen; das bedeute aber nicht, daß jede tarifwidrige Vereinbarung gegen das Grundrecht verstoße; Regelungen in einzelnen Arbeitsverträgen würden den Tarifvertrag noch nicht in Frage stellen; ein Eingriff in die Tarifautonomie liege erst dann vor, wenn eine Tarifnorm als kollektive Ordnung verdrängt werden solle; das sei bei betrieblichen Regelungen durch Betriebsvereinbarungen anzunehmen, aber auch vertragliche Einheitsregelungen seien ein bewährtes Mittel; das sei offenkundig der Fall, wenn die Einheitsregelung auf einer Regelungsabrede beruhe oder die Vertragsangebote ausdrücklich vom Betriebsrat unterstützt werden; die dafür gegebene Begründung könne den kollektiven Charakter sowie die bewußte Kollision mit geltendem Tarifrecht besonders deutlich machen; auch derartige Vereinbarungen würden deshalb gegen das Grundrecht verstoßen und seien somit rechtswidrig und nichtig [427].

Die Beschränkung der Regelungssperre auf Betriebsvereinbarungen, die das BAG vornimmt, wird man schon mit Blick auf den Wortlaut der Vorschrift nicht ernsthaft beanstanden können [428]. Sie scheint vom Zweck der Norm her, der ja in engem Zusammenhang mit dem grundrechtlichen Schutz steht, zwar nicht unbedingt zwingend . Sie ist aber zumindest dann vertretbar, wenn man in dem Bereich, den die einfachgesetzliche Regelung dann nicht erfaßt, den verfassungsrechtlichen Schutz unmittelbar heranzieht, wie das Gericht es tut.

427 BAG Beschluß v.20.4.1999, 1 ABR 72/98, NZA 1999, S.887ff = DB 1999, S.1555ff unter B II 1. und 2. der Gründe und hierzu Däubler: Das neue Klagerecht der Gewerkschaften bei Tarifbruch des Arbeitgebers, AiB 1999, S.481 sowie Däubler: Klagerecht der Gewerkschaften bei Tarifbruch durch einzelnen Arbeitgeber, AiB 1999, S.538

428 Wohlfahrt z.B. bedauert, daß sich das BAG nicht dazu durchringen konnte die Regelungssperre auf Regelunngsabreden auszudehnen. Siehe: Stärkung der Koalitionsfreiheit durch das BAG, NZA 1999, S.962(963)

Auch nicht unbedingt zwingend scheint es, eine Grundrechtsverletzung erst dann anzunehmen, wenn betriebseinheitliche Regelungen vorliegen [429]. Man wird zwar kaum in Abrede stellen können, daß Einzelverstöße die Wirkung einer Tarifnorm insgesamt nicht gleich in dem Maß bedrohen, wie es der Fall ist, wenn die Norm im ganzen Betrieb mißachtet wird. Aber auch in jedem Einzelfall wird gegen die verfassungsrechtlich geschützte Unabdingbarkeit verstoßen und die Wirkung einer Tarifnorm kann durch die Einzelverstöße in nicht unerheblichem Maß untergraben werden, wenn diese zwar nicht einheitlich in ganzen Betrieben erfolgen, sich insgesamt aber mehren. Auch wird in der Literatur zutreffend darauf hingewiesen, daß das BAG bewußte Einzelverstöße in anderem Zusammenhang schon hat ausreichen lassen [430]. So konnte eine Gewerkschaft beispielsweise einen Arbeitgeber auf Unterlassung in Anspruch nehmen, weil er die Einstellung auch nur eines Bewerbers vom Gewerkschaftsaustritt abhängig gemacht hatte [431].

Unabhängig davon wird man unter Berücksichtigung der im wesentlichen überzeugenden verfasungsrechtlichen Überlegungen aus dem Beschluß vom 20.4.1999 davon ausgehen können, daß so konstruierte betriebliche Sanierungsvereinbarungen, wie Buchner sie vorschlägt, gegen die Koalitionsfreiheit verstoßen, zumal sich das Gericht ja zu einer ähnlichen Regelung geäußert hat. Den Entscheidungsgründen läßt sich darüber hinaus entnehmen, daß eine tarifwidrige betriebseinheitliche Regelung sogar dann gegen das Grundrecht verstoßen kann, wenn der Betriebsrat unterhalb der Schwelle der Regelungsabrede oder überhaupt nicht beteiligt war [432], denn das Gericht äußert nicht nur, daß die betriebliche Gestaltung auch durch vertragliche Einheitsregelungen möglich ist, was im Fall der Regelungsabrede offenkundig der Fall sei [433]; es sagt auch, daß das Urteilsverfahren die richtige Verfahrensart ist, wenn es um ausschließlich arbeitsvertragliche Tarifverstöße geht [434].

429 Däubler: Das neue Klagerecht der Gewerkschaften bei Tarifbruch des Arbeitgebers, AiB 1999, S.481(482); Berg, Platow: Unterlassungsanspruch der Gewerkschaft gegen tarifwidrige betriebliche Regelungen, DB 1999, S.2362(2364); Wohlfahrt: Stärkung der Koalitionsfreiheit durch das BAG, NZA 1999, S.962(963)

430 Däubler: Das neue Klagerecht der Gewerkschaften bei Tarifbruch des Arbeitgebers, AiB 1999, S.481(482); Berg, Platow: Unterlassungsanspruch der Gewerkschaft gegen tarifwidrige betriebliche Regelungen, DB 1999, S.2362(2364)

431 BAG AP Nr.49 zu Art.9 GG = NZA 1988, S.64ff

432 So auch Däubler: Das neue Klagerecht der Gewerkschaften, AiB 1999, S.481(482)

433 BAG Beschluß v.20.4.1999, 1 ABR 72/98, NZA 1999, S.887ff = DB 1999, S.1555ff unter B II 2. b bb der Gründe

434 BAG Beschluß v.20.4.1999, 1 ABR 72/98, NZA 1999, S.887ff = DB 1999, S.1555ff unter B I 2. b der Gründe

Eine betriebliche Gestaltung wäre demnach auch ohne die Mitwirkung des Betriebsrats denkbar. Dem Betriebsrat wird man dann zwar nicht jede Beteiligung bei der Lohnfindung versagen können. Es dürfte z.B. kaum etwas dagegen einzuwenden sein, wenn er die Arbeitsvertragsparteien in Einzelfällen bei ihren Lohnverhandlungen unterstützt, indem er vermittelt oder an Verhandlungsgesprächen teilnimmt. Eine Beteiligung an betrieblichen tarifwidrigen Regelungen ist ihm aber nicht möglich.

Wenn die Betriebsparteien sich über die betrieblichen Löhne einigen und womöglich auch noch gegenseitig verpflichten, für die einheitliche Umsetzung der Vereinbarung im Betrieb zu sorgen, wird man eine rechtswidrige Beeinträchtigung der Koalitionsbetätigung sicher annehmen können.

Auch durch eine Betriebsvereinbarung wird man den Arbeitnehmern die Wahlmöglichkeit nicht einräumen können. Abgesehen davon, daß eine Betriebsvereinbarungen über materielle Arbeitsbedingungen gegen die Regelungssperre aus § 77 Abs. 3 BetrVG und Art. 9 Abs. 3 GG verstößt, wie die oben dargestellten Überlegungen des BAG auch bestätigen, wird man nach den Ausführungen des Gerichts nicht davon ausgehen können, daß die vorgeschlagene Optionsregelung überhaupt eine Betriebsvereinbarung sein kann.

Im Entscheidungsfall hat das Gericht nämlich eine von den Betriebsparteien sogar als Betriebsvereinbarung bezeichnete zustimmungsbedürftige Übereinkunft mit der Begründung als Regelungsabrede eingeordnet, daß ihr die normative Wirkung und somit das Wesensmerkmal einer Betriebsvereinbarung fehlte. Sie bedurfte der arbeitsvertraglichen Umsetzung und war damit, wie das BAG feststellte vielmehr durch das typischen Merkmal der Regelungsabrede gekennzeichnet [435].

Buchners Vorstellungen scheitern insgesamt somit nicht nur daran, daß beschäftigungssichernde Zusagen nicht in den Günstigkeitsvergleich einbezogen werden können, sondern auch daran, daß die Optionsregelung keine Betriebsvereinbarung sein kann, die § 77 Abs. 3 in diesem Bereich ohnehin nicht zulassen würde und Art. 9 Abs. 3 GG tarifwidrigen betrieblichen Einheitsregelung entgegensteht, die offenkundig vorliegt, wenn die arbeitsvertraglichen Vereinbarungen auf einer Regelungsabrede beruhen.

435 BAG Beschluß v.20.4.1999, 1 ABR 72/98, NZA 1999, S.887ff = DB 1999, S.1555ff unter B II 1. a und b bb der Gründe

2.2 Die Vorschläge zur Einführung von betrieblichen Härtefallregelungen außerhalb der gesetzlichen Ausnahmebestimmungen

Vollmer [436] und Reuter [437] halten tariflohnunterschreitende Betriebsvereinbarungen zur Sanierung vom Konkurs bedrohter Unternehmen außerhalb der Ausnahmeregelungen für möglich, die gesetzlich generell für Tarifabweichungen durch § 4 Abs. 3 TVG und speziell für Betriebsvereinbarungen durch § 77 Abs. 3 BetrVG vorgesehen sind.

Vollmer meint in einem Beitrag aus dem Jahr 1982, daß Arbeitgeber und Betriebsrat aufgrund einer Annexkompetenz zu §§ 111 ff BetrVG trotz der Regelungssperre aus demBetrVG befugt sind, tarifliche und individual-vertaglich begründete Lohnansprüche zeitlich befristet zu kürzen, wenn die Existenz des Betriebes gefährdet ist. Zur Begründung führt er an, daß wirtschaftliche Krisen nach dem BetrVG durch die innerbetriebliche Kooperation der Betriebsparteien zu lösen seien, was aber nur erfolgen könne, wenn den Betriebsparteien eine ausreichende Regelungskompetenz zustehe. Das BetrVG enthalte mit den Vorschriften über Interessenausgleich und Sozialplan (§§ 111 ff) und der Vorschrift über die Einführung von Kurzarbeit (§ 87 Abs. 1 Nr. 3) zwar wichtige innerbetriebliche Regelungskompetenzen, die zur Krisenbewältigung aber nicht ausreichen würden, da gefährdete Unternehmen ohne Kürzungsvereinbarung oft nicht zu erhalten seien. Den Tarifparteien sei dies selbst durch Firmentarifverträge kaum möglich, weil die tariflichen Vereinbarungen im Gegensatz zu Betriebsvereinbarungen nicht für alle im Betrieb gelte, sondern nur für die gewerkschaftlich organisierten Mitarbeiter. Zudem könnten die überbetrieblich organisierten Koalitionen anders als die Betriebsparteien nur schwer beurteilen, ob Lohnkürzungen erforderlich seien. Dies spreche für eine Annexkompetenz der Betriebsparteien und deren Legitimation. Die Tarifautonomie stehe einer Lockerung der Regelungssperre nicht entgegen, die hier erforderlich sei, um den Betriebsparteien einen hinreichenden Kompetenzbereich zur Erfüllung von unbedingt notwendigen und betriebsverfassungsrechtlich gebotenen Aufgaben zu schaffen, die von den Tarifparteien aus rechtlichen und faktischen Gründen nicht gelöst werden könnten. Denn insoweit liege eigentlich überhaupt kein Eingriff in die Tarifautonomie vor. Außerdem habe das BVerfG im Mitbestimmungsurteil ausdrücklich ausgeführt, daß das Grundrecht der Koalitionsfreiheit der gesetzlichen Entwicklung des Mitbestimmungsrechts selbst

436 Vollmer: Bestandssicherung existenzgefährdeter Unternehmen durch Kürzung von Löhnen und Leistungen, DB 1982, S.1670ff

437 Reuter: Betriebsverfassung und Tarifvertrag, RdA 1994, S.152(167)

dann nicht entgegenstehe, wenn damit Gewichtsverlagerungen bzw. Aufgabenverlagerungen zugunsten der Mitbestimmung und Beschränkungen zu Lasten der Tarifautonomie verbunden seien, sofern dies nicht zu nachhaltigen Funktionseinbußen des Tarifsystems führen würde oder dadurch in den Kernbereich der Tarifautonomie eingegriffen werde. Gleiches müsse auch für die Begründung einer betrieblichen Kürzungskompetenz als Annexkompetenz zu § 111 BetrVG gelten. Nachhaltige Funktionsstörungen des Tarifvertragssystems seien bei Zuerkennung der betrieblichen Kürzungskompetenz allenfalls dann zu erwarten, wenn die Voraussetzungen und Grenzen dieser Kompetenz nicht hinreichend sachgerecht und eng bestimmt würden. Unter Berücksichtigung der Tarifautonomie sei deshalb auch nur die zeitlich befristete Kürzung möglich, wenn als Gegenleistung eine zeitlich angemessene Bestandsgarantie vereinbart würde. Als Maßstab für die Grenzen, innerhalb derer Kürzungen zulässig seien, könne möglicherweise auf die zur Betriebsrisikolehre entwickelten Grundsätze zurückgegriffen werden. Die betriebliche Kürzungskompetenz sei auch im Hinblick auf die tarifvertraglich oder individualvertraglich begründeten Rechte der einzelnen Arbeitnehmer unbedenklich. Obwohl diese Rechte unter der Eigentumsgarantie des Art. 14 GG stehen würden, seien betriebliche Eingriffe zur Krisenbewältigung möglich. Dies zeige die Möglichkeit zur Einführung von Kurzarbeit und die von der Rechtsprechung zugelassene Kürzung von Versorgungszusagen [438].

Gegen eine solche Annexkompetenz wird zutreffend vorgebracht, daß das BetrVG keine Rechtsgrundlage für eine allgemeine Krisenbewältigungskompetenz der Betriebsparteien enthält und daß die eingeräumten Einzelrechte (Interessenausgleich, Sozialplan, Kurzarbeit) kaum eine Verallgemeinerung zulassen [439]. Es überzeugt nicht, wenn Vollmer anführt, das Fehlen der Kürzungskompetenz könne kaum auf einer bewußten gesetzgeberischen Entscheidung beruhen; insofern liege eine Gesetzseslücke vor, die durch die Annexkompetenz ausgefüllt werden könne [440]. Das BetrVG enthält mit § 77 Abs. 3 BetrVG nämlich eine Norm, die Lohnvereinbarungen der Betriebsparteien zum Schutz des Tarifsystems klar ausschließt [441] und damit auch einer Annexkompetenz für diesen Bereich entgegensteht. Eine Gesetzeslücke kann in Anbetracht dieser eindeutigen Regelung nicht gesehen werden. Zudem steht untertariflichen

438 Vollmer: Bestandssicherung existenzgefährdeter Unternehmen durch Kürz. von Löhnen und Leistungen, DB 1982, S.1670ff

439 Däubler, Arbeitsrecht 1, S.142 Rn221

440 Vollmer: Bestandssicherung existenzgefährdeter Unternehmen durch Kürz. von Löhnen und Leistungen, DB 1982, S.1670(1671)

441 Vgl. oben unter III 2.2.1.3

Lohnvereinbarungen die Unabdingbarkeit der Tarifnormen entgegen. Davon abweichende Abmachungen sind gemäß § 4 Abs. 3 TVG nur nach dem Günstigkeitsprinzip möglich oder wenn der Tarifvertrag dies ausdrücklich gestattet und beides ist hier nicht der Fall. Entgegenstehen wird den vorgeschlagenen Vereinbarungen darüberhinaus der verfassungsrechtliche Schutz der Regelungssperre und der Unabdingbarkeit aus Art. 9 Abs. 3 GG. Das Tarifsystem scheint hier nämlich wie durch die Neuinterpretation des Günstigkeitsprinzips selbst dann bedroht, wenn man die Sanierungsvereinbarungen nur in engen Grenzen mit den vorgeschlagenen Einschränkungen zulassen wollte, denn sobald in einer größeren Zahl von Betrieben wirtschaftliche Schwierigkeiten auftreten, scheint es, wie Vollmer selbst anspricht, möglich, daß die tarifliche Lohnfestsetzung durch betriebliche Kürzungsvereinbarungen erheblich durchbrochen und unter Umständen in einigen Branchen praktisch außer Kraft gesetzt werden könnte [442]. Vor allem aber ist Mißbrauch auch hier leicht möglich und schwer kontrollierbar, zumal präzise Zulässigkeitsvoraussetzungen erst von den Gerichten entwickelt werden müßten und die Zulässigkeit völlig von deren subjektiver Bewertung abhängen würde. Die daraus resultierenden Gefahren für die Tarifautonomie lassen sich, wie schon festgestellt [443], nicht einmal dadurch rechtfertigen, daß man versucht, andere Grundrechte für die Interessen an den Härtefallregelungen dagegenzustellen. Das von Vollmer angeführte Mitbestimmungsurteil [444] dürfte sich schon deshalb nicht zur Rechtfertigung der grundrechtseinschränkenden Wirkung heranziehen lassen, weil es hier nicht um Mitbestimmungsrechte geht und die Annahme einer Annexkompetenz zu diesen abzulehnen ist. Außerdem wären ja nachhaltige Funktionsstörungen zu befürchten, die auch nach dieser Entscheidung nicht hinnehmbar sind.

Auch Reuters Vorschlag, die Kompetenz der Betriebsparteien zum Abschluß tariflohnunterschreitender Not-Betriebsvereinbarungen aus der Treuepflicht gegenüber den gemeinsamen Interessen von Arbeitgeber und Belegschaft abzuleiten [445], kann nicht überzeugen, weil dies genau wie Vollmers Vorstellungen gegen die eindeutigen Bestimmungen aus § 4 TVG und § 77 Abs. 3 BetrVG sowie die Tarifautonomie verstoßen würde. Unschlüssig scheint es, wenn Reuter dagegen vorbringt, daß die Betriebsparteien nicht in die

442 Vollmer: Bestandssicherung existenzgefährdeter Unternehmen durch Kürz. von Löhnen und Leistungen, DB 1982, S.1670(1672)

443 Vgl. oben unter III 1.2.4.2.4 und 2.2.1.3

444 BVerfGE 50, S.290; Vollmer: Bestandssicherung existenzgefährdeter Unternehmen durch Kürzung von Löhnen und Leistungen, DB 1982, S.1670(1672) Fn17 bis 19

445 Reuter: Betriebsverfassung und Tarifvertrag, RdA 1994, S.152(167f)

grundrechtlich geschützte Tarifpolitik eingreifen, sondern nur bei der Konkretisierung der Treuepflicht helfen würden und daß die Notbetriebsvereinbarung die tariflichen Regelungen nicht mit der Folge verdrängen würde, daß sie in dem betroffenen Betrieb nicht mehr gelten, sondern nur sage, daß die Arbeitnehmer sich aufgrund der Treuepflicht während der Geltung der Betriebsvereinbarung in dem darin bestimmten Umfang nicht mehr auf den Tarifvertrag berufen können [446]. Die Tarifautonomie ist nämlich zweifellos betroffen, wenn die Betriebsparteien Vereinbarungen in einem Bereich treffen, der den Tarifparteien von der Verfassung zugewiesen und das tarifliche Niveau auch noch unterlaufen, obwohl sich der grundgesetzliche Schutz sowohl auf die Regelungssperre für die Betriebsparteien als auch auf die Unabdingbarkeit der Tarifnormen erstreckt. Nicht zu erkennen ist, aus welchen Gründen ein Eingriff nicht vorliegen soll, wenn die Arbeitnehmer sich aufgrund der Treuepflicht nur zeitweilig nicht mehr auf den tariflichen Anspruch berufen können, denn der verfassungsrechtliche Schutz wird dadurch praktisch nicht weniger beeinträchtigt, als es bei einer befristeten Beseitigung des Anspruchs der Fall wäre.

Außerdem ist zu bezweifeln, ob sich die sogenannte Treuepflicht dahingehend ausweiten ließe, wie Reuter es hier versucht. In der Weimarer Zeit und nach dem zweiten Weltkrieg bis etwa Mitte der sechziger Jahre wurde das Arbeitsverhältnis als personenrechtliches Gemeinschaftsverhältnis angesehen, aus dem sich für den Arbeitgeber die Fürsorgepflicht und für den Arbeitnehmer die Treuepflicht ergaben. Die Treuepflicht der Arbeitnehmer sollte darin bestehen, daß er sich nach besten Kräften für die Interessen des Arbeitgebers und das Gedeihen des Betriebes einzusetzen und alles zu unterlassen hat, was dem Arbeitgeber oder dem Betrieb abträglich sein könnte. Seit Mitte der siebziger Jahre hat sich die Rechtslehre und mit ihr die Rechtsprechung zunehmend von diesen Vorstellungen und von dem Begriff der Treuepflicht gelöst. Es wird aber weiter anerkannt, daß aus dem Arbeitsvertrag wie bei allen Schuldverhältnissen eine Reihe von Nebenpflichten folgt, die nunmehr aber enger eingegrenzt werden [447]. Bei der Treuepflicht handelt es sich damit jedenfalls traditionell mehr um eine Verpflichtung gegenüber dem Arbeitgeber. Die Ausweitung der Treuepflicht auf Verpflichtungen gegenüber den Interessen der gesamten Belegschaft scheint aber nicht nur deshalb wenig überzeugend. Treuepflichten aus § 242 BGB ergeben sich nämlich im Rahmen von Schuldverhältnissen in der Regel für die Vertragspartner. Wenn es um Gefälligkeitsverhältnisse geht, ist schon umstritten, ob überhaupt und in welchen Umfang Treuepflichten entstehen können. Zwischen Arbeitskollegen besteht dagegen in der

446 Reuter: Betriebsverfassung und Tarifvertrag, RdA 1994, S.152(168)
447 Däubler, Arbeitsrecht 1, S.142 Rn222

Regel überhaupt kein Schuldverhältnis. Deshalb vermag auch Reuters Parallele zum Gesellschaftsrecht [448] und dem Verhältnis zwischen den Gesellschaftern nicht zu überzeugen, denn Gesellschafter sind Vertragspartner. In der Literatur wird Reuters Vorschlag folglich auch mit der Begründung abgelehnt, daß eine Treuepflicht gegenüber den gemeinsamen Interessen von Arbeitgeber und Belegschaft eine theoretische Konstruktion ist, die auf die zweifelhafte Annahme einer den Arbeitgeber umfassenden Betriebsgemeinschaft hinausläuft und sich nicht auf geltendes Recht stützen läßt [449]. Zudem vermag die Treuepflicht, wenn man an diesem Begriff festhalten wollte, durch die einschränkende Auslegung, die sie in den letzten Jahrzehnten erfahren hat, nur noch bestimmte Nebenpflichten zu begründen. Eine Verpflichtung, die Kürzung des Lohnes hinzunehmen, kann sich daraus nicht ergeben, zumal Lohnkürzungen durch den Arbeitgeber zur Betriebserhaltung bei wirtschaftlichen Schwierigkeiten und die hierzu entwickelte Betriebsrisikolehre vom BAG, wie Reuter selbst einräumt [450], schon abgelehnt wurden, als die jetzt überkommenen Vorstellungen noch herrschten.

Ganz und gar unverständlich scheint es, wenn er unter Hinweis auf die Zunahme von rechtswidrigen tarifunterschreitenden Betriebsvereinbarungen meint, daß § 77 Abs. 3 BetrVG zu einer Norm ohne soziale Akzeptanz der Adressaten geworden sei, deren Geltung man schon aus diesem Grund ablehnen könne, weil die Verbindlichkeit einer Norm schließlich auch von einem Minimum an Akzeptanz der Adressaten abhänge [451], denn es bleibt offensichtlich unberücksichtigt, daß die weitaus überwiegende Mehrheit sich an die Regelungssperre hält. Außerdem wird sich die Geltung gesetzlicher Normen nicht ohne weiteres von der Akzeptanz der Betroffenen abhängig machen lassen, wenn gute Gründe für die bestehende Regelung sprechen. Es würde ja auch kaum jemand die Geltung der Vorschriften über Eigentum und Diebstahl ernsthaft in Frage stellen, weil häufig gestohlen wird.

3 Zusammenfassung

Sanierungsvereinbarungen, mit denen Tariflöhne gekürzt werden, sind ohne Ermächtigung der Tarifparteien weder arbeitsvertraglich noch durch Betriebsvereinbarungen möglich. Sie lassen sich weder durch das Günstigkeitsprinzip noch durch eine Annexkompetenz zu Mitbestimmungsrechten aus dem BetrVG

448 Reuter: Betriebsverfassung und Tarifvertrag, RdA 1994, S.152(167)
449 Schaub, Arbeitsrechts-Handbuch, § 53 I 1, S.1689
450 Reuter: Betriebsverfassung und Tarifvertrag, RdA 1994, S.152(167)
451 Reuter: Betriebsverfassung und Tarifvertrag, RdA 1994, S.152(154)

oder die Treuepflicht der Arbeitnehmer rechtfertigen. Der Tarifunterschreitung steht die Unabdingbarkeit der Tarifnormen aus § 4 Abs. 1 TVG entgegen. Eine andere Auslegung wäre mit dem verfassungsrechtlichen Schutz dieser gesetzlichen Regelung, den Art. 9 Abs. 3 GG gewährleistet, nicht zu vereinbaren. Einzelarbeitsvertragliche tarifwidrige Sanierungsregelungen verstoßen folglich gegen § 4 Abs. 1 und spätestens, wenn sie im ganzen Betrieb erfolgen, auch gegen das Grundrecht. Betriebsvereinbarungen verstoßen zudem gegen die Regelungssperre aus § 77 Abs. 3 BetrVG und den grundrechtlichen Schutz, den die Koalitionsfreiheit auch dieser Norm gewährt.

IV Tarifunterschreitende Vereinbarungen aufgrund von tarifvertraglichen Öffnungsklauseln

Möglichkeiten, Härtefallregelungen für sanierungsbedürftige Betriebe, mit deren Hilfe wirtschaftspolitisch betrachtet durchaus ein wenn auch nicht zu überschätzender Beitrag zur Bekämpfung der Arbeitslosigkeit geleistet werden kann, unter Beteiligung der Tarifparteien einzurichten, werden in Firmentarifverträgen und Tariföffnungsklauseln gesehen [452]. Auf Firmentarifverträge soll hier nicht näher eingegangen werden, weil sie dem Flächentarif als sachnähere, speziellere Regelungen regelmäßig vorgehen und somit unproblematisch zulässig scheinen [453]. Sie wurden besonders in den siebziger Jahren verstärkt ins Gespräch gebracht, um die Tarifpolitik betriebsnäher zu gestalten [454]. Zur Vereinbarung von Härtefallregelungen werden sie nunmehr aber kaum vorgeschlagen, obwohl der Firmentarifvertrag den größtmöglichen Schutz für das tarifliche Mindestniveau und das Tarifsystem gewährleisten, denn die Gewerkschaften scheinen als kompetente und vor allem völlig unabhängige Verhandlungspartner am geeignetsten, die Sanierungsvereinbarungen mit dem Arbeitgebern auszuhandeln. Hier wäre weitgehend sichergestellt, daß eine Ausnahmeregelung wirklich nur dann erfolgt, wenn anderenfalls wirklich die Arbeitsplätze in Gefahr sind und nicht nur die Gewinne in der Bilanz [455].

Auch gegenüber der in den letzten Jahren vorwiegend diskutierten Alternative, der Öffnung des Verbandstarifs, bietet der Firmentarif einen Vorteil. Die Tariföffnung ist nämlich nur den Tarifpartnern des Verbandstarifvertrages gemeinsam möglich und ein Arbeitgeberverband wird schließlich bemüht sein, auch die Interessen der anderen Verbandsmitglieder zu wahren, die in der Regel eben auch Wettbewerber des in Bedrängnis geratenen Unternehmens sind.

452 Däubler: Das neue Klagerecht der Gewerkschaften bei Tarifbruch des Arbeitgebers, AiB 1999, S.481(485); Wank: Empfiehlt es sich, die Regelungsbefugnisse der Tarifparteien im Verhältnis zu den Betriebsparteien neu zu ordnen, NJW 1996, S.2273(2275,2280); LAG Baden-Würtemberg v.16.1.1997, AbuR 1997, S.219f

453 BAG, Urteil vom 20.4.1999, 1 AZR 631/98, DB 1999, S.1660 (1661) unter II 2.b bb der Gründe; Lieb: Mehr Flexibilität im Tarifvertragsrecht? "Moderne" Tendenzen auf dem Prüfstand, NZA 1994, S.289(290); Schaub: Probleme der Tarif- und Betriebsautonomie in der Rechtsprechung des Bundesarbeitsgerichts, BB 1996, S. 2298(2300); Ehmann, Lambrich: Vorrang der Betriebs- vor der Tarifautonomie kraft des Subsidiaritätsprinzips, NZA 1996, S.346(348,353) Fn.69 mit weiteren Nachweisen

454 Weyand: Möglichkeiten und Grenzen der Verlagerung tariflicher Regelungskompetenzen auf die Betriebsebene, AuR 1989, S.193(194)

455 Däubler: Das neue Klagerecht der Gewerkschaften bei Tarifbruch des Arbeitgebers, AiB 1999, S.481(485)

Damit besteht die Gefahr, daß er den verständlichen Sorgen der Konkurrenten vor einem verzerrten Wettbewerb den Vorzug vor den Interessen am Erhalt einzelner Betriebe gibt. Beim Firmentarifvertrag kann dagegen das betroffene Mitglied selbst Vertragspartner sein. Daß der einzelne Arbeitgeber als Verbandsmitglied tarifgebunden ist, steht dem nicht entgegen, wie das BAG in seinem Urteil vom 20.4.1999 ausdrücklich erwähnt [456]. Zuzugeben ist aber, daß die größere Distanz zu dem Geschehen in den einzelnen Betrieben eben auch den Nachteil mit sich bringt, daß die Vertreter der Gewerkschaften sich erst in die konkrete Situation einarbeiten und dann mit dem Arbeitgeber auf eine Sanierungsvereinbarung einigen müssen. Besonders für kleinere Betriebe, in denen nicht selten schnelle Hilfe erforderlich sein wird, würde das wohl nicht immer rechtzeitig möglich sein.

Insofern kann auch die Tariföffnung für Sanierungsfälle sinnvoll sein. Erörtert werden vor allem Lohnöffnungsklauseln zugunsten der Betriebsparteien [457], die zunächst in den neuen Bundesländern zur Abmilderung der wiedervereinigungsbedingten Anpassungsprobleme und nach der bedrohlichen Zunahme der Arbeitslosigkeit auch in den alten Bundesländern schon vereinbart worden sind [458]. In der Chemieindustrie wurde z.B. eine Öffnung des Flächentarifvertrags bei Löhnen und Gehältern vereinbart, die es den Betriebsparteien zur Beschäftigungssicherung und / oder zur Verbesserung der Wettbewerbsfähigkeit des Standortes Deutschland insbesondere bei wirtschaftlichen Schwierigkeiten ermöglicht, Löhne und Gehälter durch befristete Betriebsvereinbarungen um bis zu zehn Prozent zu kürzen, wenn die Tarifparteien zustimmen [459]. Denkbar scheint aber auch die Tariföffnung gegenüber den Arbeitsvertragsparteien. Tariföffnungsklauseln stoßen allgemein auf weniger schwerwiegende Bedenken als die Neuinterpretation des Günstigkeitsprinzips und sind nach einem Urteil des BAG vom 20.4.1999 [460] sogar rückwirkend möglich. Auch in der Literatur

456 BAG, Urteil vom 20.4.1999, 1 AZR 631/98, DB 1999, S.1660(1661)

457 Vgl. z.B. Henssler: Flexibilisierung der Arbeitsmarktordnung; ZfA 1994, S.487(497); Wank: empfiehlt es sich, die Regelungsbefugnisse der Tarifparteien im Verhältnis zu den Betriebsparteien neu zu ordnen, NJW 1996, S.2273(2275,2280); Hromadka: Reformbedarf im Tarifrecht, AuA 1996, S.289; Tyska: Die Zulässigkeit untertariflicher Löhne unter dem Blickpunkt von Tariföffnungsklausel u. Günstigkeitsp., ArbuR 1985, S.276ff; Beuthien: Tariföffnungsklauseln zwecks Arbeitsplatzs., BB 1983, S.1992ff

458 Höland, Reim, Brecht: Flächentarifvertrag und Günstigkeitsprinzip, empirischen Beobachtungen und rechtliche Betrachtung der Anwendung von Flächentarifverträgen, S.234ff; Hromadka: Reformbedarf im Tarifrecht, AuA 1996, S.289

459 Vgl. Chemiebranche öffnet Tarife, in Weser Kurier v. 4.6.1997, S.1 und Ergänzung zum Bundesentgelttarifvertrag (BETV) AuA 1997, S.268

460 Vgl. BAG, Urteil vom 20.4.1999, 1 AZR 631/98, DB 1999, S.1660ff

werden sie ganz überwiegend für zulässig gehalten, zumeist allerdings nicht ohne Einschränkungen [461]. Vereinzelt wurde die Zulässigkeit speziell von untertariflichen Lohnsanierungsvereinbarungen aber auch schon mal verneint [462]. Einschlägige Bestimmungen, nach denen die Zulässigkeit zu beurteilen ist, finden sich in den Ausnahmeregelungen zur Unabdingbarkeit § 4 Abs. 3 TVG und zur Regelungssperre § 77 Abs. 3 BetrVG. Zu beachten sein wird aber auch Art. 9 Abs. 3 GG, durch den Tarifparteien ihre Aufgabe auf der verfassungsrechtlichen Ebene zugewiesen wird [463].

1 Die Tariföffnung gegenüber der betrieblichen Ebene

Probleme werden hier nicht nur darin gesehen, ob und mit welchen Einschränkungen § 77 Abs. 3 BetrVG die Tariföffnung für Sanierungsvereinbarungen unter Berücksichtigung der Tarifautonomie zuläßt, sondern auch darin, ob die Betriebsparteien im Fall der Tariföffnung eine eigene Regelungskompetenz haben und sich ihre Lohnregelungen auf Tarifaußenseiter erstrecken können [464]. Hier fragt sich allerdings, ob arbeitsvertragliche Individualansprüche durch die Betriebsvereinbarungen überhaupt gekürzt werden können. Bevor diese Fragen erörtert werden, scheint vorab noch klärungsbedürftig, welche der gesetzlichen Ausnahmebestimmungen Anwendung findet § 4 Abs. 3 TVG

461 Vgl. z.B. Wank: Empfiehlt es sich, die Regelungsbefugnisse der Tarifparteien im Verhältnis zu den Betriebsparteien neu zu ordnen, NJW 1996, S.2273(2275,2280); Lieb: Mehr Flexibilität im Tarifvertragsrecht? "Moderne" Tendenzen auf dem Prüfstand, NZA 1994, S.289ff; Däubler, Tarifvertragsrecht, S.159f Rn241ff; Fitting, Auffahrth, Kaiser, Heither, Betriebsverfassungsgesetz, 17.Auflage, §77 Rn82ff; Zachert: Rechtsfragen zu den aktuellen Tarifverträgen über Arbeitszeitverkürzung und Beschäftigungssicherung, ArbuR 1995, S.1(3ff) und: Krise des Flächentarifvertrages RdA 1996, S.140(142ff); Weyand: Möglichkeiten und Grenzen der Verlagerung tariflicher Regelungskompetenzen auf die Betriebsebene, ArbuR 1989, S.193(196ff); Hoyningen-Huene, Meier-Krenz: Flexibilisierung des Arbeitsrechts durch Verlagerung tariflicher Regelungskompetenz auf den Betrieb, ZfA 1988, S. 293(301ff); Zöllner: Flexibilisierung des Arbeitsrechts, ZfA 1988, S.265(274ff); Hromadka: Reformbedarf im Tarifrecht, AuA 1996, S.289; Beuthien: Tariföffnungsklauseln zwecks Arbeitsplatzsicherung, BB 1983, S.1992ff; Henssler: Flexibilisierung der Arbeitsmarktordnung, ZfA 1994, S.487(497)

462 Tyska, der die Ansicht vertreten hat, daß der Schutzzweck der Betriebsautonomie untertarifliche Vereinbarungen auch im Fall der Tariföffnung nicht zuläßt, in: Die Zulässigkeit untertariflicher Löhne unter dem Blickpunkt von Tariföffnungsklausel und Günstigkeitsprinzip ArbuR 1985, S.276ff

463 BVerfGE 44, S.322(340)

464 Wank: Empfiehlt es sich, die Regelungsbefugnisse der Tarifparteien im Verhältnis zu den Betriebsparteien neu zu ordnen, NJW 1996, S.2273(2280)

und / oder 3 77 Abs. 3 BetrVG. Hier kommen diejenigen, die auf diese Frage eingehen, zu dem vertretbaren Ergebnis, daß § 77 Abs. 3 BetrVG als spezielle Regelung für Betriebsvereinbarungen vorgeht [465], denn selbst wenn man die Abgrenzungsbestimmungen des Tarifvertragsgesetzes, wie schon einmal angesprochen [466], auf das Verhältnis von Tarifvertrag und Betriebsvereinbarung generell für anwendbar hält [467] und Betriebsvereinbarungen als andere Abmachungen im Sinne von § 4 Abs. 3 TVG ansieht [468], wird man in § 77 Abs. 3 Satz 2 BetrVG die speziellere Vorschrift sehen können. Sie bezieht sich anders als die allgemeinere Regelung aus § 4 Abs. 3 TVG nämlich ausdrücklich auf Betriebsvereinbarungen und erlaubt Tarifabweichungen zumindest von ihrem Wortlaut her sowohl im Bezug auf die Voraussetzungen als auch im Hinblick auf den Umfang in engeren Grenzen als § 4 Abs. 3 TVG. § 77 Abs. 3 Satz 2 BetrVG erlaubt den Betriebsparteien nur ergänzende Betriebsvereinbarungen. § 4 Abs. 3 TVG enthält dagegen den vom Wortsinn her weiter reichenden Ausdruck abweichende Abmachungen. Auch die Voraussetzung scheint in § 4 Abs. 3 TVG mit der Formulierung, soweit sie der Tarifvertrag gestattet, vom Wortlaut her großzügiger als in § 77 Abs. 3 Satz 2, nach dem die Regelungssperre nicht gilt, wenn der Tarifvertrag dies ausdrücklich zuläßt. Wenn man § 4 Abs. 3 TVG als vollständig verdrängt ansehen wollte, bliebe genaugenommen allerdings nicht ausreichend berücksichtigt, daß die Unabdingbarkeit und die Regelungssperre, zu denen die jeweiligen Ausnahmeregelungen bestehen, nicht ganz identischen Schutzzwecken dienen, was für die Auslegung der Ausnahmebestimmungen eigentlich nicht ohne Bedeutung sein kann. Es könnte deshalb sinnvoll sein, § 4 Abs. 3 TVG insoweit daneben anzuwenden, daß der Schutzzweck der Unabdingbarkeit zu berücksichtigen ist (§ 77 Abs. 3 BetrVG würde dem nicht entgegenstehen) oder § 77 Abs. 3 BetrVG eben auch als Ausnahmeregelung zu § 4 Abs. 1 TVG zu begreifen. Im Ergebnis dürfte es darauf allerdings nicht unbedingt ankommen, denn der Schutz des tariflichen Mindestniveaus, den nicht nur § 4 Abs. 1 TVG, sondern auch die Verfassung gewährleistet, wird ohnehin zu berücksichtigen sein, wenn zu ermitteln ist, ob und mit welchen Einschränkungen § 77 Abs. 3 BetrVG Tariföffnungen unter dem Einfluß von Art. 9 Abs. GG erlaubt.

465 Waltermann: Zuständigkeiten und Regelungsb. im Spannungsfeld zwischen Tarifaut. und Betriebsaut., RdA 1996, S.129(135); Tyska: Die Zulässigkeit untertariflicher Löhne unter dem Blickpunkt von Tariföff. und Günstigkeitsp., ArbuR 1985, S. 276(277)

466 Vgl. oben unter III 2.1.3, das Verhältnis der Regelungssperre aus §77 Abs.3 BetrVG zu §4 Abs.3 TVG

467 Ehmann,Schmidt: Betriebsvereinbarungen und Tarifverträge, NZA 1995, S.193(199f); Ehmann, Lambrich: Vorrang der Betriebs- vor der Tarifaut., NZA 1996, S.346(347)

468 Kempen: Der verfassungsr. Vorrang der Tarifaut. im arbeitsr. Regelungsgefüge, ArbuR 1996, S.336(344)

Einige, die auf das Verhältnis der beiden Vorschriften näher eingehen, wollen § 77 Abs. 3 Satz 2 BetrVG dahingehend weit auslegen, daß unter ergänzend abweichend im Sinne von § 4 Abs. 3 TVG zu verstehen ist, weil sie meinen, daß man sonst zu dem zugegebenermaßen ungünstigen Ergebnis kommen würde, daß die Tarifparteien den Arbeitsvertragsparteien größere Regelungskompetenzen einräumen können als den geeigneteren Betriebsparteien [469]. Dies dürfte aufgrund der unterschiedlichen Schutzzwecke der Hauptregelungen, zu denen die Ausnahmen ermöglicht werden, aber nicht möglich sein, denn anders als bei der Deligierung auf die Arbeitsvertragsparteien ist hier zusätzlich eben der Konkurrenzschutz zu beachten. Ob gegenüber den Arbeitsvertragsparteien dann tatsächlich größere Spielräume entstehen, muß durch Auslegung von § 4 Abs. 3 TVG entschieden werden, wenn es um die Verlagerung auf diese Ebene geht. Dort kann durchaus berücksichtigt werden, daß die Arbeitsvertragsparteien keine große Eignung mitbringen [470].

1.1 Ermöglicht § 77 Abs. 3 Satz 2 BetrVG die Tariföffnung für Härtefälle?

1.1.1 Der Wortlaut

Fraglich ist zunächst, ob der Wortlaut von § 77 Abs. 3 Satz 2 BetrVG Lohnöffnungsklauseln zuläßt, die den Betriebsparteien im Krisenfall die Vereinbarung untertariflicher Löhne ermöglicht. Weitgehend Einigkeit besteht im Hinblick auf die Voraussetzungen der Tariföffnung darüber, daß der Tarifvertrag den Abschluß der ergänzenden Betriebsvereinbarungen, wie es der Wortlaut vorschreibt, ausdrücklich, das heißt klar und eindeutig zulassen muß [471]. Im Bezug auf den möglichen Umfang kommen einige zu dem Ergebnis, daß ergänzen vom Wortsinn her eigentlich nur hinzufügen und nicht vermindern bedeuten kann [472]. Dem wird man entgegenhalten können, daß man unter einer

469 Heinze: Kollektive Arbeitsbedingungen im Spannungsfeld zwischen Tarif- und Betriebsautonomie, NZA, S.5(7); Lieb: Mehr Flexibilität im Tarifvertragsrecht? "Moderne" Tendenzen auf dem Prüfstand, NZA 1994, S.289(290)

470 Ähnlich Zachert, der ergänzend eng auslegen will und eine Homogenisierung mit §4 Abs.3 TVG meint durch die analoge Anwendung von Art.80 I 2 auf Tariföffnung sowohl gegenüber den Tarif- als auch gegenüber den Arbeitsvertragsparteien erreichen zu können, in: Krise des Flächentarifvertrages? RdA 1996, S.140(145)

471 Fitting, Auffahrth, Kaiser, Heither, Betriebsverfassungsgesetz, 17.Auflage, §77 Rn82

472 Tyska: Die Zulässigkeit untertariflicher Löhne unter dem Blickpunkt von Tariföffnungsklausel und Günnstigkeitsprinzip, ArbuR 1985 S. 276(277); Beuthien: Tariföffnungsklauseln zwecks Arbeitsplatzsicherung, BB 1983, S.1992(1993)

ergänzenden Vereinbarung, auch eine Vereinbarung verstehen kann, die im Anschluß an eine allgemeinere Regelung das Nähere regelt bzw. diese konkretisiert. Das kann aber nicht bedeuten, daß es sich um Bestimmungsklauseln handelt, durch die Dritten die Konkretisierung von tariflichen Bestimmungen überlassen werden kann. Diese wird man von den Öffnungsklauseln unterscheiden müssen [473]. Der Wortlaut läßt aber darauf schließen, daß Tariföffnungsklauseln in ähnlicher Weise zu begrenzen sind, wie Bestimmungsklauseln [474] und der Schwerpunkt der Regelungen im Tarifvertrag selbst liegen muß [475]. Man wird folglich nicht in jeder durch den Tarifvertrag ausdrücklich zugelassenen Betriebsvereinbarung eine Ergänzung sehen können [476], denn Vereinbarungen, die einfach nach unten abweichen beispielsweise ergänzen auch im Wortsinn von konkretisieren nicht mehr, sie ändern ausschließlich. Richtig scheint es dagegen, wenn das BAG Betriebsvereinbarungen ergänzenden Charakter zuerkennt, wenn Regelungen nach tariflichen Vorgaben getroffen werden [477]. Der Tariföffnung für Härtefälle steht der Wortlaut somit nicht generell entgegen, er spricht aber dafür, daß sie nur möglich ist, wenn der Tarifvertrag die wesentlichen Regelungen selbst enthält, indem die Öffnungsklausel z. B. einen Rahmen für Tarifabweichungen im Krisenfall vorgibt.

1.1.2 Der Gesetzeszweck und die Tarifautonomie

Entscheidend dafür, ob und gebenenfalls in welchem Umfang die Tarifparteien den Betriebsparteien Lohnregelungen ermöglichen können, wird aber ohnehin die Auslegung nach dem Gesetzeszweck sein [478]. Allerdings läßt sich kaum

473 Wenn §77 Abs.3 BetrVG die Tariföffnung für Betriebsvereinbarungen ermöglicht, können nicht generell Regelungen gemeint sind, die grundsätzlich einen ganz anderen Geltungsbereich haben. Betriebsvereinbarungen gelten für alle im Betrieb, Bestimmungsklauseln ermöglichen dagegen ausschließlich Regelungen für Tarifgebundene, weil hier unzweifelhaft eigene Regelungskompetenzen der Tarifparteien übertragen werden. Bei Abgrenzungsproblemen ist nach dem Willen der Tarifparteien zu fragen; wenn die Klausel ausdrücklich freiwillige Betriebsvereinbarungen zuläßt ist davon auszugehen, daß die gesetzlich vorgesehene Tariföffnung gewollt ist. Siehe BAG, Beschluß v. 18.8.1987, NZA 1987, S.779(781)

474 Henssler: Flexibilisierung der Arbeitsmarktordnung, ZfA 1994, S.487(497)

475 Däubler, Tarifvertragsrecht, S.159f Rn243

476 So aber Waltermann: Zuständigkeiten und Regelungsbefugnisse im Spannungsfeld zwischen Tarifautonomie und Betriebsautonomie, RdA 1996, S.129(136)

477 BAG, Beschluß v. 18.8.1987, NZA 1987, S.779(781)

478 Zu diesem Ergebnis kommen auch diejenigen, die vom Wortlaut her nur übertarifliche Vereinbarungen befürworten, siehe Tyska: Die Zulässigkeit untertariflicher Löhne unter dem Blickpunkt von Tariföffnungsk. und Günstigkeitsp., ArbuR 1985, S.276(277) und Beuthien: Tariföffnungsk. zwecks Arbeitsplatzs., BB 1983, S.1992(1993)

feststellen, aus welchen Gründen der Gesetzgeber den Tarifparteien überhaupt die Möglichkeit gegeben hat, auf die Sperrwirkung zu verzichten. Es ist durchaus denkbar, daß er es den Tarifparteien damit ermöglichen wollte, den Betriebsparteien im Anwendungsbereich von § 77 Abs. 3 BetrVG einen Regelungsspielraum einzuräumen, um den unterschiedlichen betrieblichen Bedürfnissen Rechnung zu tragen [479]. Den Materialien zur Gesetzgebung von § 77 Abs. 3 BetrVG und der in den entscheidenden Formulierungen ähnlichen vorherigen Regelung des Betriebsverfassungsgesetzes 1952 läßt sich dies aber nicht entnehmen, denn hier fehlen Begründungen [480]. Richtig scheint aber, daß die Tariföffnung grundsätzlich möglich ist, wovon die ganz h.M. in der Rechtsprechung und der Literatur auch ausgeht [481]. Anderenfalls wäre § 77 Abs. 3 Satz 2 BetrVG nämlich sinnlos. Weniger leicht zu beantworten ist die Frage nach den Schranken, zumal sich kaum ermitteln läßt, warum der Gesetzgeber die Tariföffnung auf ergänzende Vereinbarungen beschränkt hat. Auch hier helfen nämlich weder die Materialien zum BetrVG 1952 [482], noch die zu § 77 Abs. 3 BetrVG 1972 [483] weiter, denn sie geben keinerlei Aufschluß darüber, was die Gesetzesverfasser und der Gesetzgeber unter einer ergänzenden Betriebsvereinbarung verstanden haben und warum in § 77 Abs. 3 BetrVG anders als in § 4 Abs. 3 TVG nicht von abweichenden Betriebsvereinbarungen

479 Dahingehend Hoyningen-Huene, Meier-Krenz: Flexibilisierung des Arbeitsrechts durch Verlagerung tariflicher Regelungskompetenz auf den Betrieb, ZfA 1988, S. 293(302)

480 Im Regierungsentwurf zum BetrVG 1952 war die Tariföffnung zunächst nicht vorgesehen; die Regelung der Arbeitsbedingungen sollte den Betriebsparteien, soweit tarifüblich im Interesse einer klaren Zuständigkeitsabgrenzung ganz entzogen werden, BT Drucksache I/1546 S.55. Sie tauchte dann ohne Begründung erstmals im Bericht des Ausschusses für Arbeit zu den Gesetzentwürfen BetrVG 1952 auf, BT Drucksache I/3585 S.11 und wurde später wieder ohne nähere Begründung in das BetrVG 1972 übernommen, BT Drucksache VI/1786 (Regierungsentwurf zum BetrVG 1972) S.16; BT Drucksache VI/1806 (Fraktionsentwurf der CDU/CSU zum BetrVG 1972) S.7 und 39; BT Drucksache VI/2729 (Bericht des Bundestagsausschusses für Arbeit und Sozialordnung zum Regierungsentwurf BetrVG 1972) S.34

481 Vgl. z.B. Henssler: Flexibilisierung der Arbeitsmarktordnung; ZfA 1994, S.487(497); Wank: Empfiehlt es sich, die Regelungsbefugnisse der Tarifparteien im Verhältnis zu den Betriebsparteien neu zu ordnen, NJW 1996, S.2273(2275,2280); Hromadka: Reformbedarf im Tarifrecht, AuA 1996, S.289; Tyska: Die Zulässigkeit untertariflicher Löhne unter dem Blickpunkt von Tariföffnungsklausel und Günstigkeitsprinzip, ArbuR 1985, S.276ff; Beuthien: Tariföffnungsk. zwecks Arbeitsplatzs., BB 1983, S.1992ff

482 BT Drucksache VI/1786 (Regierungsentwurf zum BetrVG 1972) S.16; BT Drucksache VI/1806 (Fraktionsentwurf der CDU/CSU zum BetrVG 1972) S.7 und 39; BT Drucksache VI/2729 (Bericht des Bundestagsausschusses für Arbeit und Sozialordnung zum Regierungsentwurf BetrVG 1972) S.34;

483 BT Drucksache I/1546 (Regierungsentwurf zum BetrVG 1952) S.55; BT Drucksache I/3585 (Bericht des Ausschusses für Arbeit zu den Gesetzentwürfen BetrVG 1952) S.11

die Rede ist, wie Beuthien mal herausgefunden hat [484]. Man wird mit der h.M. [485] aber davon ausgehen können, daß es Grenzen gibt. Stützen läßt sich dies neben dem Wortlaut zunächst darauf, daß man den Gedanken aus Art. 80 Abs. 1 Satz 1 GG heranzieht, nach dem der Rechtsstaat verlangt, daß die in der Verfassung vorgesehenen Instanzen von der ihnen eingeräumten Normsetzungsbefugnis im wesentlichen selbst Gebrauch machen und auf die Normsetzung der Tarifparteien überträgt [486].

Vor allem aber trifft es zu, daß sich Schranken aus der Regelungssperre und Art. 9 Abs. 3 GG ergeben [487], denn selbst wenn man das Grundrecht als Freiheitsrecht sieht, das es den Koalitionen weitgehend eigenverantwortlich überläßt, wie sie ihre Ziele zur Verwirklichung des Koalitionszwecks erreichen und kein allgemeines Gebot zur Gestaltung der Arbeitsbedingungen aus dem Grundrecht ableiten will, scheint es richtig, wenn in Erwägung gezogen wird, ob die Autonomieträger nicht zumindest in einem Kernbereich selbstverantwortlich handeln müssen und sich der Verfassungsauftrag der Koalitionen hier zu einer Rechtspflicht verdichtet, die möglicherweise zwar keine justitiable Verpflichtung zum Abschluß von Tarifverträgen, wohl aber ein Verbot beinhaltet, sich im dem Kernbereich durch die Selbstentäußerung der verfassungsrechtlichen Aufgabe zu entziehen [488]. Das würde nämlich dem in Art. 9 Abs. 3 GG verankerten Modell der Tarifautonomie, das die Regelung der Arbeits-

484 Beuthien: Tariföffnungsklauseln zwecks Arbeitsplatzsicherung, BB 1983, S.1992(1993)

485 Vgl. z.B. Henssler: Flexibilisierung der Arbeitsmarktordnung; ZfA 1994, S.487(497); Wank: empfiehlt es sich, die Regelungsbefugnisse der Tarifparteien im Verhältnis zu den Betriebsparteien neu zu ordnen, NJW 1996, S.2273(2275,2280); Hromadka: Reformbedarf im Tarifrecht, AuA 1996, S.289; Tyska: Die Zulässigkeit untertariflicher Löhne unter dem Blickpunkt von Tariföffnungsklausel und Günstigkeitsprinzip, ArbuR 1985, S.276ff; Beuthien: Tariföffnungsklauseln zwecks Arbeitsplatzsicherung, BB 1983, S.1992ff

486 Däubler, Tarifvertragsrecht, S.159f Rn243; Zachert: Neue Entwicklungen zur Tarifautonomie und betrieblichen Mitbestimmung, NZA 1988, S.185(188) und Rechtsfragen zu den aktuellen Tarifverträgen über Arbeitszeitverkürzung und Beschäftigungssicherung, AbuR 1995, S.1(5)

487 BAG, Beschluß v. 18.8.1987, NZA 1987, S.779(782); Kissel: Das Spannungsfeld zwischen Betriebsvereinbarung und Tarifvertrag, NZA 1986, S.73(79); Heinze: Kollektive Arbeitsbedingungen im Spannungsfeld zwischen Tarif- und Betriebsautonomie, NZA 1995, S.5(7); Henssler: Flexibilisierung der Arbeitsmarktordnung, ZfA 1994, S.487(498); Däubler, Tarifvertragsrecht, S.159 Rn243; Weyand: Möglichkeiten und Grenzen der Verlagerung tariflicher Regelungskompetenzen auf die Betriebsebene, ArbuR 1989, S.193(196ff)

488 Zachert: Krise des Flächentarifvertrages? RdA 1996, S.140(142)

und Wirtschaftsbedingungen grundsätzlich den Koalitionen zuweist, widersprechen [489] und die Tarifparteien verstoßen nicht nur gegen ihre eigenen Interessen, wenn sie den Erfolg ihres Verfassungsauftrags durch Verlagerungen der Entscheidungskompetenz gefährden, sie verstoßen vielmehr auch gegen die Interessen derjenigen, zu deren Schutz ihnen die Aufgabe von der Verfassung her übertragen ist. Damit dürfte sich das Argument, daß die Tarifautonomie gewahrt ist, wenn bzw. weil die Tarifparteien selbst von der Möglichkeit der Tariföffnung Gebrauch machen [490], schon entkräften lassen. Auch der Auffassung, daß es den Tarifparteien selbst überlassen werden muß, in welchem Umfang sie auf ihren Schutz verzichten, den ihnen Art. 9 Abs. 3 GG und die Regelungssperre gewähren [491], wird man entgegenhalten können, daß dieser Schutz den Koalitionen weniger in ihrem eigenen Interesse, sondern zu einem bestimmten Zweck gewährt wird, dessen Erfüllung nicht mehr zu gewährleisten ist, wenn sie das Tarifsystem gefährden.

Für eine Beschränkung durch Art. 9 Abs. 3 GG spricht auch die Rechtsprechung des BAG. Zu entnehmen ist dies schon den Entscheidungen zur dynamischen Verweisung [492], nach der den Tarifparteien die Verweisung auf einen anderen Tarifvertrag in der jeweils geltenden Fassung nur möglich ist, wenn der betreffende Tarifvertrag von denselben Tarifparteien abgeschlossen wird [493] oder vom betrieblich-fachlichen und persönlichen Geltungsbereich her ein enger Zusammenhang besteht [494]. Wenn selbst die dynamische Verweisung auf andere Tarifverträge nur unter diesen engen Voraussetzungen möglich ist, die darauf abzielen, daß die Tarifparteien im Fall einer solchen Verweisung gleichwertige tariflich festgesetzte Arbeitsbedingungen gewährleisten, wird man nämlich davon ausgehen können, daß die Tarifparteien ihre Aufgaben auch im übrigen nicht vollständig abgeben können, sondern die Arbeitsbedingungen zumindest im wesentlichen selbst zu bestimmen haben, zumal das BAG ausführt, daß es den Tarifparteien verboten sei, den Kernbereich ihrer Normsetzungsbefugnisse aufzugeben; die Koalitionsbetätigung sei einerseits vor

489 Henssler: Flexibilisiierung der Arbeitsmarktordnung, ZfA 1994, S.487(498)

490 Vgl. z.B. Wank: Empfiehlt es sich, die Regelungsbef. der Tarifparteien im Verhältnis zu den Betriebsp. neu zu ordnen, NJW 1996, S.2273(2275,2280); Tyska: Die Zulässigkeit untertariflicher Löhne unter dem Blickpunkt von Tariföffnungsklausel und Günstigkeitsprinzip ArbuR 1985, S.(276)278f

491 Waltermann: Zuständigkeiten und Regelungsbefugnisse im Spannungsfeld zwischen Tarifautonomie und Betriebsautonomie, RdA 1996, S.129(136)

492 Wank: Empfiehlt es sich, die Regelungsbef. der Tarifp. im Verh. zu den Betriebsp. neu zu ordnen, NJW 1996, S.2273(2275,2280); Däubler, Tarifvertragsr., S.159f Rn243

493 BAG v.9.7.1980 AP Nr.7 zu §1 TVG Form Bl.5

494 BAG v.10.11.1982 AP Nr.8 zu §1 TVG Form Bl.6

Eingriffen von außen geschützt, andererseits dürfe sie aber auch nicht von innen durch die Tarifparteien selbst aus der Hand gegeben werden [495].

Einschlägiger noch ist die Entscheidung zum Leber Rütgers Kompromiß, in der das BAG die Grenzen Tariföffnung gegenüber den Betriebsparteien ausdrücklich anspricht und hierzu ausführt, daß die Tarifparteien grundsätzlich zwar selbst bestimmen können in welchem Umfang sie auf die zwingende Wirkung der Tarifnormen verzichten und abweichende Betriebsvereinbarungen zulassen; daß es aber Fälle geben mag, in denen die Tarifparteien die dem Tarifvertrag immanenten Grenzen der Regelungsbefugnis durch Verzicht auf inhaltliche Gestaltung der Arbeitsbedingungen überschreiten, weil es mit erheblichen Gefahren für die Tarifautonomie verbunden sei, wenn materielle Arbeitsbedingungen in größerem Umfang nicht durch den Tarifvertrag selbst geregelt werden und die Regelungsbefugnis auf die Betriebsparteien verlagert werde [496]. Diesbezüglich verweist das BAG auf einen Beitrag seines früheren Präsidenten Kissel, in dem er Bedenken gegen eine solche Verlagerung äußert und auf einige Nachteile für das Tarifsystem, wie uneinheitliche Mindestarbeitsbedingungen, die schwächere Verhandlungs- und Durchsetzungsmacht der vom jeweiligen Arbeitgeber abhängigen Betriebsräte, einen möglichen Autoritäts- und Machtverlust der Gewerkschaften sowie Rechtsunsicherheiten bezüglich der Kompetenzabgrenzung hinweist [497].

Nicht mehr haltbar sein dürfte somit die vor einiger Zeit schon mal vertretene und nunmehr nur noch vereinzelt anzutreffende Auffassung, daß derjenige, der auf Regelungen verzichten kann, die Regelungsbefungnis auch generell auf die Betriebsparteien deligieren kann [498], gegen die sich zudem noch anführen läßt, daß § 77 Abs. 3 Satz 1 BetrVG Lohnvereinbarungen, die tarifüblich sind, auf der betrieblichen Ebene zum Schutz der Tarifautonomie sogar dann entgegensteht, wenn die Tarifparteien auf eine Regelung verzichtet haben [499].

495 BAG v.10.11.1982 AP Nr.8 zu §1 TVG Form Bl.6

496 BAG, Beschluß v. 18.8.1987, NZA 1987, S.779(782)

497 Kissel: Das Spannungsfeld zwischen Betriebsvereinbarung und Tarifvertrag, NZA 1986, S.73(78ff)

498 Erdmann, Jürging, Kamannn, BetrVG, Kommentar, 1972, §77 Rn69 sowie Kamann, Hess, Schlochauer, BetrVG, Kommentar, 2.Auflage 1981, §77 Rn47 und ähnlich Thiele, Gemeinschaftskommentar, Bd.2, §77 Rn113 nach Beuthien: Tariföffnungsklauseln zwecks Arbeitsplatzsicherung, BB 1983, S.1992(1994) Fn27und28; Waltermann: Zuständigkeiten und Regelungsbefugnisse im Spannungsfeld zwischen Tarifautonomie und Betriebsautonomie, RdA 1996, S.129(136)

499 Ähnlich Beuthien: Tariföffnungsklauseln zwecks Arbeitsplatzsicherung, BB 1983, S.1992(1994)

Fraglich bleibt aber, nach welchen Kriterien und wo Grenzen. Die Grundsätze, die das BAG zur dynamischen Verweisung entwickelt hat, lassen sich nicht auf die Tariföffnung gegenüber den Betriebsparteien übertragen, weil die Regelungsmacht hier nicht auf der tariflichen Ebene, sondern auf die betriebliche Ebene verlagert werden soll [500], denn hier geht es nicht nur darum, inwieweit die Tarifparteien ihre Aufgabe selbst wahrzunehmen haben oder durch eine Deligierung für angemessene Arbeitsbedingungen sorgen können, sondern vor allem auch darum, wo der Schutz der Tarifautonomie vor der Konkurrenz durch die Betriebsparteien und für das tarifliche Mindestniveau der Übertragung von Regelungskompetenzen entgegenstehen.

Man könnte die Grundsätze aus Art. 80 Abs. 1 Satz 2 GG heranzuziehen. Das würde den Vorteil bieten, daß man aussagekräftige, überprüfbare Kriterien zur Verfügung hätte, die weniger von rechtspolitischen Wertungen abhängen [501]. Weil sich diese Norm nach ihrem klaren Wortlaut nur auf die Deligierung der staatlichen Rechtsetzung bezieht, kann man sie allerdings nur entsprechend anwenden. Dies scheint aber möglich. Die Tariföffnung ist zwar keine Ermächtigung an die Betriebsparteien zur Normsetzung, sondern nur der Verzicht auf die zwingende Wirkung. Art. 80 Abs. 1 Satz 2 GG dient aber dazu Detailregelungen auf einer anderen Ebene zu ermöglichen und einer Selbstentäußerung des eigentlichen Normgebers vorzubeugen und darauf kommt es auch bei der Tariföffnung an. Die Norm verlangt, daß die Ermächtigung nach Zweck Inhalt und Ausmaß zu bestimmt sein muß. Der Normgeber soll durch dieses Konkretisierungsgebot gezwungen werden die entscheidenden Vorschriften selbst zu erlassen und entscheiden, welche Frage durch eine Rechtsverordnung geregelt werden solle (Inhalt); gleichzeitig muß er die Grenzen einer solchen Regelung festsetzen (Ausmaß) und angeben, welchem Ziel sie dienen soll (Zweck). Grundsätzlich sind zwar keine allzu hohen Anforderungen an die Erfüllung dieser Kriterien zu stellen, so kann sich der Zweck auch aus dem Zusammenhang ergeben. Es ist aber zu berücksichtigen, daß die Ermächtigung um so bestimmter zu sein hat, je schwerwiegender die Auswirkungen der Regelung für die Betroffenen sind. Überträgt man das, so kommt man zu dem Ergebnis, daß hier nur eng bestimmte Regelungen zulässig sein dürften, weil die Tariföffnung für die Festsetzung von materiellen Arbeitsbedingungen genau bestimmt sein muß, denn gerade in diesem Bereich genießt die Koalitionstätigkeit einen besonders intensiven Grundrechtsschutz, weil den

500 Zachert: Krise des Flächentarifvertrages? RdA 1996, S.140(142)

501 Zachert: Krise des Flächentarifvertrages? RdA 1996, S.140(142f und 145) und Rechtsfragen zu den aktuellen Tarifverträgen über Arbeitszeitverkürzung und Beschäftigungssicherung, ArbuR 1995, S.1(5f)

Tarifparteien gerade hier eine bessere Eignung als den Betriebsparteien oder dem Staat zugeschrieben wird. Auch können die Auswirkungen der Öffnung auf das Tarifsystem schwerwiegend sein, wenn die Tarifparteien gerade im Bezug auf die wohl wichtigste unter den materiellen Arbeitsbedingungen auf eines der wesentlichen Elemente der Tarifautonomie die zwingende Wirkung verzichten. Möglich wären dann nur Rahmenregelungen die eine befristete Härtefallregelung in bestimmten an festgelegte Kriterien gebundene Fällen zur Sanierung zulassen. Wenn die Tarifparteien sich die Zustimmung im Einzelfall vorbehalten dürfte der Spielraum größer sein. Man käme damit also zu brauchbaren Ergebnissen.

Eine andere Möglichkeit wäre, die konkreten Schranken unmittelbar aus der Regelungssperre und der Koalitionsfreiheit abzuleiten und dies müßte durch Auslegung von § 77 Abs. 3 Satz 2 BetrVG auch möglich sein. Im Rahmen der systematischen Auslegung ist die einzelne Bestimmung nämlich im Bedeutungszusammenhang mit der übrigen Rechtsordnung und hier vor allem mit den sie umgebenden Vorschriften und der Verfassung auszulegen, deren Normen als höherrangiges Recht vorgehen [502]. § 77 Abs. 3 Satz 2 BetrVG ist also mit Rücksicht auf den Gesetzeszweck der Hauptregelung aus Satz 1 und Art. 9 Abs. 3 GG auszulegen [503], durch den Tarifparteien ihre Aufgabe zugewiesen ist und deren Schutz sich nicht nur auf den Zweck der Regelungssperre, sondern auch auf die Unabdingbarkeit der Tarifnormen erstreckt. Daraus ergibt sich, daß die Tarifparteien den Betriebsparteien die Regelung der Arbeitsbedingungen nur soweit ermöglichen dürfen, wie sie die Effektivität der zu ihrem Schutz bestehenden Regelungssperre sowie den Schutz der Mindestarbeitsbedingungen, den die Unabdingbarkeit bieten soll und damit die Erfüllung der ihnen von der Verfassung übertragenen Aufgabe nicht gefährden. Die Tariföffnung wird ihre Grenzen folglich dort finden müssen, wo die Verlagerung dazu führen kann, daß die Tätigkeit der Tarifparteien an Bedeutung verliert, weil die Betriebsparteien sich zu einer Art Ersatzgewerkschaften entwickeln [504] und / oder angemessene Mindestarbeitsbedingungen infolge von Durchbrechungen der Unabdingbarkeit nicht mehr zu gewährleisten sind [505]. Dieser Ansatz dürfte auch der Rechtsprechung des BAG entsprechen, das in seiner

502 Palandt, Heinrichs, Einleitung Rn 35 und 36

503 Ähnlich sieht es Beuthien, der §77 III 2 von Art.9 III her begreifen will, in: Tariföffnungsklauseln zwecks Arbeitsplatzsicherung, BB 1983, S.1992(1995)

504 Im Ergebnis ähnlich Beuthien, der den Schutz der Mindestarbeitsbedingungen allerdings unberücksichtigt läßt, in: Tarifö. zwecks Arbeitsplatzs., BB 1983, S.1992(1995)

505 Dahingehend auch Henssler, der dennoch eine weitreichende Deligierung für möglich hält, in: Flexibilisierung der Arbeitsmarktordnung, ZfA 1994, S.487(498 und 499)

Entscheidung zum Leber Rütgers Kompromiß auf die von Kissel angeführten Gefahren für das Tarifsystem, die eine Verlagerungen auf die betriebliche Ebene mit sich bringen würde und dessen Überlegungen hinweist, ob Art. 9 Abs. 3 GG die essentielle Übertragung von Regelungsbefugnissen überhaupt zuläßt, weil die Verfassung hier Regelungen der Koalitionen wollte und sich ein entsprechendes Delegationsverbot nicht aus § 77 Abs. 3 BetrVG ergeben könne [506]. Präzise Grenzen lassen sich aus der Rechtsprechung allerdings noch nicht ersehen. Das BAG hat die Frage nach den Grenzen in der zitierten Entscheidung zwar angesprochen, aber ausdrücklich offengelassen, weil es diese unter keinen Umständen überschritten sah [507]. In einer weiteren Entscheidung hat es, ohne auf konkrete Schranken einzugehen, eine Tarifnorm, in der lediglich bestimmt war, daß die Einführung von Kurzarbeit zulässig sein sollte, die aber keine Regelungen über die Voraussetzungen, den Umfang und die Dauer der Kurzarbeit enthielt, als Verstoß gegen Art. 9 Abs. 3 GG abgelehnt [508]. Dem läßt sich lediglich entnehmen, daß das BAG Öffnungsklauseln für materielle Arbeitsbedingungen wohl nicht zustimmen würde, wenn diese keinerlei Regelungen zu den Voraussetzungen, den Umfang oder die Dauer der untertariflichen Entlohnung enthalten. Rahmenregelungen dürften dagegen auch dann zulässig sein, wenn es sich um Inhaltsnormen handelt [509]. Wenn man bedenkt, daß das BAG die Grenzen in seiner Entscheidung zum Leber Rütgers Kompromiß unter keinen Umständen überschritten sah, wird man vermuten könne, daß das BAG geneigt sein dürfte, sogar noch etwas weitergehende Tariföffnungen zuzulassen. Diese Einschätzung läßt auch das BAG Urteil vom 20.4.1999 zu. Hier geht das BAG zwar insoweit auf die Grenzen der Tariföffnung ein, daß bei einer rückwirkenden Öffnung der Vertrauensschutz der Gewerkschaftsmitglieder zu berücksichtigen ist. Die Öffnung für eine Verlängerung um 10% der wöchentlichen Arbeitszeit ohne Lohnausgleich läßt es aber unbeanstandet, ohne auf die Begrenzung des Umfangs einzugehen [510].

Es ist allerdings zweifelhaft, ob Art. 9 Abs. 3 überhaupt noch viel Raum für eine weitergehende Übertragung läßt. In der Literatur ist dies umstritten. Weitgehend Einigkeit besteht nur, daß die pauschale Tariföffnung für alles und

506 BAG, Beschluß v. 18.8.1987, NZA 1987, S.779(782); Kissel: Das Spannungsfeld zwischen Betriebsvereinbarung und Tarifvertrag, NZA 1986, S.73(78ff)

507 BAG, Beschluß v. 18.8.1987, NZA 1987, S.779(782)

508 BAG v. 27.1.1994, ArbuR 1994, S.104

509 BAG, Beschluß v. 18.8.1987, NZA 1987, S.779(781), das Gericht läßt hier zwar offen ob es sich bei der Arbeitszeitregelung um eine Inhaltsnorm oder eine betriebliche Norm handelte es stellt aber ausdrücklich festgestellt, daß die getroffene Regelung auch dann zulässig wäre, wenn man darin eine Inhaltsnorm sehen wollte.

510 BAG, Urteil vom 20.4.1999, 1 AZR 631/98, DB 1999, S.1660ff

jedes unzulässig ist [511] und eine enge Rahmen- bzw. Korridorlösung, wie sie der Leber Rütgers Kompromiß enthielt, unbedenklich ist [512]. Einige Autoren sehen darüberhinaus einen großen Spielraum für die Tarifparteien, allerdings ohne präzise Schranken aufzuzeigen und ohne nähere verfassungsrechtliche Begründung. Zöllner z.B. hält es für ausreichend, wenn der Tarifvertrag die Regelungsmaterie nur spezifisch anspricht und tarifdispositive Rahmenregelungen aufstellt [513]. Hoyningen-Huene und Meier-Krenz meinen, die Verlagerung auf die Betriebe sei nur in einem nicht näher beschriebenen engen Kernbereich unzulässig [514]. Zustimmen wird man aber eher denjenigen können, die nur enge Rahmenregelungen für zulässig halten [515] und in einer zu weitgehenden oder unpräzise konturierten Verlagerung durch Öffnungsklauseln für Entgelt- und Arbeitszeitregelungen, die nur noch allgemeine Rahmenbedingungen vorgeben und / oder solche die Unterschreitungen ohne die ausdrückliche Zustimmung der Tarifparteien zulassen, eine ernsthafte Gefahr für die Tarifautonomie sehen, die sich aus einem schleichenden Verlust der Autorität und der Gestaltungsmacht der Tarifparteien ergeben kann [516]. Die Tariföffnung für untertarifliche Lohnvereinbarungen im Sanierungsfall stellt zwar weder für den

511 Zöllner: Flexibilisierung des Arbeitsrechts, ZfA 1988, S.265(275); Hoyningen-Huene, Meier-Krenz: Flexibilisierung des Arbeitsrechts durch Verlagerung tariflicher Regelungsk. auf den Betrieb, ZfA 1988, S. 293(305), Henssler: Flexibilisierung der Arbeitsmarktordnung, ZfA 1994, S.487(498), Heinze: Kollektive Arbeitsb. im Spannungsf. zwischen Tarif- und Betriebsaut., NZA 1995, S.5(7), Däubler, Tarifvertragsr., S.160 Rn243; Fitting, Auffahrth, Kaiser, Heither, BetrVG, 17.Auflage, §77 Rn84

512 So ausdrücklich z.B. Hoyningen-Huene, Meier-Krenz: Flexibilisierung des Arbeitsrechts durch Verlagerung tariflicher Regelungskompetenz auf den Betrieb, ZfA 1988, S. 293(306); Weyand: Möglichkeiten und Grenzen der Verlagerung tariflicher Regelungskompetenzen auf die Betriebsebene, ArbuR 1989, S.193(197); Rieble: Krise des Flächentarifvertrages? RdA 1996, S.151(154)

513 Vgl. z.B. Zöllner: Flexibilisierung des Arbeitsrechts, ZfA 1988, S.265(275)

514 Hoyningen-Huene, Meier-Krenz: Flexibilisierung des Arbeitsrechts durch Verlagerung tariflicher Regelungskompetenz auf den Betrieb, ZfA 1988, S. 293(305f)

515 Heinze: Kollektive Arbeitsbedingungen im Spannungsfeld zwischen Tarif- und Betriebsaut., NZA 1995, S.5(7); Däubler, Tarifvertragsr., S.160 Rn243; Rieble, der sich zwar etwas widersprüchlich äußert, wenn er eine Regelungsobliegenheit der Koalitionen nur für einen elementaren Kernbereich bejaht, den er in der synalagmatischen Festlegung von Leistung und Gegenleistung sieht und dann aber zu dem richtigen Ergebnis kommt, daß der TV den Entgeltmaßstab selbst festlegen muß und nur enge Rahmenregelungen wie in der Metallindustrie bzw. klar nach Voraussetzungen und Umfang definierte Entgeltermßäigungen möglich sind Rieble, Volker: Krise des Flächentarifvertrags? in RdA 1996, S. 151 ff und Zachert, der allerdings über Art.80 I 2 GG analog nur nach Inhalt, Zweck und Ausmaß bestimmte Klauseln zulassen will, in: Krise des Flächentarifvertrages? RdA 1996, S.140(142f,145)

516 Berg in Däubler, Kittner, Klebe, BetrVG, 4.Auflage 1994, §77 Rn75 m. w. Nachw.

Bestand von tariflichen Mindestarbeitsbedingungen noch für den Einfluß der Gewerkschaften generell eine Gefahr dar. Wenn die Tarifvertragsparteien einen bestimmten Rahmen für die Abweichungen vorgeben und die Ausnahmen nur für konkret beschriebene Notfälle zulassen, bestimmen sie nämlich auch die im Ausnahmefall geltenden Mindestarbeitsbedingungen noch selbst. Die Gewähr für einen angemessenen Mindestlohn dürfte aber dort in Gefahr geraten, wo tariflich kein oder ein zu weiter Rahmen gesetzt wird. Ob Abweichungen von 10%, 15% oder sogar 20% hinnehmbar wären, wird nicht nur von der Höhe des eigentlichen Tariflohns abhängen und ist wohl nur im Einzelfall zu entscheiden. Nicht unerheblich sein könnte hier, ob die Öffnungsklausel unbefristete Härtefallregelung erlaubt oder welche Fristen vorgesehen sind. Einfluß haben wird zudem, ob die Ausnahmen von tariflich festgelegten Kriterien abhängig gemacht werden, um dem Mißbrauch und damit der Gefahr einer breiten Tarifunterschreitung entgegenzuwirken. Je kürzer eine Frist gesetzt ist und je präziser die Voraussetzungen für die Ausnahmen bestimmt sind, desto geringer wird man die Auswirkungen auch größerer Abweichungen auf das tarifliche Niveau einschätzen können.

Auch die Stellung der Koalitionen dürfte nicht generell gefährdet sein, wenn den Betriebsparteien die Möglichkeit eingeräumt wird, untertarifliche Sanierungsvereinbarungen abzuschließen. Die Gefahr, daß die Arbeitnehmer in den Betriebsparteien beitragsfreie Ersatzgewerkschaften sehen und deshalb meinen, auf die Gewerkschaftsmitgliedschaft verzichten zu können, wird aber dann auftreten, wenn sie den Eindruck gewinnen können, daß es im wesentlichen die Betriebsparteien sind, die ihre Löhne vereinbaren. Dieser Eindruck wird sich nur vermeiden lassen, wenn den Betriebsparteien nur ein sehr geringer Umfang bei den Abweichungen zugestanden wird und / oder die betrieblichen Vereinbarungen von tarifvertraglich bestimmten Voraussetzungen abhängig sind. Eindeutige Kriterien zu bestimmen, mit deren Hilfe sich wirtschaftliche Notsituationen in den verschiedenen Betrieben sicher feststellen lassen, scheint, wie richtigerweise zu bedenken gegeben wird [517], allerdings nur schwer möglich. Auch können solche Öffnungsklauseln schwer handhabbar werden [518]. Stellt man zu hohe Anforderungen, die der Konkursreife nahekommen, werden Sanierungsvereinbarungen oft nicht mehr helfen können, weil die Sanierung aufgrund der Schwere der Krise nun ohnehin kaum noch

517 Wank: Empfiehlt es sich, die Regelungsbefugnisse der Tarifparteien im Verhältnis zu den Betriebsparteien neu zu ordnen, NJW 1996, S.2272(2281)

518 Ähnlich Lieb, der die Handhabbarkeit wie die Erfolgsaussichten von Härtefallklauseln allerdings allgemein sehr pessimistisch einschätzt, in: Mehr Flexibilität im Tarifvertragsrecht? "Moderne" Tendenzen auf dem Prüfstand, NZA 1994, S.289(290)

gelingen kann und es auch zu lange dauert, den Sanierungsfall festzustellen. Stellt man dagegen nur geringe Anforderungen, wächst die Gefahr des Mißbrauchs. Helfen könnte es hier, wenn die Tarifparteien sich, wie auch schon mal geschehen [519], die Zustimmung für den Einzelfall vorbehalten. Das müßte unbedenklich möglich sein und es schützt auch bei weniger konkret beschriebenen Voraussetzungen vor Mißbrauch, ermöglicht wenn erforderlich schnelle und damit wirksame Hilfe und wirkt zudem dem Eindruck entgegen, daß die Betriebsparteien die Koalitionen ersetzen können.

In diesen Grenzen, die sich abstrakt nur schwer konkreter darstellen lassen, dürften die Regelungssperre und die Tarifautonomie der Tariföffnung für untertarifliche Sanierungsvereinbarungen damit nicht entgegenstehen.

1.2 Außenseiterwirkung und Einigungsstelle

Damit ist aber noch nicht geklärt, ob die Betriebsparteien eigene Regelungskompetenzen für die materiellen Arbeitsbedingungen haben und ihre Sanierungsvereinbarungen somit auch für Tarifaußenseiter gelten können. Zudem scheint fraglich, ob sich individualvertragliche Ansprüche durch Betriebsvereinbarungen überhaupt kürzen lassen.

Anders als tarifliche Vereinbarungen, die nach § 4 Abs. 1 TVG nur zwischen beiderseits Tarifgebundenen gelten, gilt die Betriebsvereinbarung gemäß § 77 Abs. 4 BetrVG grundsätzlich zwar für alle im Betrieb Beschäftigten. Teilweise werden aber ernstzunehmende Bedenken vorgebracht, ob das auch so sein kann, wenn Regelungen über materielle Arbeitsbedingungen durch Inhaltsnormen aufgrund von tariflichen Öffnungsklauseln getroffen werden [520]. Argumentiert wird damit, daß der Betriebsrat hier keine eigene Regelungskompetenz habe, weil diesbezüglich kein Mitbestimmungsrecht aus § 87 BetrVG

519 Vgl. Chemiebranche öffnet Tarife, in Weser Kurier v. 4.6.1997, S.1 und Ergänzung zum Bundesentgelttarifvertrag (BETV) AuA 1997, S.268

520 Zachert: Rechtsfragen zu den aktuellen Tarifverträgen über Arbeitszeitverkürzung und Beschäftigungssicherung, ArbuR 1995, S.1(8f); Wank: Empfiehlt es sich, die Regelungsbefugnisse der Tarifparteien im Verhältnis zu den Betriebsparteien neu zu ordnen, NJW 1996, S.2273(2275,2280f); Heinze: Kollektive Arbeitsbedingungen im Spannungsfeld zwischen Tarif- und Betriebsautonomie, NZA 1995, S.5(7); Weyand: Möglichkeiten und Grenzen der Verlagerung tariflicher Regelungskompetenzen auf die Betriebsebene, ArbuR 1989, S.193(197f); Waltermann: Zuständigkeiten und Regelungsbefugnisse im Spannungsfeld zwischen Tarifautonomie und Betriebsautonomie, RdA 1996, S.129(136f); Walker: Möglichkeiten und Grenzen einer flexibleren Gestaltung von Arbeitsbedingungen, ZfA 1996, S.353(364ff)

besteht; die Tarifparteien würden dem Betriebsrat durch die Tariföffnung folglich eine Regelungsmacht verleihen, die sie selbst nicht haben, wenn die Betriebsvereinbarung die Tarifaußenseiter einbezieht; dies sei eine unzulässige Umgehung der in § 3 Abs. 1 TVG enthaltenen Begrenzung der Tarifbindung an beiderseits Organisierte und verstoße gegen die negative Koalitionsfreiheit; der Betriebsrat könne deshalb allenfalls Regelungen treffen, die sich auf Tarifgebundene beziehen [521]. Zutreffend an dieser Argumentation scheint zwar, daß der Betriebsrat Vereinbarungen mit Wirkung für die Tarifaußenseiter nur wird treffen können, wenn er eine eigene Zugangsberechtigung hat und § 87 BetrVG enthält tatsächlich kein Mitbestimmungsrecht für die Regelung der materiellen Arbeitsbedingungen. Zudem bringt der Betriebsrat, wie man einräumen muß, wenig Eignung für diese Aufgabe mit [522].

Dennoch wird man mit der Rechtsprechung und der wohl herrschenden Meinung in der Literatur [523] davon ausgehen können, daß die Betriebsparteien kraft Gesetzes eine eigene allgemeine Regelungskompetenz haben und ihre Betriebsvereinbarungen auch für die Außenseiter gelten. Das BetrVG enthält mit § 88 nämlich eine Norm, die freiwillige Betriebsvereinbarungen in den Bereichen ermöglicht, für die kein Mitbestimmungsrecht besteht [524]. Die materiellen Arbeitsbedingungen gehören zwar auch nicht zu den dort aufgeführten Regelungsbereichen. Die Aufzählung ist jedoch nicht abschließend. Das Gesetz führt die ausdrücklich genannten Gegenstände nur bespielhaft auf; sie können insbesondere geregelt werden [525]. Ähnlich sieht es der Große Senat des BAG, der § 88 BetrVG als Auffangnorm für freiwillige Betriebsvereinbarungen betrachtet, die auch nur irgendeinen entfernten Bezug zu den in der Norm ausdrücklich aufgeführten sozialen Angelegenheiten aufweist [526], was man von

521 Wank: Empfiehlt es sich, die Regelungsbefugnisse der Tarifparteien im Verhältnis zu den Betriebsparteien neu zu ordnen, NJW 1996, S.2273(2275,2280f); Weyand: Möglichkeiten und Grenzen der Verlagerung tariflicher Regelungskompetenzen auf die Betriebsebene, ArbuR 1989, S.193(197f); Waltermann: Zuständigkeiten und Regelungsbefugnisse im Spannungsfeld zwischen Tarifautonomie und Betriebsautonomie, RdA 1996, S.129(136f)

522 Vgl. oben unter III 2.1.1.2.3

523 BAG, Beschluß v. 18.8.1987, NZA 1987, S.779(782 und 783); BAG GS, Beschluß v. 7.11.1989, DB 1990, S.1724f; Zöllner: Flexibilisierung des Arbeitsrechts, ZfA 1988, S.265(275f); Hoyningen-Huene, Meier-Krenz: Flexibilisierung des Arbeitsrechts durch Verlagerung tariflicher Regelungskompetenz auf den Betrieb, ZfA 1988, S. 293(304f); Däubler, Tarifvertragsrecht, S.159 Rn242

524 Hoyningen-Huene, Meier-Krenz: Flexibilisierung des Arbeitsrechts durch Verlagerung tariflicher Regelungskompetenz auf den Betrieb, ZfA 1988, S. 293(304)

525 BAG, Beschluß v.18.8.1987, DB 1987, S.2257(2258)

526 BAG GS, Beschluß v. 7.11.1989, DB 1990, S.1724f

beschäftigungssichernden Sanierungsvereinbarungen schließlich auch behaupten kann. Für eine umfassende Regelungsbefugnis spricht desweiteren § 77 Abs. 3 BetrVG. Wenn die Norm Betriebsvereinbarungen über die materiellen Arbeitsbedingungen ausschließt, falls diese durch den Tarifvertrag nicht ausdrücklich zugelassen werden, so ist dem, wie das BAG anführt, positiv ausgedrückt zu entnehmen, daß in den Schranken von § 77 Abs. 3 BetrVG jede durch Tarifvertrag gemäß § 1 Abs. 1 Satz 1 regelbare Angelegenheit grundsätzlich Gegenstand einer Betriebsvereinbarung sein kann [527]. Zudem haben die Betriebsparteien durch § 87 Abs. 1 Nr. 2, 10 und 11 Mitbestimmungsrechte, die zwar keine Vereinbarungen über die Dauer der Arbeitszeit und die Lohnhöhe, wohl aber zu diesen Bereichen ermöglichen und sich sogar auf die Höhe des auszuzahlenden Betrages auswirken können. Außerdem steht die umfassende Kompetenz nicht nur in Übereinstimmung mit den Gesetzesmaterialien zu § 77 Abs. 3 BetrVG und der Vorgängervorschrift § 59 BetrVG 1952 [528], sie entspricht auch der kurzen historischen Entwicklung der Betriebsautonomie, in der die Betriebsräte schon nach § 78 Nr. 2 des Betriebsrätegesetzes aus dem Jahr 1920 die Möglichkeit hatten, Betriebsvereinbarungen über materielle Arbeitsbedingungen abzuschließen, wenn kein Tarifvertrag bestand [529]. Die Tarifparteien übertragen folglich nicht ihre eigene Regelungskompetenz, sondern heben nur die Regelungssperre auf [530]. Es handelt deshalb genaugenommen auch nicht um eine Deligierung von Regelungskompetenzen.

Zumindest rein formal betrachtet trifft es deshalb auch zu, daß die negative Koalitionsfreiheit der Tarifaußenseiter nicht verletzt wird, weil nicht die Wirkung der Tarifnormen erweitert und auf sie erstreckt wird, sondern ihre Arbeitsbedingungen nur entsprechend den tariflichen Vorgaben durch Betriebsvereinbarungen geändert werden, für deren Inhalt die Betriebsparteien eigene Regelungsbefugnisse haben und die kraft Gesetzes für alle im Betrieb gelten [531].

527 BAG GS, Beschluß v. 7.11.1989, DB 1990, S.1724(1725)
528 BAG GS, Beschluß v. 7.11.1989, DB 1990, S.1724f
529 Neumann: Tarif- und Betriebsautonomie, RdA 1990, S.257(258)
530 BAG, Beschluß v. 18.8.1987, NZA 1987, S.779(782 und 783); BAG GS, Beschluß v. 7.11.1989, DB 1990, S.1724f; Zöllner: Flexibilisierung des Arbeitsrechts, ZfA 1988, S.265(275f); Hoyningen-Huene, Meier-Krenz: Flexibilisierung des Arbeitsrechts durch Verlagerung tariflicher Regelungskompetenz auf den Betrieb, ZfA 1988, S. 293(304f); Däubler, Tarifvertragsrecht, S.159 Rn242
531 BAG, Beschluß v. 18.8.1987, NZA 1987, S.779(782 und 783); Zöllner: Flexibilisierung des Arbeitsrechts, ZfA 1988, S.265(275f); Hoyningen-Huene, Meier-Krenz: Flexibilisierung des Arbeitsrechts durch Verlagerung tariflicher Regelungskompetenz auf den Betrieb, ZfA 1988, S.293(304f)

Zugeben müssen wird man der Gegenauffassung allerdings, daß die Tariföffnung der Deligierung von Regelungsbefugnissen tatsächlich sehr nahe kommt, zumal sich eine potentielle Beeinflussung der Betriebspartner durch die Rahmenvorgaben des Tarifvertrags nicht leugnen läßt [532] und so im Ergebnis faktisch doch tarifliche Inhaltsnormen auf Außenseiter übertragen werden. Insofern scheint ein Eingriff in die negative Vereinigungsfreiheit immerhin denkbar. Speziell wenn die Tarifparteien abweichend von der gesetzlichen Regelung für freiwillige Betriebsparteien die Einrichtung eines Einigungsverfahrens mit einer tariflichen Schlichtungsstelle vereinbaren, fragt sich, ob sie sich nicht doch Kompetenzen anmaßen, die sie nach dem Gesetz nicht haben und gegen § 3 Abs. 1 TVG sowie die negative Koalitionsfreiheit verstoßen [533]. Das BAG hat die Einrichtung einer solchen Schlichtungsstelle im Bezug auf die Dauer der Arbeitszeit mit der Begründung zugelassen, daß die Regelung zur Einrichtung der Einigungsstelle ausschließlich das Verhältnis von Arbeitgeber und Betriebsrat betreffe und somit eine betriebsverfassungsrechtliche Norm sei, die nach § 3 Abs. 2 TVG grundsätzlich für alle Betriebe gilt, deren Arbeitgeber tarifgebunden ist [534].

Unberücksichtigt bleibt dabei, daß die Tarifparteien die tarifliche Einigungsstelle nicht nur einrichten. Wenn Arbeitgeber und Betriebsrat sich nicht einigen, wird die Einigung nämlich durch die Entscheidung der tariflichen Schlichtungsstelle und damit durch eine Entscheidung der Tarifparteien ersetzt. Damit räumen sie sich letztlich tatsächlich selbst die Kompetenz für Inhaltsnormen mit Außenseiterwirkung ein, die sie nach dem TVG nicht bzw. allenfalls durch § 3 Abs. 2 TVG haben, wenn sie eine inhaltliche Vereinbarung mit einer betriebs- oder betriebsvervassungsrechtlichen Regelung in einer Tarifnorm kombinieren [535], was verfassungsrechtlich nicht weniger bedenklich ist. Es scheint zweifelhaft, ob man einen Eingriff in die negative Koalitionsfreiheit dann noch mit dem Argument verneinen kann, daß die Rechtsstellung der Außenseiter schließlich nicht verschlechtert werde, weil ihnen günstigere Individualvereinbarungen nach dem Günstigkeitsprinzip nicht genommen werden können [536], wenn man bedenkt, daß dies auch für die Tarifgebundenen gilt und die negative Vereinigungsfreiheit den Außenseitern folglich gerade ungünstigere Vereinbarungen ermöglicht.

532 Henssler: Flexibilisierung der Arbeitsmarktordnung; ZfA 1994, S.487(498)

533 Walker: Möglichkeiten und Grenzen einer flexiblere Gestaltung von Arbeitsbedingungen, ZfA 1996, S.353(367)

534 BAG, Beschluß v. 18.8.1987, NZA 1987, S.779(782f)

535 Zachert: Krise des Flächentarifvertrages, RdA 1996, S.140(146f)

536 So aber das BAG, Beschluß v. 18.8.1987, NZA 1987, S.799(782)

Weil das Günstigkeitsprinzip nach ganz überwiegender Ansicht zwischen Betriebsvereinbarungen und arbeitsvertraglichen Vereinbarungen als allgemeiner Grundsatz des Arbeitsrechts anzuwenden ist und die günstigeren Regelungen in den einzelnen Arbeitsverträgen somit vorgehen [537], wird eine einheitliche Lohnreduzierung durch Betriebsvereinbarungen unabhängig von der Außenseiterwirkung allerdings ohnehin nicht möglich sein [538]. Die Löhne der Tarifaußenseiter wie auch individualvertraglich vereinbarte übertarifliche Löhne von Gewerkschaftsmitgliedern werden sich durch eine Betriebsvereinbarung nämlich selbst dann nicht senken lassen, wenn diese für sie gilt, denn den niedrigeren Lohn könnte man nur als günstiger ansehen, wenn man das Arbeitsplatzargument in den Günstigkeitsvergleich einbezieht. Für alle im Betrieb Beschäftigten würde sich der Lohn zudem nur dann senken lassen, wenn ein kollektiver Günstigkeitsvergleich vorgenommen werden könnte. Beides ist wie schon untersucht aber nicht möglich [539]. Günstigere Individualvereinbarungen wird man folglich nur arbeitsvertraglich reduzieren können. In der Praxis dürfte das aber kaum ein Problem darstellen, denn die meisten der betreffenden Arbeitnehmer werden schon aus Sorge um den eigenen Arbeitsplatz oder aus Solidarität zu den Kollegen zustimmen. Es wird sich vermutlich kaum ein Arbeitnehmer finden, der sich hier widersetzen und damit den Unmut der Kollegen und seines Arbeitgebers auf sich ziehen würde.

1.3 Die Verbindung mit beschäftigungssichernden Vereinbarungen

Interessant scheint dann noch, ob sich beschäftigungssichernde Vereinbarungen, mit den Härtefallregelungen verbinden lassen, wie immer wieder vorgeschlagen wird [540]. Es fragt sich zwar, ob ein solcher Ausgleich in jedem Fall sinnvoll ist oder dem Erfolg der Sanierungsvereinbarung eher entgegenstehen kann, weil die Konkurrenzfähigkeit eines Betriebes sich realistisch betrachtet wohl nicht immer ohne Personalabbau wieder herstellen lassen wird. Rechtlich scheint die Verbindung durch Betriebsvereinbarungen aber möglich. Die Betriebsparteien haben auch in diesem Fall kein Mitbestimmungsrecht aus

537 Vgl. z.B. Walker: Möglichkeiten und Grenzen einer flexiblere Gestaltung von Arbeitsbedingungen, ZfA 1996, S.353(367) und BAG, Beschluß v. 18.8.1987, NZA 1987, S.779,780 und 782

538 Zu diesem Ergebnis kommt auch Walker, in: Möglichkeiten und Grenzen einer flexiblere Gestaltung von Arbeitsbedingungen, ZfA 1996, S.353(367)

539 Vgl. oben unter III 1.4 und 2.1.1.4

540 Vgl. z.B. Buchner: Beschäftigungssicherung unter dem Günstigkeitsprinzip, Beilage Nr.12/96 zu DB Heft 29/96, S.1(11) und Waltermann: Zuständigkeiten und Regelungsbefugnisse im Spannungsfeld zwischen Tarifautonomie und Betriebsautonomie, RdA 1996, S.129(137)

§ 87 Abs. 1 BetrVG. Sie müßten aber schon aufgrund der allgemeinen Regelungskompetenz die Möglichkeit haben, auch Regelungen zur Beendignung von Arbeitsverhältnissen zu treffen. Für eine Regelungskompetenz spricht hier zudem die im BetrVG durch § 102 Abs. 6 vorgesehene Möglichkeit der Betriebsparteien, Kündigungen von der Zustimmung des Betriebsrats abhängig zu machen [541]. Wenn die Betriebsparteien dies vorsehen können, scheint es sogar unabhängig von der Frage der allgemeinen Kompetenz richtig, daß sie in diesem Bereich auch generelle Regelungen treffen können und zwar als freiwillige Betriebsvereinbarungen nach § 88 BetrVG [542], denn auch beschäftigungssichernde Bestandsschutzregelungen kann man einen Bezug zu den sozialen Angelegenheiten zusprechen, den das BAG wohl verlangt und im Fall einer Ruhestandsregelung angenommen hat [543]. Da die Regelungssperre aus § 77 Abs. 3 BetrVG und der Tarifvorbehalt aus § 87 Abs. 1 BetrVG hier nicht greifen, müßte im Verhältnis zu tariflichen Vereinbarungen das Günstigkeitsprinzip als allgemeiner Grundsatz des Arbeitsrechts zur Anwendung kommen können. Grundsätzlich ist zwar umstritten, ob und in welchem Umfang es bei Abschluß- und Beendigungsnormen überhaupt gilt, weil es auf Inhaltsnormen zugeschnitten ist [544]. Anerkannt scheint aber, daß das BAG es auf Beendigungsnormen durchaus anwendet [545] und ein über tarifliche Beendigungsnormen hinausgehender Bestandsschutz zumindest arbeitsvertraglich nach dem Günstigkeitsprinzip jederzeit möglich ist [546]. Für Verbesserungen durch Betriebsvereinbarungen dürfte hier eigentlich nichts anderes gelten. Betriebsvereinbarungen über verlängerte Kündigungsfristen oder den zeitweiligen Ausschluß betriebsbedingter Kündigungen müssen folglich möglich sein.

Da auch die Tarifparteien durch § 1 Abs. 1 TVG grundsätzlich in der Lage sind, Beendigungsnormen zu vereinbaren und nicht zu erkennen ist, aus welchen Gründen es ihnen versagt sein sollte, eine zulässige Tariföffnung für Lohnvereinbarungen, die sie ja auch ganz unterlassen können, mit einer Bedingung zu verknüpfen, müßte es den Tarifparteien möglich sein, die Tariföffnung für Härtefälle mit der Bedingung bzw. Auflage zu verbinden, daß mit

541 Zachert: Rechtsfragen zu den aktuellen Tarifverträgen über Arbeitszeitverkürzung und Beschäftigungssicherung, ArbuR 1995, S.1(3)

542 Zachert: Rechtsfragen zu den aktuellen Tarifverträgen über Arbeitszeitverkürzung und Beschäftigungssicherung, ArbuR 1995, S.1(3)

543 BAG GS, Beschluß v. 7.11.1989, DB 1990, S.1724f

544 Däubler, Tarifvertragsrecht, S.136 Rn 190; Kempen, Zachert, Tarifvertragsgesetz, 3.Auflage, §4 Rn166

545 BAG GS, Beschluß v. 7.11.1989, DB 1990, S.1724(1725); anerkennend Kempen, Zachert, Tarifvertragsgesetz, 3.Auflage, §4 Rn191

546 Däubler, Tarifvertragsrecht, S.136 Rn 190; BAG NZA 1988, S.358

den Härtefallregelungen beschäftigungssichernde Vereinbarungen getroffen werden. Anweifeln könnte man hier allenfalls, ob beschäftigungspolitische Ziele nicht ausschließlich zu den staatlichen Aufgaben gehören und damit überhaupt in die Regelungskompetenz der Tarifparteien fallen. Dahingehende Einwände sind jedenfalls gegen Beschäftigungssicherungen in Tarifverträgen und beschäftigungspoltisch motivierte Arbeitszeitverkürzungen vorgebracht worden [547]. Wenn man dem folgen wollte, müßte man die Tariföffnung für Sanierungsvereinbarungen eigentlich gänzlich als unzulässig ansehen, denn die Lohnöffnung selbst ist wie die eventuell damit verbundene Bedingung, beschäftigungssichernde Regelungen zu vereinbaren, beschäftigungspolitisch motiviert, was sich nicht leugnen lassen wird. Das gleiche müßte im übrigen auch für Lohnzurückhaltung gelten, wenn diese mit Rücksicht auf den Arbeitsmarkt erfolgt. Strenggenommen würden die Tarifparteien durch eine solche Auslegung praktisch sogar dazu gedrängt, ausschließlich die Interessen ihrer Mitglieder ohne Rücksicht auf das drängende Problem der Arbeitslosigkeit zu vertreten. Ein Verhalten das ihnen häufig vorgeworfen wird [548].

Es ist aber nicht nur deshalb zweifelhaft, ob man den Tarifparteien die Regelungsmacht hier wirklich absprechen kann. Da ihnen von der Verfassung her eine bestimmte Aufgabe zugewiesen ist, entbehrt es zwar nicht jeder Grundlage, ihre Regelungskompetenz auch von der Motivation her einzuschränken. Ganz überzeugend ist das aber keineswegs, wenn die Kompetenz für den Regelungsgegenstand eindeutig besteht, zumal sich häufig nicht so einfach feststellen lassen wird, aus welchen Motiven heraus eine Vereinbarung getroffen wurde. Vor allem aber fragt sich, ob beschäftigungspolitische Ziele sich mit der Aufgabe, die den Tarifparteien durch Art. 9 Abs. 3 GG zugewiesen ist, nicht doch vereinbaren lassen. Entscheidend dafür ist nämlich, was unter der Wahrung und Förderung der Arbeits- und Wirtschaftsbedingungen zu verstehen ist [549] und dieser weite Begriff läßt viel Raum für Auslegung. Überzeugend scheint das Ergebnis einer Wortlautuntersuchung, nach der unter Arbeits- und Wirtschaftsbedingungen die Gesamtheit der Bedingungen zu verstehen ist,

547 Zöllner, DB 1989, S.2121; Bengelsdorft, ZfA 1990, S.563(570f), Loritz, ZfA 1990, S.133(163f) und Rieble: Beschäftigungspolitik durch Tarifvertrag, ZTR 1993, S.54ff m.w.N. dieser Position

548 Buchner: Beschäftigungssicherung unter dem Günstigkeitsprinzip, Beilage Nr. 12/96 zu DB Heft 29/96, S.5ff; Ehmann, Lambrich: Vorrang der Betriebs- vor der Tarifautonomie kraft des Subsidiaritätsprinzips, NZA 1996, S.346ff Reuter: Betriebsverfassung und Tarifvertrag, RdA 1994, S.152(154); Ehmann, Schmidt: Betriebsvereinbarungen und Tarifverträge, NZA 1995, S.193ff

549 Waltermann: Beschäftigungssicherung durch Tarifvertrag? NZA 1991, S.754(756)

unter denen abhängige Arbeit geleistet wird [550] und alles in die Regelungskompetenz fällt, was mit diesem Lebensbereich in Zusammenhang steht. Dazu rechnen können wird man nicht nur beschäftigungssichernde Regelungen, die dem Arbeitsplatzerhalt von Gewerkschaftsmitglieder dienen, sondern auch solche, die vorwiegend auf die Verbesserung der Beschäftigungssituation zielen. Das läßt sich schon damit begründen, daß die Beschäftigungssituation erheblichen Einfluß darauf hat, ob und in welchem Umfang es den Tarifparteien gelingt, ausgewogene Arbeitsbedingungen hervorzubringen [551], denn je höher die Arbeitslosigkeit ist, desto schwieriger wird es vor allem für die Gewerkschaften, angemessene Bedingungen durchzusetzen und zu gewährleisten, wie nicht zuletzt die Bemühungen zeigen, das tarifliche Lohnniveau mit dem Arbeitsplatzargument zu senken.

Dieses Ergebnis dürfte sich auch mit Äußerungen des Bundesverfassungsgerichts zum Aufgabenbereich der Tarifparteien vereinbaren lassen, nach denen Art. 9 Abs. 3 GG eine Ordnung des Arbeits- und Wirtschaftslebens gewährleistet und den Koalitionen die im öffentlichen Interesse liegende Aufgabe zuweist, insbesondere Löhne und sonstige Arbeitsbedingungen sinnvoll zu ordnen [552]. Diese Beschreibung scheint aufgrund des Zusatzes "insbesondere" nämlich nicht abschließend und läßt damit Platz für Vereinbarungen, die nicht unmittelbar oder ausschließlich zur Regelung der Arbeitsbedingungen dienen. Aber auch wenn man den Schluß zieht, daß das Gericht die eigentliche Aufgabe der Tarifparteien darin sieht, ausgewogene Arbeitsbedingungen hervorzubringen, wird man zu dem Ergebnis kommen können, daß beschäftigungspolitisch motivierte Vereinbarungen dazugehören, weil die Beschäftigungssituation den Tätigkeitserfolg beeinflußt und eine Verbesserung damit zumindest mittelbar der übertragenen Aufgabe dient. Man wird also davon ausgehen können, daß die Tarifparteien beschäftigungspolitische Ziele schon aus den genannten Gründen verfolgen dürfen unabhängig davon, ob man ein allgemeines gesamtgesellschaftliches Mandat der Tarifparteien befürwortet.

Richtig ist allerdings, daß sie bei ihrer Normgebung ähnlich wie der Staat die Grundrechte anderer zu beachten haben [553]. Ein Verstoß gegen Arbeitgebergrundrechte aus Art. 12 GG und Art. 14 GG, der vereinzelt in tariflichen beschäftigungspolitisch motivierten befristeten Kündigungsverboten gesehen

550 Waltermann: Beschäftigungssicherung durch Tarifvertrag? NZA 1991, S.754(757)

551 Ähnlich Waltermann: Beschäftigungssicherung durch Tarifv.? NZA 1991, S.754 (756)

552 BVerfG, Beschluß v. 24.5.1977 mit zahlreichen Hinweisen auf weitere Entscheidungen, BVerfGE 44, S.322(340/341)

553 Zachert: Rechtsf. zu aktu. Tarifv. über Arbeitszeitv. und Besch., ArbuR 1995, S.1(2)

wird [554], kann hier aber schon deshalb nicht vorliegen, weil die beschäftigungssichernden Vereinbarungen mit den Sanierungsvereinbarungen von den Betriebsparteien und damit durch die Unternehmer der betroffenen Betriebe selbst abgeschlossen würde. Außerdem wird man Zachert darin zustimmen können, daß auch bei tariflichen Beschäftigungsgarantien nur die Berufsausübungsfreiheit aus Art. 12 GG überhaupt betroffen sein kann, weil es das spezielle Grundrecht ist und Tarifparteien im Bezug auf Tarifinhalte, welche die Personalpolitik betreffen, die Kompetenz für weitreichende Regelungen zugestanden wird [555],

2 Die Tariföffnung gegenüber den Arbeitsvertragsparteien

Diese weniger diskutierte Alternative ist nicht unbedingt sinnvoll, weil die Verhandlungen wieder auf den einzelnen Arbeitnehmer und damit auf den schwächsten Verhandlungspartner verlagert würden. Grundsätzlich wird man die Tariföffnungsklauseln zugunsten der Arbeitsvertragsparteien aber als rechtlich zulässig ansehen müssen, denn hier kommt § 4 Abs. 3 TVG zur Anwendung, der abweichende Abmachungen erlaubt, wenn der Tarifvertrag es gestattet und darunter können vom Wortlaut her, der keinen Hinweis auf irgendwelche Grenzen der Tariföffnung enthält, nach allgemeiner Auffassung problemlos auch nach unten abweichende Abmachungen verstanden werden [556]. Trotzdem fragt sich, ob hier eine weitergehende Deligierung möglich ist als gegenüber den Betriebsparteien. Da auch hier der Gesetzeszweck der Regelung, zu der die Ausnahme ermöglicht wird, und Art. 9 Abs. 3 GG zu beachten sind, wird auch Tariföffnung dort ihre Grenzen finden müssen, wo der Schutz für das tarifliche Mindestniveau, den die verfassungsrechtlich geschützte Unabdingbarkeit bietet, ernsthaft gefährdet wird. Gegen eine völlige Selbstentäußerung spricht auch hier zudem die Analogie zu Art. 80 Abs. 1 Satz 1 GG und die BAG-Rechtsprechung zur dynamischen Verweisung [557].

554 Rieble: Beschäftigungspolitik durch Tarifvertrag, ZTR 1993, S.54 und Scheurer: Beschäftigungsgarantien unzulässig, KND Nr.82 Arbeitgeber v.4.11.1993, S.1f nach Zachert: Rechtsfragen zu den aktuellen Tarifverträgen über Arbeitszeitverkürzung und Beschäftigungssicherung, ArbuR 1995, S.1(2) Fn.14

555 Zachert, der dies ausführlich aus der Rechtsprechung des BAG, AP Nr.1 zu §1 TVG Tarifverträge, AP Nr.57 zu Art.9 GG und AP Nr.56 zu Art.5 GG ableitet, in: Rechtsfragen zu den aktuellen Tarifverträgen über Arbeitszeitverkürzung und Beschäftigungssicherung, ArbuR 1995, S.1(2)

556 Waltermann: Zuständigkeiten und Regelungsbefugnisse im Spannungsfeld zwischen Tarif. und Betriebsaut., RdA 1996, S.129(135); Lieb: Mehr Flexibilität im Tarifvertragsrecht? "Moderne" Tendenzen auf dem Prüfstand, NZA 1994, S.289(290)

557 Vgl. oben unter IV 1.1.2

Wo die Grenzen dann liegen, läßt sich auch für die Tariföffnung gegenüber den Arbeitsvertragsparteien noch nicht genau sagen. Wenn man bedenkt, daß es, wie schon im Bezug auf die Vorschläge zur Neuinterpretation des Günstigkeitsprinzips aufgezeigt, erhebliche Gefahren für die Schutzwirkung der Unabdingbarkeit mit sich bringen würde, den Arbeitsvertragsparteien das Feld zu überlassen [558], wird man die Grenzen aber kaum weniger eng ziehen können als bei der Tariföffnung gegenüber der betrieblichen Ebene. Eine Öffnungsklausel, die den Arbeitsvertragsparteien im nicht näher beschriebenen Krisenfall unbegrenzte Tarifabweichungen erlaubt, würde man wohl nicht mehr als zulässig ansehen können, denn in diesen Fall wären angemessene Mindestarbeitsbedingungen im Zweifel nicht mehr zu gewährleisten und dem müßte die Tarifautonomie entgegenstehen. Wenn im Tarifvertrag dagegen ein Rahmen für die Tarifabweichung festgelegt ist, der ein akzeptables absolutes Mindestniveau gewährleistet und die Feststellung des Sanierungsfalls von bestimmten Kriterien abhängig gemacht wird oder die Tarifparteien sich, was noch besser wäre, die Zustimmung zu den Sanierungsvereinbarungen vorbehalten, um dem Mißbrauch entgegenzuwirken, wird man wohl zu einem anderen Ergebnis kommen können.

558 Vgl. oben unter III 1.4.7 und 1.4.8

V Die Durchsetzung tariflicher Rechte gegen rechtswidrige tarifunterschreitende Vereinbarungen

Wenn arbeitsvertraglich oder auf der betrieblichen Ebene Sanierungsvereinbarungen getroffen worden sind, die mit den rechtlichen Vorschriften nicht zu vereinbaren sind, fragt sich, wer was dagegen unternehmen kann, damit der Einzelne seinen Tariflohn wieder erhält, aber auch um zu verhindern, daß das tarifliche Lohnniveau in breitem Umfang unterlaufen wird und damit der Auftrag, der den Tarifparteien von der Verfassung her übertragen ist, in Gefahr gerät, zumal der Tarifbruch, wie immer wieder festgestellt wird, ständig zunimmt [559]. Die tarifliche Festsetzung der Arbeitsbedingungen wird ihren Schutzzweck nämlich kaum mehr erfüllen können, wenn sie sich in der Praxis gegen rechtswidrige Vereinbarungen immer weniger durchzusetzen vermag [560]. Falls rechtswidrige Tarifunterschreitungen nicht tatsächlich verdrängt werden, kann es durchaus dazu kommen, daß die schlechten Beispiele Schule machen und schließlich sogar tariftreue Konkurrenten sich gezwungen sehen nachzuziehen. Im ungünstigsten Fall wären die tariflichen Arbeitsbedingungen insgesamt nicht mehr zu gewährleisten. Auch würden die Gewerkschaftsmitgliedschaft und der Einsatz für Tarifbedingungen ihren Sinn für die Arbeitnehmer verlieren, wenn diese nur theoretisch und nicht auch praktisch gelten.

Unstreitig ist, daß tarifabweichende Vereinbarungen unwirksam bzw. nichtig sind und den Betriebsvereinbarungen keine normative Wirkung zukommen kann, wenn die Grenzen aus § 77 Abs. 3 BetrVG und / oder § 4 Abs. 3 TVG überschritten sind [561]. Unstreitig ist auch, daß die tarifgebundenen Arbeitnehmer im Fall einer unwirksamen Regelung Anspruch gegen den Arbeitgeber auf die tariflich vereinbarte Leistung haben, die gemäß § 4 Abs. 1 TVG zwingend für sie gilt. Die Unwirksamkeit ergibt sich, soweit gegen die Tarifautonomie verstoßen wird, schon aus Art. 9 Abs. 3 Satz 2 GG, wie das BAG zutreffend

559 BAG Beschluß v.20.4.1999, 1 ABR 72/98 unter B II 2. b bb der Gründe; Hensche: Tarifflucht in juristischen Formen, ArbuR 1996, S.331 (332), Buchner: Beschäftigungs. u. d. Günstigkeitsp., Beil. Nr. 12/96 zu DB Heft 29/96, S.3(8) und DGB beklagt immer mehr Verstöße / Wird Tarifbruch salonf., in Weser K. v.6.1.1999, S.1

560 BAG Beschluß v.20.4.1999, 1 ABR 72/98 unter B II 2. b bb der Gründe

561 Kempen, Zachert, TVG, Kommentar, 3. Auflage 1997, §4 Rn122; BAG, Beschluß v.18.8.1987, DB 1987, S.2256(2263); Gamillscheg: Durchsetzungsschwächen des Tarifvertrags, ArbuR 1996, S.354(355), Ehmann, Schmidt: Betriebsvereinbarungen und Tarifverträge, NZA 1995, S.193(202); Däubler, Tarifvertragsrecht, S.580 Rn1376 und: Das neue Klagerecht der Gewerkschaften bei Tarifbruch des Arbeitgebers, AiB 1999, S.481(483), LAG Baden Würtemberg v.16.1. 1997, AbuR 1997, S.219f

feststellt [562]. Allerdings bedeutet nicht jede (arbeitsvertragliche) tarifwidrige Vereinbarung nach der Rechtsprechung des BAG einen Grundrechtsverstoß [563]. Hier ergibt sich die Unwirksamkeit der untertariflichen Vereinbarungen dann mittelbar aus der zwingenden Wirkung der Tarifnormen. Zudem könnte man an § 134 BGB in Verbindung mit den §§ 4 TVG, 77 Abs. 3 BetrVG denken. Wurde wie häufig im Rahmen der Sanierungsvereinbarungen zum Ausgleich für den Verzicht auf tarifliche Rechte eine beschäftigungssichernde Zusage gegeben, stellt sich die Frage, was bei der Wiederherstellung des Tarifniveaus aus dieser wird. Eine solche Zusage oder Vereinbarung muß nicht unbedingt von der Unwirksamkeit erfaßt werden [564].

Soweit die gesamte Abmachung im Wege einer Betriebsvereinbarung erfolgte, ist die tarifwidrige Bestimmung nach § 77 Abs. 3 BetrVG und Art. 9 Abs. 3 Satz 2 GG nichtig. Die Beschäftigungsgarantie könnte davon jedoch unberührt bleiben, wenn sich ihr Regelungsgegenstand, das heißt z.B. ein befristeter Verzicht auf eine betriebsbedingte Kündigung, nirgends im Tarifvertrag findet, wäre sie als solche nicht durch § 87 Abs. 1 BetrVG ausgeschlossen. Unwirksam könnte sie dann nur noch werden, wenn sich die Nichtigkeit des anderen Teils der Betriebsvereinbarung nach § 139 BGB oder anderen Rechtsgrundlagen auf sie erstreckt. Das muß aber nicht der Fall sein, denn die Rechtsprechung [565] wendet § 139 BGB wie die weit überwiegende Literatur [566] hier nicht an und stellt allein darauf ab, ob der verbleibende Teil der Vereinbarung für sich allein betrachtet noch eine sinnvolle und in sich geschlossene Regelung darstellt [567]. Jedenfalls, wenn man entsprechend dem Charakter als abstrakte Regelung nicht auf die Absichten der Normgeber, sondern allein auf die objektive Handhabbarkeit abstellt [568], wird man zu dem Ergebnis kommen können, daß die Beschäftigungszusage eine in sich geschlossene und sinnvolle

562 BAG Beschluß v.20.4.1999, 1 ABR 72/98, NZA 1999, S.887ff = DB 1999. S.1555ff unter B II 2. a der Gründe

563 BAG Beschluß v.20.4.1999, 1 ABR 72/98, NZA 1999, S.887ff = DB 1999. S.1555ff unter B II 2. b bb der Gründe

564 So jedenfalls Däubler: Das neue Klagerecht der Gewerkschaften bei Tarifbruch des Arbeitgebers, AiB 1999, S.481(483) und Berg, Platow: Unterlassungsanspruch der Gewerkschaft gegen tarifwidrige betriebliche Regelungen, DB 1999, S.2362(2366)

565 Vgl. z.B. BAG, DB 1991 S.1076(1078)

566 Berg in Däubler, Kittner, Klebe, BetrVG, Kommentar, 6.Auflage, §77 Rn57; Fitting, Kaiser, Heither, Engels, BetrVG, Kommentar, 19.Auflage, §77 Rn30; Keutz in Gemeinschaftskommentar zum BetrVG, 6.Auflage, §77 Rn49 mit weiteren Nachweisen

567 BAG, DB 1991 S.1076(1078)

568 Däubler: Das neue Klagerecht der Gewerkschaften bei Tarifbruch des Arbeitgebers, AiB 1999, S.481(483)

Regelung darstellt, zumal die beiden Teile der Betriebsvereinbarung als solche völlig unterschiedlichen Regelungsbereichen angehören.

Wurde die Regelung durch arbeitsvertragliche Einheitsregelungen vollzogen, denen in der Regel eine Betriebsabsprache zugrunde liegen wird, sieht es ähnlich aus. Auch hier besteht Einigkeit, daß sich die Unwirksamkeit eines tarifwidrigen Teils der Vereinbarung, der durch die tarifliche Regelung verdrängt wird, nicht nach § 139 BGB auf den unbedenklichen Teil erstreckt [569]. Daran wird man wohl auch festhalten können, wenn ein Teil der Abmachung nur deshalb rechtswidrig ist, weil sich diese insgesamt nicht als günstiger im Sinne von § 4 Abs. 3 TVG erweist [570].

1 Außergerichtliche Durchsetzungsmöglichkeiten

Die außergerichtlichen Möglichkeiten scheinen sehr begrenzt. Da das BAG den Streik nur als zulässig ansieht, wenn es um den Abschluß von Tarifverträgen geht und nicht als taugliches Mittel zur Durchsetzung bestehender Rechte [571], bleiben den Arbeitnehmern nur Zurückbehaltungsrechte aus den §§ 273 Abs. 1, 320 Abs. 1 BGB, die auch gemeinsam ausgeübt werden können [572]. Die Gewerkschaften können den Arbeitgeber außergerichtlich wohl nur dazu auffordern, seine Verpflichtungen einzuhalten, ihre Mitglieder über das Zurückbehaltungsrecht aufklären und eventuell dessen Ausübung organisieren [573]. Solidarisierungsprozessen sind aber enge Grenzen gesetzt, da das Zurückbehaltungsrecht ausschließlich den Arbeitnehmern zusteht, gegenüber denen der Arbeitgeber seine Pflichten verletzt hat und das BAG meint, daß das Geschehen als Streik zu werten sei, wenn auch Arbeitnehmer, denen kein Zurückbehaltungsrecht zusteht, an gemeinsamen Aktionen der betroffenen Kollegen teilnehmen [574]. Zudem hat das BAG die zulässige gemeinsame Ausübung schon

569 Gegen die Anwendbarkeit von §139 BGB auf Arbeitsverträge BAG, DB 1979, S.553(555), Däubler, Arbeitsr. 2, 11.Aufl., Rn186 und Gamillscheg, Kollektives Arbeitsrecht I, München 1997, S.792 sowie Wiedemann, Wank, TVG Kommentar, 6.Auflage, §4 Rn372

570 Däubler: Das neue Klagerecht der Gewerkschaften bei Tarifbruch des Arbeitgebers, AiB 1999, S.481(483); Einschränkend, Wiedemann, Wank, TVG Kommentar, 6.Auflage, §4 Rn372

571 BAG, Urteil v.14.2.1978, DB 1978, S.1403ff

572 BAG AP Nr.23 zu Art.9 GG Arbeitskampf Bl.6 nach Däubler: Kollektive Durchsetzung individueller Rechte? S.305(307) und Kempen, Zachert, Tarifvertragsgesetz, 3.Auflage, §4 Rn95ff

573 Däubler, Arbeitsrecht 1, S.392

574 BAG AP Nr.32 zu Art.9 GG Arbeitskampf Bl.6R/7

mal mit der Begründung in Frage gestellt, daß streikähnliche Verhaltensweisen im Vordergrund standen und verlangt, daß die Beteiligten dem Arbeitgeber in einer jeden Zweifel ausschließenden Weise davon in Kenntnis setzen, daß sie nicht etwa streiken, sondern ein Zurückbehaltungsrecht ausüben wollen [575].

Außerdem trägt der Arbeitnehmer im Streitfall die volle Darlegungs- und Beweislast. Diese restriktive Rechtsprechung scheint durchaus kritikwürdig. Dennoch soll auf diese Fragen [576] nicht näher eingegangen werden, denn die praktische Bedeutung dieses Rechtsinstituts ist ohnehin nicht hoch und dürfte insbesondere im Fall von rechtswidrigen Sanierungsvereinbarungen nicht nur durch die von der Rechtsprechung geschaffenen Hürden sehr gering sein [577]. Von seltenen Ausnahmen abgesehen ist nämlich nicht damit zu rechnen, daß betroffene Arbeitnehmer sich durch die Ausübung ihres Rechts überhaupt gegen eine Vereinbarungen wenden wollen, die sie selbst oder der Betriebsrat mit dem Arbeitgeber getroffen haben, um den Betrieb zu erhalten. Die meisten werden im Interesse ihres Arbeitsplatzes hinter solchen Regelungen stehen. Außerdem würden sie sich durch die Ausübung ihres Rechts nicht nur gegen den Arbeitgeber, sondern auch gegen den Betriebsrat und die Kollegen stellen und müßte somit auch deren Repressionen fürchten. Aus diesem Grund würde selbst das Streikrecht hier kaum helfen können, wenn man es den Arbeitnehmern zur Durchsetzung ihrer Ansprüche zugestehen wollte. Ähnlich verhält es sich mit dem Betriebsrat. Er wird in kaum einem Fall bereit sein, gegen Sanierungsvereinbarungen vorzugehen, denn er ist, wie die Erfahrung zeigt, fast immer in irgendeiner Weise daran beteiligt und würde sich, auch wenn das einmal nicht so sein sollte, nicht gegen die gesamte Belegschaft stellen wollen, die um ihre Arbeitsplätze besorgt ist. Nach wohl einhelliger Einschätzung hätte er aber auch kaum wirksame Durchsetzungsmittel [578]. Da ihm die Durchsetzungsmaßnahmen aus dem BetrVG nur zustehen, wenn zugleich Mitbestimmungsrechte berührt sind, könnte er außergerichtlich nur die betroffenen Kollegen über ihre Möglichkeiten aufklären und den Arbeitgeber zur Abhilfe mahnen, wenn es wie hier um eine nicht mitbestimmungspflichtige Angelegenheit geht [579]. Das wäre genaugenommen allerdings sogar seine Pflicht, weil er nach § 80 Abs. 1 BetrVG darüber zu wachen hat, daß die Tarifnormen

575 BAG AP Nr.32 zu Art.9 GG Arbeitskampf Bl.7R

576 Ausführlich dazu Kempen, Zachert, TVG, 3.Auflage, §4Rn95ff

577 Däubler: Kollektive Durchsetzung individueller Rechte? ArbuR 1995, S.305(307)

578 Gamillscheg: Durchsetzungsschwächen des Tarifvertrags, ArbuR 1996, S.354(355); Däubler: Kollektive Durchsetzung individueller Rechte? ArbuR 1995, S.305(311)

579 Gamillscheg: Durchsetzungsschwächen des Tarifvertrags, ArbuR 1996, S.354(355); Kempen, Zachert, TVG, 3.Auflage, §4 Rn116

eingehalten werden. Außerdem könnte er wohl auch die Ausübung des Zurückbehaltungsrechts organisieren [580].

2 Gerichtliche Durchsetzungswege

Der Betriebsrat kann hier kaum helfen. Allenfalls das einzelne Betriebsratsmitglied kann den Arbeitnehmer wie jede andere Person vor dem Arbeitsgericht mit dessen Vollmacht vertreten. Das ist gemäß § 11 Abs. 1 ArbGG möglich, nach § 11 Abs. 3 ArbGG allerdings nicht geschäftsmäßig [581]. Der Betriebsrat selbst kann nach herrschender Meinung gar nicht gerichtlich gegen den Tarifbruch vorgehen [582]. Insbesondere kann er nach Auffassung des BAG kein Beschlußverfahren einleiten, um dem Arbeitgeber eine gesetz- oder tarifwidrige Maßnahme untersagen zu lassen [583]. Damit stehen dem Betriebsrat auch bei feststehenden Verstößen gegen Tarifnormen keinerlei Rechtsbehelfe zur Verfügung, obwohl er über deren Einhaltung zu wachen hat. Kritik an dieser Situation ist deshalb berechtigt [584], denn es scheint erforderlich, dem Betriebsrat gerichtlich und außergerichtlich auch wirksame Durchsetzungsmittel zu gewähren, wenn er seine Aufgabe effektiv erfüllen soll. Bei den rechtswidrigen Sanierungsvereinbarungen würde das in der Praxis aber nicht helfen, weil hier nicht mit seiner Bereitschaft zu rechnen ist.

2.1 Das Klagerecht der Arbeitnehmer

Der Arbeitnehmer kann seinen Anspruch auf die tarifliche Leistung gegen den Arbeitgeber vor dem Arbeitsgericht durchsetzen. Das ist nach allgemeiner Auffassung problemlos möglich [585]. Dennoch fragt sich, ob es gegen den zunehmenden Tarifbruch nützt, denn die Rechtskraft des Urteil beschränkt sich auf das Arbeitsverhältnis des einzelnen Arbeitnehmers, der geklagt hat und man muß davon ausgehen, daß kaum ein Arbeitnehmer Klage erheben wird. Erfahrungsgemäß sollen nämlich etwa zwei Drittel bis 80% der Arbeitnehmer

580 Däubler, Arbeitsrecht 1, S.392

581 Gamillscheg: Durchsetzungsschwächen des Tarifvertrags, ArbuR 1996, S.354(355)

582 Gamillscheg: Durchsetzungsschwächen des Tarifvertrags, ArbuR 1996, S.354(355); Däubler: Kollektive Durchsetzung individueller Rechte? ArbuR 1995, S.305(311)

583 BAG AP Nr.26 zu §80 BetrVG 1972 = ArbuR 1986, S.349; BAG, DB 1987, S.1438 = ArbuR 1987, S.145

584 Gamillscheg: Durchsetzungsschwächen des Tarifvertrags, ArbuR 1996, S.354(355); Däubler: Kollektive Durchsetzung individueller Rechte? ArbuR 1995, S.305(311)

585 Gamillscheg: Durchsetzungsschwächen des Tarifvertrags, ArbuR 1996, S.354(355), Ehmann, Schmidt: Betriebsvereinbarungen und Tarifverträge, NZA 1995, S.193(202); Däubler, Tarifvertragsr., S.580 Rn1376; Kempen, Zachert, TVG, 3.Auflage, §4 Rn93

erst nach Beendingung des Arbeitsverhältnisses klagen und die übrigen zur Klage Bereiten vorwiegend aus dem öffentlichen Dienst kommen. Ursächlich dafür ist einmal die teilweise sicher berechtigte allgemeine Scheu vor einem Prozeß und den damit verbundenen Risiken, zu denen die lange Verfahrensdauer, ein zumindest für den Laien unübersichtliches Recht und der unsichere Ausgang eines Rechtsstreits beitragen. Schon diese Hürden lassen sich durch Beratung und Rechtsschutz der Gewerkschaften sicher teilweise, aber nicht vollständig abbauen. Vor allem aber ist die typische Unterlegenheit der Arbeitnehmer für ihre Prozeßzurückhaltung verantwortlich. Die Arbeitnehmer verzichten offensichtlich mit Rücksicht auf das bestehende Arbeitsverhältnis darauf Ansprüche durchzusetzen, wie man schon daran sehen kann, daß nach der Beendigung des Arbeitsverhältnisses durchaus geklagt wird. Sie fürchten wohl nicht immer ganz zu unrecht, daß eine Klage vom Arbeitgeber als illoyales Verhalten gesehen werden kann und Restriktionen bis hin zur Kündigung die Folge sein können, zumal die Befürchtung, daß sich ein Kündigungsgrund fast immer findet läßt, recht verbreitet und ebenfalls nicht völlig unbegründet ist. Erschwerend hinzu kommt hier, daß sich der Einzelne in der Regel gegen einen vom Arbeitgeber, dem Betriebsrat und den Kollegen getragenen Konsens wenden würde. Gegen diese Probleme werden gewerkschaftliche Aufklärung und die Prozeßvertretung durch kompetente Gewerkschaftssekretäre, denen die Vertretung nach § 11 Abs. 2 ArbGG auch vor dem LAG und dem BAG möglich ist, kaum etwas ausrichten können. Ein verläßliches Mittel, das tarifliche Niveau zu gewährleisten, kann die Klage des Einzelnen damit zweifellos nicht sein [586].

2.2 Die Klagemöglichkeiten der Gewerkschaften

Wenn die Einhaltung der Tarifnormen gewährleistet werden soll, wird es also mehr noch als in den Fällen, in den der Arbeitgeber Tarifnormen einseitig nicht einhält, darauf ankommen, ob die Gewerkschaft die Erfüllung der Tarifnormen vor den Gerichten durchzusetzen kann. Deren Möglichkeiten, die Einhaltung eines von ihr abgeschlossenen Tarifvertrags gerichtlich zu erzwingen, scheinen allerdings sehr unterschiedlich, je nachdem ob es sich um einen Firmen- oder Verbandstarif handelt. Beim Firmentarifvertrag wurde die Situation bisher schon allgemein unproblematisch eingeschätzt. Hier ist der einzelne Arbeitgeber Vertragspartner der Gewerkschaft und somit aus dem schuldrechtlichen Verhältnis dieser gegenüber verpflichtet, den Vertrag zu erfüllen. Erfüllt

586 Gamillscheg: Durchsetzungsschwächen des Tarifvertrags, ArbuR 1996, S.354(355), Däubler, Tarifvertragsr., S.580ff Rn1376ff; Kempen, Zachert, TVG, 2.Aufl., §4 Rn93

er den Vertrag insofern nicht, als er den tarifgebundenen Arbeitnehmern in seinem Betrieb tarifliche Rechte verweigert, kann ihn die Gewerkschaft als andere Vertragspartei vor dem Arbeitsgericht, das nach § 2 Abs. 1 Ziff 1 zuständig ist, auf Erfüllung des Tarifvertrags gegenüber den Arbeitnehmern verklagen. Der Arbeitgeber kann dann zur Gewährung der tariflichen Leistung an diese verurteilt werden [587]. Wenn ein Firmentarif besteht, hat die Gewerkschaft damit eine Möglichkeit, dem Tarifbruch gerichtlich effektiv entgegenzuwirken, die für die Arbeitnehmer völlig risikolos ist und nicht die Probleme mit sich bringt, die mit der individuellen Durchsetzung der tariflichen Ansprüche verbunden sind.

Schwieriger ist es bei den normalerweise bestehenden Verbandstarifverträgen. Hier ist der Arbeitgeberverband und nicht der jeweilige Arbeitgeber Vertragspartner der Gewerkschaft. Die Arbeitgeber sind zwar auch in diesem Fall an die Tarifnormen gebunden, aber nur aufgrund der normativen Wirkung und nicht als Vertragspartei der Gewerkschaft. Aus diesem Grund waren die Klagemöglichkeiten der Gewerkschaften nach der bisherigen Rechtsprechung des BAG sehr eingeschränkt [588]. Zugestanden wurde ihnen, daß sie sich die Ansprüche von Arbeitnehmern abtreten lassen und durchsetzen. Dieser Weg stößt aber auf ähnliche Hindernisse wie die Klage des Arbeitnehmers [589], denn es ist immer noch der individuelle Anspruch, der mit der aktiven Hilfe des einzelnen Arbeitnehmers durchgesetzt werden muß und dieser wird dazu nur selten bereit sein, wenn er um den Arbeitsplatz besorgt ist.

Auch können Gewerkschaften Geltung und Inhalt eines Tarifvertrags durch eine Feststellungsklage gegen den Arbeitgeberverband in einem Verfahren nach § 9 TVG klären lassen, soweit sie mit diesem darüber streiten [590], also nur wenn der Arbeitgeberverband überhaupt eine andere Auffassung vertritt als die Gewerkschaft und den Tarifbruch seines Mitglieds wenigstens billigt. Anderenfalls fehlt das Feststellungsinteresse, das nach §§ 2 Abs. 1 Nr. 1 ArbGG, 9 TVG auch für diese Klage erforderlich ist [591]. Außerdem ist die Entscheidung, wie das BAG selbst einräumt, nur in Rechtsstreitigkeiten

587 Kempen, Zachert, TVG, 3.Auflage, §4 Rn100; Däubler: Kollektive Durchsetzung individueller Rechte? ArbuR 1995, S.305(308)

588 BAG AP Nr.7 und Nr.42 zu §256 ZPO; BAG Beschluß v.18.8.1987, DB 1987, S.2263 = AP Nr.6 zu §81 ArbGG 1979; BAG Beschluß v.23.2.1988, AP Nr.9 zu §81 ArbGG 1979 und BAG Beschluß v.20.8.1991, DB 1992, S.275ff

589 Däubler, Tarifvertragsrecht, S.583 Rn1382 mit Nachw. zur Rechtsprechung des BAG

590 BAG Beschluß v.18.8.1987, DB 1987, S.2263 und BAG Urteil v.21.1.1992, DB 1992, S.1050(1051)

591 Matthießen: Antragsbef. der Tarifp. im arbeitsgerichtl. Beschlußv., DB 1988, S.288

zwischen tarifgebundenen Parteien sowie zwischen diesen und Dritten für die für die Gerichte und Schiedsgerichte, nicht aber für die Einigungsstelle bindend [592]. Nachteilhafter noch ist allerdings, daß eine Entscheidung kein Druckmittel gegen tarifunwillige Arbeitgeber bietet [593].

Zudem kann die Gewerkschaft sich nach der BAG-Rechtsprechung durch eine Einwirkungsklage an den Tarifpartner halten. Der Einwirkungsanspruch ergibt sich aus der Durchführungspflicht einer vertraglichen Nebenpflicht, die auf dem Grundsatz von Treu und Glauben beruht und den Arbeitgeberverband als Vertragspartner trifft. Er kann deshalb verpflichtet werden, auf seine Mitglieder einzuwirken, sich tariftreu zu verhalten. Allerdings nur, wenn die Auslegung zwischen den Tarifpartnern nicht strittig oder die von der Gewerkschaft vertretene Position offensichtlich geboten ist. Anderenfalls ist dies durch eine Feststellungsklage im Verfahren nach § 9 TVG vorab zu klären [594]. Hier ist nicht zu verstehen, aus welchen Gründen ein weiteres zeitraubendes Verfahren erforderlich ist; bei den Leistungsklagen der Arbeitnehmer muß ja auch inzident geprüft werden, ob der Tarif gilt. Im Fall von Tariflohnunterschreitungen ohne Ermächtigung der Tarifparteien dürfte dieses zusätzliche Verfahren allerdings auch nach dem BAG nicht erforderlich sein. Hier wird man wohl von offensichtlich rechtswidrigen Vereinbarungen ausgehen können. Anders kann es sich verhalten, wenn lediglich eine Öffnungsklausel überschritten wird. Der Einwirkungsanspruch ist überdies dadurch weitgehend entwertet, daß dem Arbeitgeberverband überlassen werden muß, welche Mittel er zu Erzwingung der Tariftreue ergreifen will und jede auch noch so schwache Einwirkung z.B. eine telefonische Mahnung genügt [595]. Zudem wird selbst die stärkste denkbare Verbandssanktion, der Ausschluß, wenig nützen, wenn ein unwilliges Mitglied sich davon unbeeindruckt zeigt. Auch die Einwirkungsklage ist deshalb kein sinnvolles Mittel, um die Einhaltung der Tarifnormen sicherzustellen [596].

Gegen den einzelnen organisierten Arbeitgeber unmittelbar vorgehen oder diesen sogar auf Erfüllung des Tarifvertrags zugunsten ihrer Mitglieder in Anspruch nehmen, konnte eine Gewerkschaft nach der Rechtsprechung des BAG

592 BAG Beschluß v.18.8.1987, DB 1987, S.2263

593 Däubler, Tarifvertragsrecht, S.583 Rn1382

594 BAG Urteil v.21.1.1992, DB 1992, S.1050(1051), den Einwirkungsanspruch dagegen gänzlich ablehnend Buchner: Abschied von der Einwirkungspflicht, DB 1992, S.572ff

595 Gamillscheg: Durchsetzungsschwächen des Tarifvertrags, ArbuR 1996, S.354(357) unter Bezug auf BAG AP Nr.3 zu §1 TVG Durchführungspflicht = NZA 1992, S.846; Däubler, Tarifvertragsrecht, S.582f Rn1382

596 Gamillscheg: Durchsetzungsschwächen des Tarifvertrags, ArbuR 1996, S.354(357); Däubler, Tarifvertragsrecht, S.5832f Rn1382

bisher nicht. Die Leistungsklage sah das Gericht mit der Begründung als unzulässig an, daß das Prozeßrecht keine Möglichkeit bietet, hier fremde Rechte im eigenen Namen geltend zu machen [597]. Für eine Klage auf Feststellung, daß der Arbeitgeber den Tarifvertrag anzuwenden hat, fehlte nach Ansicht des BAG, als über diese Anträge noch im Urteilsverfahren entschieden wurde, das nach § 256 ZPO (anzuwenden über § 2 Abs. 1 Ziff. 1 i.V.m. § 46 Abs. 1 und 2 ArbGG) erforderliche Interesse an der Feststellung. Das Gericht begründete dies im wesentlichen damit, daß die Gewerkschaft die Feststellung weder kraft eigenen Rechts noch als Vertreter oder Prozeßstandschaftler der bei ihr organisierten Arbeitnehmer beanspruchen könne [598].

Durch die Beschlüsse vom 18.8.1987 und 23.2.1988 [599] hat das BAG Anträge von Gewerkschaften auf Feststellung, daß eine Betriebsvereinbarung wegen Verstoßes gegen tarifliche Vorschriften unwirksam ist, über die es jetzt im Beschlußverfahren entscheidet [600], mit der Begründung als unzulässig abgewiesen, daß die Antragsbefugnis fehle; diese sei nur dann gegeben, wenn der Antragsteller eigene Rechte geltend machen könne; beantrage eine der Tarifparteien eine Entscheidung über die Wirksamkeit einer Betriebsvereinbarung, so mache sie keine eigenen betriebsverfassungsrechtlichen Rechte geltend, denn das BetrVG habe weder den Gewerkschaften noch den Arbeitgeberverbänden eine allgemeine Aufsichtsfunktion gegenüber Betriebsvereinbarungen zugewiesen; damit seien Betriebsvereinbarungen nicht jeder gerichtlichen Kontrolle entzogen, denn den Tarifparteien bliebe das Verfahren nach § 9 TVG; außerdem sei kein Arbeitnehmer an eine Betriebsvereinbarung gebunden, die wegen eines Verstoßes gegen den Tarifvertrag nichtig sei; im Rechtsstreit zwischen Arbeitgeber und Betriebsrat müsse daher geprüft werden, ob die Betriebsvereinbarung wirksam sei [601].

Diese Entscheidungen haben in der Literatur berechtigte Kritik erfahren [602]. Nicht überzeugend war, daß das BAG den Gewerkschaften ohne näher auf die

597 Däubler, Arbeitsrecht 1 S.250, Rn433 und BAG Beschluß v.20.8.1991, DB 1992, S.275 (277) mit zahlreichen weiteren Nachweisen

598 BAG Urteil v.8.2.1963, AP Nr.42 zu §256 ZPO

599 BAG Beschluß v.18.8.1987, DB 1987, S.2263; BAG Beschluß v.23.2.1988, AP Nr.9 zu §81 ArbGG 1979

600 BAG Beschluß v.20.8.1991, DB 1992, S.275

601 Vgl. BAG Beschluß v.18.8.1987, DB 1987, S.2263

602 Gamillscheg: Durchsetzungsschwächen des Tarifvertrags, ArbuR 1996, S.354ff; Matthießen: Antragsbefugnisse der Tarifparteien im arbeitsgerichtlichen Beschlußverfahren, DB 1988, S.285ff; Däubler, Kollektive Durchsetzung individueller Rechte? ArbuR 1995, S.305ff

Tarifautonomie einzugehen, in den älteren Entscheidungen das Feststellungsinteresse [603] und in den späteren Beschlüssen [604] die Antragsbefugnis mit der Begründung verwehrt hat, daß sie keine Aufsichtsfunktion über Betriebsvereinbarungen haben und eigene Rechte damit nicht geltend machen können. Das lief in der Tat darauf hinaus, daß die Gewerkschaften zwar den Vertragsabschluß erzwingen können, nicht aber dessen Einhaltung, denn die Rechtsmittel, auf die das BAG die Gewerkschaften in seiner Entscheidung vom 18.8.1987 verweist, sind wie oben angesprochen nicht dazu geeignet, die Einhaltung der Tarifnormen zu gewährleisten. Hier würde man folglich allein auf die Durchsetzungsfähigkeit des einzelnen Arbeitnehmers vertrauen, dem man einen ausgewogenen Vertragsabschluß wegen seiner Unterlegenheit zu recht nicht zutraut. Der Erfolg des aus diesem Grund extra eingerichteten Tarifsystems wäre im zugegebenermaßen ungünstigsten Fall ein wertloser Vertrag, dessen Beachtung die Gewerkschaften aus prozeßrechtlichen Gründen und die Arbeitnehmer aufgrund ihrer Abhängigkeit und der Furcht um den Arbeitsplatz nicht in der Lage wären durchzusetzen.

Ein solches Ergebnis schien mit dem Zweck der Tarifautonomie, die Unterlegenheit der Arbeitnehmer auszugleichen und angemessene Arbeitsbedingungen zu erreichen, kaum zu vereinbaren. Auch ist nur schwer nachzuvollziehen, daß eigene Rechte nicht betroffen sein sollten, wenn den Tarifparteien von der Verfassung her eine Aufgabe übertragen wird und das wichtigste Ergebnis ihrer Tätigkeit in der Praxis mißachtet wird. Zudem war es, wie zutreffend angeführt wurde [605], mit der übrigen Rechtsprechung des BAG und des Bundesverfassungsgerichts nicht in Einklang zu bringen, denn das BVerfG hatte unlängst bestätigt, daß Art. 9 Abs. 3 GG der Gewerkschaft ein Betätigungsrecht sichert [606] und anerkannt, daß nicht nur die Erkämpfung der Normen, sondern auch deren Umsetzung zum Betätigungsfeld der Gewerkschaften gehören [607]. Es hatte das Betätigungsrecht in anderem Zusammenhang auch schon als absolutes Recht im Sinne der §§ 823 Abs. 1, 1004 BGB qualifiziert und deshalb Unterlassungs- und Schadenersatzansprüche bejaht [608]. Auch dürfte es im Widerspruch zu Art. 19 Abs. 4 GG und dem Rechtsstaatsprinzip gestanden haben, den Gewerkschaften die Antragsbefugnis für wirksame Rechtsmittel

603 BAG AP Nr.42 zu §256 ZPO

604 BAG Beschluß v.18.8.1987, DB 1987, S.2263

605 Däubler: Kollektive Durchsetzung individueller Rechte? ArbuR 1995, S.305(308f)

606 BVerfG DB 1995, S.1464 linke Spalte = ArbuR 1995, S.265 unter Bezugnahme auf BVerfGE 50, S.290(367)

607 BVerfG, NZA 1993, S,428

608 BAG AP Nr.14 zu Art.9 GG = ArbuR 1969, S.187

gegen die Verletzung ihrer Betätigungsrechte zu versagen, denn aus beidem läßt sich ein Gebot des effektiven Rechtsschutzes ableiten, wonach materielles Recht auch prozessual durchsetzbar sein muß. Es konnte nicht überzeugen, wenn das BAG hier auf die unzulänglichen Rechtsmittel verwies [609].

In seinem Beschluß vom 20.8.1991 hat das BAG dann erstmals grundsätzlich anerkannt, daß Verletzungen von Art. 9 Abs. 3 GG geltend gemacht werden können und den Gewerkschaften auch das Antragsrecht für einen Leistungsanspruch auf Unterlassung gegen den Arbeitgeber zugestanden aber nur, wenn ein Verstoß gegen § 77 Abs. 3 BetrVG geltend gemacht wird. Zur Begründung wurde ausgeführt: § 23 Abs. 3 BetrVG gewähre das Antragsrecht, aber nur wenn ein grober Verstoß des Arbeitgebers gegen seine Pflichten aus dem BetrVG geltend gemacht werde; ein solcher liege bei Verletzungen von § 77 Abs. 3 BetrVG vor, nicht aber wenn nur § 87 Abs. 1 BetrVG nicht beachtet werde; der Antrag sei zwar auch insoweit zulässig, als er auf eine Verletzung der Tarifautonomie gestützt werde; daraus folge jedoch nicht, daß die Tarifvertragsparteien in jedem Fall berechtigt seien, gerichtliche Hilfe gegen tarifwidrige Vereinbarungen aus eigenem Recht in Anspruch zu nehmen; es bedürfe nämlich einer ausdrücklichen gesetzlichen Ermächtigung für die Tarifparteien, um die Verletzung der tariflichen Ordnung geltend machen zu können, denn das Grundrecht gewährleiste die Tarifautonomie und damit auch die Befugnisse der Tarifparteien nämlich nur in einem Kernbereich; diese Befugnisse auszugestalten obliege dem Gesetzgeber, der über § 23 BetrVG hinausgehende Befugnisse der Tarifparteien zur Sicherung der tariflichen Ordnung nicht für erforderlich gehalten habe; deshalb überlasse § 4 TVG es dem begünstigten Arbeitnehmer, den Schutz der zwingenden Tarifnormen geltend zu machen [610].

Die Begrenzung der Antragsbefugnis auf schwere Verstöße gegen § 77 Abs. 3 BetrVG bzw. betriebsverfassungsrechtliche Pflichten und der Ausschluß der Nichtbeachtung von § 87 Abs. 1 BetrVG war prozeßrechtlich nicht zwingend, denn eine besondere Ermächtigung auf der einfachgesetzlichen Ebene ist zur Begründung der Antragsbefugnis nicht erforderlich. Die Antragsbefugnis ist gesetzlich nicht geregelt. Sie ist als Prozeßvoraussetzung im Beschlußverfahren aber allgemein anerkannt. Von ihrer Funktion her, Popularklagen auszuschließen, sind an die Antragsbefugnis ähnliche Anforderungen zu stellen, wie an die für andere Prozeßordnungen entwickelten Begriffe, also etwa die

609 Matthießen: Antragsbefugnisse der Tarifparteien im arbeitsgerichtlichen Beschlußverfahren, DB 1988, S.285(290)
610 BAG Beschluß v.20.8.1991, DB 1992, S.275ff

Prozeßführungsbefugnis im Zivilprozeßrecht oder die Klagebefugnis aus den Verwaltungsprozeßrecht. Zur Begründung der Antragsbefugnis könnte es damit in Anlehnung an § 42 Abs. 2 VwGO ausreichen, daß der Antragsteller sein Begehren auf eine Norm stützt, die auch seinem Schutz dient. Das können Normen aus dem BetrVG aber ebenso wie im Verwaltungsprozeßrecht auch solche aus der Verfassung, also Grundrechte sein [611] und die Koalitionsfreiheit scheint durch die Verstöße gegen § 87 Abs. 1 GG kaum weniger bedroht als durch solche gegen § 77 Abs. 3 BetrVG. Auch arbeitsvertragliche Verstöße gegen die grundgesetzlich geschützte Unabdingbarkeit können das Tarifsystem ebenso ins Wanken bringen wie Betriebsvereinbarungen, wenn sie zur Regel werden. Die Begrenzung der Antragsbefugnis hat deshalb in der Literatur berechtigte Kritik erfahren [612] und war, wie auch das BVerfG in seinem Beschluß vom 29.6.1993 kurz angesprochen hat, verfassungsrechtlich bedenklich [613].

Richtiger schien es deshalb, die Verletzung der Tarifautonomie selbst zur Begründung der Antragsbefugnis heranzuziehen. In seiner schon mehrfach angesprochenen Entscheidung vom 20.4. 1999, in der es sich ablehnend zu einer arbeitsvertraglich umsetzbaren Sanierungsregelung der Betriebsparteien äußert, hat das BAG die verfassungsrechtlichen Bedenken aufgegriffen und den Gewerkschaften nunmehr ein aus Art. 9 Abs. 3 GG abgeleitetes Antragsrecht eingeräumt [614]. Das Gericht erwähnt in der Entscheidungsbegründung zunächst, daß es zu der Auffassung neigt, daß das arbeitsgerichtliche Beschlußverfahren nach § 2a Abs. 1 ArbGG die zulässige Verfahrensart für Anträge von Gewerkschaften ist, die darauf gerichtet sind, den einzelnen Arbeitgeber zu verpflichten, die Anwendung von tarifwidrigen betrieblichen Vereinbarungen und der im Anschluß an solche erfolgten einzelarbeitsvertraglichen Vereinbarungen zu unterlassen, weil es um Angelegenheiten aus dem Betriebsverfassungsgesetz geht. Das Gericht meint: Dies ergebe sich, soweit der Antrag auf § 23 Abs. 3 BetrVG gestützt werde, schon daraus, daß die Gewerkschaft einen Anspruch aus dem Betriebsverfassungsgesetz geltend mache; aber auch ein Anspruch, der aus den §§ 1004, 823 BGB i.V.m. Art. 9 Abs. 3 GG

611 Matthießen: Antragsbefugnisse der Tarifparteien im arbeitsgerichtlichen Beschlußverfahren, DB 1988, S.285(286)

612 Vgl. z.B. Gamillscheg: Durchsetzungsschwächen des Tarifvertrags, ArbuR 1996, S.354(358f) und Däubler: Kollektive Durchsetzung individueller Rechte? ArbuR 1995, S.305(309f)

613 BVerfG Beschluß v. 29.6.1993, NZA 1994, S.34

614 BAG Beschluß v.20.4.1999, 1 ABR 72/98, NZA 1999, S.887ff = DB 1999, S.1555ff und hierzu Däubler: Das neue Klagerecht der Gewerkschaften bei Tarifbruch des Arbeitgebers, AiB 1999, S.481 sowie Däubler: Klagerecht der Gewerkschaften bei Tarifbruch durch einzelnen Arbeitgeber, AiB 1999, S.538

hergeleitet werde, könne eine betriebsverfassungsrechtliche Angelegenheit betreffen; das liege besonders nahe, wenn sich der Antrag gegen die Durchführung einer Betriebsvereinbarung richte; Verfahrensgegenstand seien nämlich normative Regelungen, für die das BetrVG sowohl die rechtliche Grundlage biete wie auch den Vollzug durch den Arbeitgeber fordere; kein wesentlicher Unterschied bestehe, wenn Regelungsabreden und deren individualvertragliche Umsetzung angegriffen werden; es sei zwar nicht zu verkennen, daß die Tarifabweichung hier nicht bereits durch die Absprache der Betriebsparteien, sondern erst durch die arbeitsvertragliche Umsetzung bewirkt werde; es sei aber zu berücksichtigen, daß die Rechtsverletzung von einem gemeinsamen Handeln der Betriebsparteien ausgehen würde; hinzu käme, daß nicht immer klar erkennbar sei, ob es sich bei solchen Absprachen um eine Betriebsvereinbarung oder eine Regelungsabrede handelt und es den Erfordernissen der Prozeßwirtschaftlichkeit widerspräche, wenn die zutreffende Verfahrensart erst nach Klärung dieser Frage erkennbar würde; das Urteilsverfahren komme nur dann in Betracht, wenn arbeitsvertragliche Regelungen angegriffen werden, die ohne Mitwirkung der Betriebsparteien zustande gekommen seien; hier könne ein Unterlassungsantrag zu einem Urteilsverfahren im Sinne von § 2 Abs. 1 Nr. 2 ArbGG führen, denn es gehe um einen Rechtsstreit zwischen tariffähigen Parteien aus unerlaubter Handlung um die Vereinigungsfreiheit und nicht zugleich um betriebsverfassungsrechtliche Fragen [615].

Das Gericht geht dann auf die Antragsbefugnis ein. Hier spricht es zunächst an, daß eine Gewerkschaft nach der bisherigen BAG-Rechtsprechung befugt ist, Verstöße gegen § 77 Abs. 3 BetrVG als schwere Pflichtverletzung im Sinne von § 23 Abs. 1 BetrVG durch einen Unterlassungsanspruch geltend zu machen. Es stellt dann in Frage, ob § 23 Abs. 1 und 3 BetrVG überhaupt zur Abwehr von Verletzungen der Regelungssperre gedacht waren [616]. Das Gericht läßt diese Frage aber auf sich beruhen und stellt fest, daß die Antragsbefugnis sich für Unterlassungsanträge gegen die praktische Anwendung von tarifwidrigen Betriebsvereinbarungen, betriebliche Regelungsabreden und betriebseinheitlichen einzelarbeitsvertraglichen Vereinbarungen aus den §§ 1004, 823 BGB i.V.m. Art. 9 Abs. 3 GG ergibt. Hierzu führt das Gericht aus: Der in § 1004 Abs. 1 Satz 2 geregelte Unterlassungsanspruch könne nach allgemeiner Auffassung zur Abwehr von Eingriffen in alle nach § 823 BGB geschützten Rechte, Lebensgüter und Interessen herangezogen werden; das BAG schließe hieraus in ständiger Rechtsprechung, daß Koalitionen sich gegen rechtswidrige

615 BAG Beschluß v.20.4.1999, 1 ABR 72/98, NZA 1999, S.887ff = DB 1999, S.1555ff unter B I 2 der Gründe
616 BAG Beschl. v.20.4.1999, 1 ABR 72/98, NZA 1999, S.887ff unter B II 1 der Gründe

Eingriffe in ihre durch Art. 9 Abs. 3 GG gewährleistete Koalitionsfreiheit mit Hilfe von Unterlassungsklagen wehren können. Zum Schutzbereich des § 823 BGB i.V.m. dem Grundrecht gehöre nämlich das Recht auf die koalitionsmäßige, hier gewerkschaftliche Betätigung; dieses werde durch das Grundrecht gewährleistet und der Grundrechtsschutz richte sich nach Art. 9 Abs. 3 Satz 2 GG auch gegen private Beschränkungen; demnach seien Abreden, welche die Koalitionsfreiheit einschränken oder zu behindern suchen, nichtig; hierauf gerichtete Maßnahmen seien rechtswidrig und mit Rechtsbehelfen zu verhindern; die genannte Anspruchsgrundlage werde auch nicht etwa durch § 23 Abs. 3 BetrVG als speziellere Norm verdrängt; ein Verhältnis der Spezialität sei zwischen diesen Normen schon deshalb ausgeschlossen, weil sie unterschiedlichen Zwecken dienen; während die Norm aus dem BetrVG nur die betriebsverfassungsrechtliche Ordnung gewährleiste, schützten die §§ 1004, 823 BGB in Verbindung mit Art. 9 Abs. 3 GG in erster Linie die Koalitionsfreiheit. Dann begründet das BAG, daß die Koalitionsfreiheit durch eine betriebseinheitliche Regelung, die tarifwidrige Arbeitsbedingungen schaffen will, beeinträchtigt werden kann, wie schon einmal ausführlich wiedergegeben [617] zutreffend damit, daß die verfassungsrechtlich geschützte Regelungsbefugnis auch behindert wird, wenn eine tarifwidrige Regelung faktisch geeignet ist, an die Stelle der tariflichen Regelung zu treten und zwar unabhängig davon, ob sie diese rechtlich tatsächlich verdrängen kann. Es schränkt den Schutz und damit die Antragsbefugnis dann allerdings insoweit ein, daß eine Grundrechtsverletzung nicht schon bei jedem individualvertraglichen Tarifverstoß, sondern erst dann anzunehmen ist, wenn eine betriebliche Regelung (durch Betriebsvereinbarungen, Regelungsabreden und /oder ausschließlich durch Arbeitsverträge) erfolgt [618].

Das Gericht äußert sich in der Entscheidung dann noch zu der Frage, ob eine Gewerkschaft den Unterlassungsanspruch allein verfolgen kann. Es meint, eines gemeinsamen Vorgehens beider Tarifparteien bedürfe es nicht, denn die Gewerkschaft wende sich insbesondere gegen die Verletzung eigener Rechte aus Art. 9 Abs. 3 GG; auch gehe es hier nicht um den Bestand des Tarifvertrags, sondern vielmehr darum, den Geltungsanspruch gegenüber abweichenden Vereinbarungen in der Praxis zu verteidigen und dabei sei zu berücksichtigen, daß die Tarifparteien keineswegs gleichermaßen an der Beachtung der verschiedenen Tarifnormen interessiert sind [619].

617 Vgl. oben unter III 2.1.3
618 BAG Besch. v.20.4.1999, 1 ABR 72/98, DB 1999, S.1555ff unter B II 2 der Gründe
619 BAG Be. v.20.4.1999, 1 ABR 72/98, NZA 1999, S.887ff u. B I 1 und 4 der Gründe

Zudem stellt das BAG fest, daß der Antrag hinreichend bestimmt ist, wenn aus ihm hervorgeht, daß er sich gegen die Durchführung der tarifwidrigen Regelung wendet und erklärt hierzu, es sei nicht erforderlich, daß aus dem Antrag hervorgeht, ob es sich bei der angegriffenen betrieblichen Absprache um eine Betriebsvereinbarung oder eine Regelungsabrede handelt und ob die beanstandete Wirkung von den daraufhin getroffenen einzelvertraglichen Vereinbarungen oder der einer Betriebsvereinbarung ausgeht; es genüge vielmehr, wenn der Antrag alternativ gegen die Wirkung beider Vereinbarungen gerichtet sei [620].

Die Entscheidung erweitert die Möglichkeiten der Gewerkschaften damit insoweit, als nicht mehr nur gegen Betriebsvereinbarungen im Regelungsbereich von § 77 Abs. 3 BetrVG vorgegangen werden kann, sondern nunmehr zudem gegen sogenannte Regelungsabreden der Betriebsparteien, die auf eine betriebliche Umsetzung durch Arbeitsverträge gerichtet sind. Auch eine Klage gegen ausschließlich arbeitsvertragliche Verstöße, die ohne jede Beteiligung des Betriebsrats erfolgt sind, scheint möglich, wenn es sich um eine betriebliche bzw. betriebseinheitliche Regelung handelt [621], denn das BAG spricht in seinem Beschluß ja an, daß in diesen Fällen das Urteilsverfahren die richtige Verfahrensart wäre [622]. Es wird allerdings nicht in jedem Fall ganz einfach zu beurteilen sein, ob eine betriebliche Regelung vorliegt, die einen Eingriff in die Tarifautonomie darstellt. Von einer solchen einheitlich wirkenden Regelung, die eine Tarifnorm als kollektive Ordnung verdrängt, wird man sicher immer dann ausgehen können, wenn die Regelung im gesamten Betrieb gelten soll aber wohl auch dann, wenn sie nur für bestimmte Teile eines Betriebs, etwa ganze Abteilungen oder für bestimmte Arbeitnehmergruppen getroffen wurde [623]. Das Gericht stellt keine allzu hohen Anforderungen an die Bestimmtheit des Antrags. Es verzichtet auf die vorherige Klärung der Rechtsnatur der betrieblichen Vereinbarungen und es läßt zu, daß der Antrag einfach gegen die

620 BAG Beschluß v.20.4.1999, 1 ABR 72/98, DB 1999, S.1555ff unter B I 1 der Gründe

621 Däubler: Das neue Klagerecht der Gewerkschaften bei Tarifbruch des Arbeitgebers, AiB 1999, S.481(482); Berg, Platow: Unterlassungsanspruch der Gewerkschaft gegen tarifwidrige betriebliche Regelungen, DB 1999, S.2362(2364); Kocher: Materiellrechtliche und prozessuale Fragen des Unterlassungsanspruchs aus Art.9 Abs.3 GG, ArbuR 1999, S. 382(384f) und Rieble: Die Burda Entscheidung des BAG, ZTR 1999, S.483(486)

622 BAG Beschluß v.20.4.1999, 1 ABR 72/98, NZA 1999, S.887ff = DB 1999. S.1555ff unter B I 2 b der Gründe

623 Berg, Platow: Unterlassungsanspruch der Gewerkschaft gegen tarifwidrige betriebliche Regelungen, DB 1999, S.2362(2364); Däubler: Das neue Klagerecht der Gewerkschaften bei Tarifbruch des Arbeitgebers, in AiB 1999, S.481(482)

Anwendung der Regelung gerichtet ist. In den bisher wohl häufigsten und schwerwiegendsten Fällen des Tarifbruchs haben die Gewerkschaften damit einen vom BAG anerkannten Unterlassungsanspruch, nach dem die Gewerkschaft verlangen kann, daß der tarifuntreue Arbeitgeber die im einzelnen bezeichnete tarifwidrige Regelung nicht mehr anwendet. Der Anspruch ist, wie das BAG feststellt, gemäß § 890 ZPO nach vorheriger Androhung durch ein Ordnungsgeld auch erzwingbar [624] und in dringenden Fällen dürfte es möglich sein, den Anspruch im Wege der einstweiligen Verfügung geltend zu machen, wenn der Tarifverstoß offensichtlich ist. Die Voraussetzungen dafür dürften dann vorliegen [625]. Der Verfügungsanspruch ergibt sich im Anschluß an die BAG Entscheidung vom 20.4.1999 aus §§ 1004, 823 BGB i.V.m. Art. 9 Abs. 3 GG [626] und Verfügungsgrund wird man darin sehen können, daß der Tarifautonmoie kaum zu behebender Schaden droht, wenn auf das Ende eines möglicherweise Jahre dauernden Rechtsstreits gewartet werden muß [627]. Auch ist die Situation im Prinzip keine andere als bei der Verletzung eines Mitbestimmungsrechts des Betriebsrats und hier ist die einstweilige Verfügung nach der Rechtsprechung möglich [628].

Der Beschluß hat in der Literatur nicht nur Zustimmung sondern auch Kritik erfahren [629], die im wesentlichen jedoch unbegründet scheint. Dies gilt vor

624 BAG Beschluß v.20.4.1999, 1 ABR 72/98, NZA 1999, S.887ff unter B IV der Gründe

625 Berg, Platow: Unterlassungsanspruch der Gewerkschaft gegen tarifwidrige betriebliche Regelungen, DB 1999, S.2362(2364); Däubler: Das neue Klagerecht der Gewerkschaften bei Tarifbruch des Arbeitgebers, in AiB 1999, S.481(482)

626 Wie sogar Bauer, einer der Prozeßvertreter von Burda einräumt, siehe: Bauer: Betriebliche Bündnisse für Arbeit vor dem Aus? NZA 1999, S.957(961)

627 Anders aber Bauer: Betriebliche Bündnisse für Arbeit vor dem Aus? NZA 1999, S.957(961)

628 Däubler: Das neue Klagerecht der Gewerksch. bei Tarifbruch des Arbeitgebers, AiB 1999, S.481(482) und BAG, DB 1994, S.2450 bestätigt durch BAG, DB 1997, S.378

629 Müller: Privatautonomie gegen Kollektivgewalt, DB 1999, S.2310; Bauer: Betriebliche Bündnisse für Arbeit vor dem Aus? NZA 1999, S.957; Löwisch: Deliktsschutz gegen abtrünnige Mitglieder? BB 1999, S.2080; Buchner: Der Unterlassungsanspruch der Gewerkschaft - Stabilisierung oder Ende des Verbandstarifvertrages? NZA 1999, S.897; weniger ablehnend bis zustimmend dagegen Thüsing: Der Schutz des Tarifvertrags vor den tarifvertraglich Geschützten, DB 1999, S.1552; Rieble: Die Burda Entscheidung des BAG, ZTR 1999, S.483; Kocher: Materiellrechtliche und prozessuale Fragen des Unterlassungsanspruchs aus Art.9 Abs.3 GG, ArbuR 1999, S.382; Berg, Platow: Unterlassungsanspruch der Gewerkschaft gegen tarifwidrige betriebliche Regelungen, DB 1999,S.2362; Wohlfahrt: Stärkung der Koalitionsfreiheit durch das BAG, NZA 1999, S.962; Däubler: Klagerecht der Gewerkschaften bei Tarifbruch durch einzelnen Arbeitgeber, AiB 1999, S.538 sowie das neue Klagerecht der Gewerkschaften bei Tarifbruch des Arbeitgebers, in AiB 1999, S.483

allem für die teilweise vorgebrachten verfassungsrechtlichen Bedenken [630], denn jeder verfassungsrechtliche Angriff auf die Entscheidung richtet sich, wie Rieble zutreffend erkennt [631], letztlich gegen die Unabdingbarkeit, die durch Art. 9 Abs. 3 GG geradezu geboten ist. Selbst eine Güterabwägung zwischen dieser Grundrechtsnorm und den möglicherweise betroffenen anderen Grundrechten aus Art. 12 Abs. 1 und Art. 2 Abs. 1 GG, die einige in der BAG Entscheidung vermissen [632], kann wie schon erörtert [633] zu keinem anderen Ergebnis führen. Art. 9 Abs. 3 GG läßt deshalb keine andere Bewertung zu, wie man Buchner entgegenhalten muß, der dies mit Bezug auf seinen Beitrag aus dem Jahr 1996 anders sieht [634]. Verfassungsrechtlich wird man weder die Ausführungen des BAG zum Günstigkeitsvergleich noch die Anerkennung des Unterlassungsanspruchs erfolgreich angreifen können.

Auch nicht zu überzeugen vermag es, wenn Löwisch kritisiert, daß sich solcher Unterlassungsanspruch sich nicht aus der Tarifautonomie ergeben könne, weil das Grundrecht nur die Normsetzung der Tarifparteien, nicht aber die Durchsetzung der Tarifnormen schützt. Letzteres meint er, müsse wie im übrigen Privatrecht den Rechtsträgern selbst vorbehalten bleiben, jedenfalls solange, wie es an einer speziellen gesetzlichen Ermächtigung fehlt [635]. Das BAG, leitet den Anspruch nämlich überzeugend aus dem Grundrecht ab. Auch kann die Gewerkschaft hier nicht etwa die Ansprüche ihrer Mitglieder durchsetzen, sondern nur einen eigenen Unterlassungsanspruch geltend machen und der Vergleich mit dem übrigen Privatrecht überzeugt nicht, weil die Situation im Arbeitsrecht wegen der typischen Unterlegenheit der Arbeitnehmer eben eine andere ist.

630 Müller und Bauer die bezweifeln, ob der Ausschluß der Arbeitsplatzsicherheit mit Art.12 GG zu vereinbaren ist, aber auch Thüsing, der die Entscheidung durchaus positiv sieht, aber eine Auseinandersetzung mit Art.2 Abs.1 GG für erforderlich hält, siehe: Müller: Privatautonomie gegen Kollektivgewalt, DB 1999, S.2310(2312f) Bauer: Betriebliche Bündnisse für Arbeit vor dem Aus? NZA 1999, S.957(960); Thüsing: Der Schutz des Tarifvertrags vor den tarifvertraglich Geschützten, DB 1999, S.1552(1553)

631 Rieble: Die Burda Entscheidung des BAG, ZTR 1999, S.483

632 Müller: Privatautonomie gegen Kollektivgewalt, DB 1999, S.2310(2312); Bauer: Betriebliche Bündnisse für Arbeit vor dem Aus? NZA 1999, S.957(960); Thüsing: Der Schutz des Tarifvertrags vor den tarifvertraglich Geschützten, DB 1999, S.1552(1553)

633 Vgl. oben unter III 1.4.8

634 Buchner: Der Unterlassungsanspruch der Gewerkschaft - Stabilisierung oder Ende des Verbandstarifvertrages? NZA 1999,S.897(901f) mit Bezug auf: Beschäftigungssicherung unter dem Günstigkeitsprinzip, Beilage Nr. 12/96 zu DB Heft 29/96, S.3ff

635 Löwisch: Deliktsschutz gegen abtrünnige Mitglieder? BB 1999, S.2080(2082f)

Ebenfalls nicht ernsthaft beanstanden wird man können, daß das BAG zum Beschlußverfahren neigt, wenn der Betriebsrat in irgendeiner Weise an der Regelung beteiligt war [636]. Dagegen wird vorgebracht, daß es nicht um Fragen aus der Betriebsverfassungsrecht, sondern um die Tarifautonomie und deren Verletzung durch die Arbeitsvertragsparteien geht. Zudem wird ein Widerspruch darin gesehen, daß das BAG einerseits zum Beschlußverfahren neigt, das nach § 2a Nr. 1 ArbGG nur für Angelegenheiten aus dem BetrVG gilt und dann Zweifel äußert, ob §§ 23 Abs. 3, 77 Abs. 3 BetrVG überhaupt die richtige Anspruchsgrundlage sei, weil § 23 BetrVG die betriebsverfassungsrechtliche Ordnung schützt und es fraglich sei, ob diese hier berührt werde [637]. Ganz unwidersprüchlich scheint das zumindest auf den ersten Blick auch nicht.

Das Gericht hat an dem Unterlassungsanspruch aus § 23 BetrVG aber festgehalten [638] und dies läßt sich damit rechtfertigen, daß es eben auch als eine Frage der betriebsverfassungsrechtlichen Ordnung angesehen werden kann, wenn die Betriebsparteien ihre Kompetenzen überschreiten und gegen die Regelungssperre aus dem BetrVG verstoßen. Außerdem stellt das BAG darauf ab, daß die behauptete Rechtsverletzung von einem gemeinsamen Handeln der Betriebsparteien ausgeht [639] und in der Literatur wird zutreffend darauf hingewiesen, daß schon nach der älteren BAG Rechtsprechung nicht die Anspruchsgrundlage sondern der Verfahrensgegenstand entscheidend dafür ist, ob das Beschlußverfahren anzuwenden ist [640]. Auch hat das BAG, wie Kocher zutreffend anführt, an anderer Stelle schon betont, daß der Begriff Angelegenheiten aus den BetrVG als Generalklausel weit auszulegen sei und nicht nur Streitfälle

636 BAG Beschluß v.20.4.1999, 1 ABR 72/98, NZA 1999, S.887ff = DB 1999 S.1555ff unter B I 2 b der Gründe

637 Kritisiert wird dies von Rieble: Die Burda Entscheidung des BAG, ZTR 1999, S.483(486); Bauer: Betriebliche Bündnisse für Arbeit vor dem Aus? NZA 1999, S.957(958); Löwisch: Deliktsschutz gegen abtrünnige Mitglieder? BB 1999, S.2080(2081) und Buchner: Der Unterlassungsanspruch der Gewerkschaft - Stabilisierung oder Ende des Verbandstarifvertrages? NZA 1999,S.897(899). Für das Beschlußverfahren dagegen: Berg, Platow: Unterlassungsanspruch der Gewerkschaft gegen tarifwidrige betriebliche Regelungen, DB 1999, S.2362(2367f); Kocher: Materiellrechtliche und prozessuale Fragen des Unterlassungsanspruchs aus Art.9 Abs.3 GG, ArbuR 1999, S. 382(385)

638 BAG Beschl. v.20.4.1999, 1 ABR 72/98, DB 1999, S.1555ff unter B I 3 a der Gründe

639 BAG Beschl. v.20.4.1999, 1 ABR 72/98, NZA 1999, S.887ff unter B I 2 b der Gründe

640 Berg, Platow: Unterlassungsanspruch der Gewerkschaft gegen tarifwidrige betriebliche Regelungen, DB 1999, S.2362(2367f) und Kocher: Materiell-rechtliche und prozessuale Fragen des Unterlassungsans. aus Art.9 Abs.3 GG, ArbuR 1999, S. 382(385) unter Hinweis auf BAG v.23.2.88, AP Nr.9 zu §81 BetrVG 1979 = AuR 1989, S.291 und Matthießen, Antragsb. im arbeitsger. Beschlußv., DB 1988, S.285(287)

erfaßt, die sich aus der unmittelbaren Anwendung des BetrVG ergeben, sondern darüber hinaus sämtliche Streitfragen der betriebsverfassungsrechtlichen Ordnung im weiteren Sinne im Beschlußverfahren entschieden werden sollen [641]. Dementsprechend hat sich das BAG auch in seiner Entscheidung vom 20.8.91 für das Beschlußverfahren ausgesprochen [642]. Zudem ist es so, daß der allgemeine Unterlassungsanspruch mit dem aus § 23 Abs. 3 BetrVG zusammenfallen kann, oder dies fraglich ist und nicht nur das BAG weist zutreffend darauf hin, daß es prozeßökonomisch ist, möglichst alle denkbaren Fallgestaltungen in einem Verfahren zu erfassen [643]. Es spricht somit einiges dafür, das Beschlußverfahren hier immer dann anzuwenden, wenn der Betriebsrat in irgendeiner Weise mitgewirkt hat und es somit um ein gemeinsames Handeln der Betriebsparteien geht [644]. Zumindest aber entspricht es der ständigen Rechtsprechung des BAG.

Kaum zu beanstanden aber nicht ganz überzeugend ist, wie schon einmal angesprochen [645], daß das BAG die Regelungssperre aus dem BetrVG auf Betriebsvereinbarungen beschränkt [646] und eine Grundrechtsverletzung erst dann annehmen will, wenn eine betriebseinheitliche Regelungen vorliegt [647]. Auch fragt sich, ob ein Ordnungsgeld, das nach § 890 Abs. 1 Satz 2 der ZPO bis zu DM 500 000, in jeden Fall ausreicht, um den Arbeitgeber zur Tariftreue zu

641 Kocher: Materiell-rechtliche und prozessuale Fragen des Unterlassungsanspruchs aus Art.9 Abs.3 GG, ArbuR 1999, S. 382(385) unter Hinweis auf BAG v.8.12.78 AuR 1979, S.254

642 Kocher: Materiell-rechtliche und prozessuale Fragen des Unterlassungsanspruchs aus Art.9 Abs.3 GG, ArbuR 1999, S. 382(385) unter Hinweis auf BAG v.20.8.91, AP Nr.2 zu §77 BetrVG Tarifvorbehalt

643 BAG Beschluß v.20.4.1999, 1 ABR 72/98, NZA 1999, S.887ff = DB 1999, S.1555ff unter B I 2 b der Gründe; zustimmend Berg, Platow: Unterlassungsanspruch der Gewerkschaft gegen tarifwidrige betriebliche Regelungen, DB 1999, S.2362(2367) und Wohlfahrt: Stärkung der Koalitionsfreiheit durch das BAG, NZA 1999, S.962(963)

644 So auch Kocher: Materiell-rechtliche und prozessuale Fragen des Unterlassungsanspruchs aus Art.9 Abs.3 GG, ArbuR 1999, S. 382(385)

645 Vgl. oben unter III 2.1.3

646 Wohlfahrt z.B. bedauert, daß sich das BAG nicht dazu durchringen konnte die Regelungssperre auf Regelungsabreden auszudehnen. Siehe: Stärkung der Koalitionsfreiheit durch das BAG, NZA 1999, S.962(963)

647 Wohlfahrt: Stärkung der Koalitionsfreiheit durch das BAG, NZA 1999, S.962(963); Berg, Platow: Unterlassungsanspruch der Gewerkschaft gegen tarifwidrige betriebliche Regelungen, DB 1999, S.2362(2364) und Däubler, der zutreffend darauf hinweist, daß das Bundesarbeitsgericht z.B. in BAG AP Nr.49 zu Art.9 GG = NZA 1988, S.64ff auch schon mal bewußte Einzelverstöße als Verletzung des Grundrechts gesehen hat, siehe: Das neue Klagerecht der Gewerkschaften bei Tarifbruch es Arbeitgebers, AiB 1999, S.481(482)

bewegen. Die Einsparungen, die durch tarifwidrige Regelungen erreicht werden sollen, dürften in größeren Unternehmen durchaus wesentlich höher sein können [648]. Eine Klagemöglichkeit der Gewerkschaft auf Leistung an ihre Mitglieder dürfte das wirksamste und umfassendste Mittel zur Abwehr von Beeinträchtigungen der geschützten Betätigungsfreiheit sein. Durch sie könnte der Arbeitgeber in jedem Fall zu tarifkonformem Verhalten gezwungen werden.

Weiterhelfen könnte hier eventuell, wenn die Gewerkschaft die Leistung über den Beseitigungsanspruch aus § 1004 Abs. 1 Satz 1 BGB zur die Wiederherstellung des tarifkonformen Zustandes verlangen könnte. Nach der Entscheidung vom 20.4.1999 scheint ein solcher Anspruch denkbar. In dem Fall, der dem Beschluß zugrunde lag, wurde ein Antrag auf Beseitigung der Folgen der gegen die Tarifautonomie verstoßenden Handlung zwar nicht gestellt. Wenn das BAG das Betätigungsrecht der Gewerkschaften aber als sonstiges Recht im Sinne von § 823 Abs. 1 BGB sieht, müßte es eigentlich auch unter den gesamten § 1004 BGB fallen [649] und man wird wohl annehmen können, daß nur die Rückkehr zu den Tarifbedingungen eine durch die Anwendung einer tarifwidrigen Regelung entstandene Beeinträchtigung des Grundrechts aus Art. 9 Abs. 3 GG beseitigt. Es muß dem nicht unbedingt widersprechen, wenn das Gericht den Gewerkschaften die Durchsetzung der Individualansprüche ihrer Mitlieder gegen den tarifbrüchigen Arbeitgeber weiterhin ausdrücklich versagt [650], denn es würde sich bei dem Leistungsanspruch der Gewerkschaften nicht um die Individualansprüche ihrer Mitglieder aus dem Tarifvertrag, sondern um einen eigenen aus Art. 9 Abs. 3 GG und den §§ 823 Abs. 1 i.V.m. § 1004 Abs. 1 Satz 1 BGB handeln.

Ob es einer Gewerkschaft damit allerdings möglich sein wird, die Wiederherstellung des tarifkonformen Zustandes auch für die bis zur Rechtskraft einer Entscheidung begangenen Verstöße zu verlangen [651], scheint fraglich, denn auch der Beseitigungsanspruch ist kein Schadenersatzanspruch und wie der Unterlassungsanspruch eigentlich nur auf die Zukunft gerichtet [652]. Er erfaßt

648 In dem Fall, der dem Beschluß vom 20.4.1999 zugrunde lag sollten insgesamt Einsparungen von 30 Millionen Mark realisiert werden, siehe: BAG Beschluß v.20.4.1999, 1 ABR 72/98, NZA 1999, S.887ff = DB 1999, S.1555ff unter A der Gründe

649 Däubler: Das neue Klagerecht der Gewerkschaften bei Tarifbruch des Arbeitgebers, AiB 1999, S.481(483)

650 BAG Beschluß v.20.4.1999, 1 ABR 72/98, DB 1999, S.1555ff unter B II 2 der Gründe

651 Ebenso Däubler: Das neue Klagerecht der Gewerkschaften bei Tarifbruch des Arbeitgebers, AiB 1999, S.481(483)

652 Berg, Platow: Unterlassungsanspruch der Gewerk. gegen tarifw. betriebliche Regelungen, DB 1999, S.2362(2366) und Palandt/Bassenge, BGB 58. Aufl. §1004 Rn22

damit jedenfalls grundsätzlich auch nur künftiges Wohlverhalten des Arbeitgebers und läßt die bis zur Rechtskraft der Entscheidung praktizierten Tarifverstöße [653].

Andere durchaus begehbare Wege den Gewerkschaften die Durchsetzung der Individualansprüche zu ermöglichen, wurden bisher schon in der Literatur vorgeschlagen. Zum Beispiel von Gamillscheg, er meint: Der Vertrag zu Lasten Dritter, den das Gesetz zugegebenermaßen nicht kennt, sei in diesem Fall anzuerkennen. Der Ausschluß von Verträgen zu Lasten Dritter beruhe nämlich auf dem Grundsatz, daß niemand ohne sein Zutun zum Schuldner werden soll; genau das sei hier aber nicht der Fall, denn der Arbeitgeber gebe durch den Beitritt ja zu erkennen, daß er sich den Tarifnormen unterwerfen wolle und er sei ohnehin zur Umsetzung der Tarifnormen verpflichtet, dem Arbeitgeberverband gegenüber aus dem Mitgliedsverhältnis und den Arbeitnehmern gegenüber aufgrund der gesetzesgleichen Wirkung; es bedürfe damit nur noch eines kleinen Schritts richterlicher Rechtsfortbildung [654], der unter dem Einfluß von Art. 9 Abs. 3 GG sicher zu rechtfertigen wäre.

Eine weitere Möglichkeit wird in der gewillkürten Prozeßstandschaft [655] gesehen und das müßte sogar möglich sein, wenn man daran festhalten wollte, daß keine eigenen Rechte der Gewerkschaft geltend gemacht werden können. Das BAG hat eine solche Lösung zwar schon mal verneint [656], aber ohne es zu prüfen, und in seinem Beschluß vom 18.8.1987 hat es selbst beiläufig festgestellt, daß die gewillkürte Prozeßstandschaft es dem Kläger ermöglicht, ein gerichtliches Verfahren einzuleiten, ohne Träger des streitbefangenen Rechts zu sein [657]. Die Voraussetzungen, die nach allgemeinen Grundsätzen für die gewillkürte Prozeßstandschaft verlangt werden, sind eine Ermächtigung des Rechtsinhabers sowie ein Eigeninteresse des Ermächtigten [658] und beides dürfte vorliegen. Im Gewerkschaftsbeitritt könnte man eine konkludente Ermächtigung zur gerichtlichen Wahrung der mit der Arbeit verbundenen Interessen sehen. Die Interessenvertretung der Gewerkschaften beschränkt sich weder im Bewußtsein der Mitglieder noch in der Praxis auf die außergerichtliche

653 So auch Däubler: Das neue Klagerecht der Gewerkschaften bei Tarifbruch des Arbeitgebers, AiB 1999, S.481(483)

654 Gamillscheg: Durchsetzungsschwächen des Tarifvertrags, ArbuR 1996, S.354(356)

655 Däubler: Kollektive Durchsetzung individueller Rechte? ArbuR 1995, S.305(309f); zustimmend Kempen, Zachert, Zilius, Tarifvertragsgesetz, 3.Auflage, 34 Rn103

656 BAG AP Nr.42 zu §256 ZPO Blatt 568 R unter 2. der Gründe

657 BAG Beschluß v.18.8.1987, DB 1987, S.2263, ebenso Kempen, Zachert, Tarifvertragsgesetz, 3.Auflage, §4 Rn103

658 BGHZ 96, S.151ff und Kempen, Zachert, Tarifvertragsgesetz, 3.Auflage, §4 Rn103

Wahrnehmung. Wie z.B. § 11 Abs. 1 Satz 2 deutlich macht, geht es auch um die gerichtliche Durchsetzung bestehender Rechte und ihrer sozialtypischen Bedeutung nach erstreckt sich die Beitrittserklärung grundsätzlich auf alle Betätigungsfelder einschließlich der gerichtlichen Geltendmachung von Ansprüchen. Ein sicherer Weg für Gewerkschaften dies klarzustellen, läge darin, es in ihre Satzung aufzunehmen oder sich möglichst schon im Zusammenhang mit dem Beitritt eine entsprechende Erklärung von den Mitgliedern geben zu lassen. Das schutzwürdige Interesse der Gewerkschaft und damit die zweite Voraussetzung für die gewillkürte Prozeßstandschaft dürfte keine Schwierigkeiten machen, denn es geht darum, den von ihr erreichten Tarifvertrag durchzusetzen [659]. Es müßte im Interesse der ihnen von der Verfassung her übertragenen Aufgabe liegen, die Mindestarbeitsbedingungen auch dadurch zu gewährleisten, daß diese in der Praxis beachtet werden. Außerdem würde die Mißachtung der Tarifnormen die Tarifautonomie und damit den Erfolg der weiteren gewerkschaftlichen Tätigkeit gefährden.

Der zweckmäßigste Weg, den Gewerkschaften die Möglichkeit zu eröffnen, die Einhaltung der Tarifverträge gerichtlich durchzusetzen wäre letztlich darin zu sehen, ihnen gesetzlich ein wirksames Klagerecht einzuräumen und dies scheint nach dem Regierungswechsel 1998 möglich [660].

659 Däubler: Kollektive Durchsetzung individueller Rechte? ArbuR 1995, S.305(309f)

660 Vgl. dazu Nr.8 der Koalitionsvereinbarung vom 20.10.1998 in NZA 1998, Heft 22, S.IX

VI Rechtsänderungen zugunsten tarifunterschreitender Vereinbarungen

Eine weitere Möglichkeit, Härtefallregelungen zu ermöglichen, wird darin gesehen, betriebliche Sanierungsvereinbarungen nicht durch das bestehende Recht zuzulassen, sondern durch Gesetzesänderungen. Adomeit beispielsweise hat vorgeschlagen, § 77 Abs. 3 Satz 2 BetrVG wie folgt neu zu fassen: "Dies gilt nicht, wenn ein Tarifvertrag den Abschluß ergänzender oder abweichender Betriebsvereinbarungen gestattet oder eine solche Regelung durch das Ziel der Beschäftigungsförderung geboten ist" [661].

Auch die von der Regierung Kohl eingesetzte Deregulierungskommission schlägt vor, die Regelungssperre für Notfälle gesetzlich zu lockern, um in diesen Fällen Löhne, Gehälter und andere tarifliche Ansprüche durch Betriebsvereinbarungen vorübergehend herabsetzen zu können. Sie meint, das Prinzip der Unabdingbarkeit bliebe erhalten, wenn man die Zulässigkeit solcher Betriebsvereinbarungen auf Notlagen beschränkt; die praktischen Probleme bei der materiellrechtlichen Definition des Notfalls seien nicht unlösbar. Man könne den Notfall in Anlehnung an bestehende gesetzliche Regelungen (z.B. § 7 Abs. 1 des Gesetzes zur Verbesserung der betrieblichen Altersversorgung oder § 112 BetrVG) definieren oder auf die Fälle der Zahlungsunfähigkeit oder Überschuldung begrenzen, also am Konkurs und Vergleichsverfahren anknüpfen und ein Verfahren zur Bestimmung der Notfälle einführen. Hier wäre daran zu denken, den Betriebsrat, eine überbetriebliche Instanz wie das Arbeitsamt, entscheiden zu lassen und den Tarifparteien das Recht einzuräumen, den Beschluß durch ihren gemeinsamen Widerspruch zu Fall zu bringen, um eine Aushöhlung der Tarifautonomie zu vermeiden [662].

Der Sachverständigenrat zur Begutachtung der Gesamtwirtschaftlichen Entwicklung empfiehlt, in das Tarifvertragsgesetz eine Bestimmung aufzunehmen, nach der Tarifverträge die Möglichkeit von ergänzenden Betriebsvereinbarungen vorsehen müssen [663].Die Arbeitsgemeinschaft Selbständiger Unternehmer e.V. (ASU) hat eine Öffnung für alle Teile des Tarifvertrags gefordert und dafür plädiert, bei einvernehmlichen Entscheidungen von Unternehmensleitung

661 Adomeit: Jobs durch Lockerung im Tarifrecht, AuA 1996, S.131 (132)

662 Deregulierungskommission, Marktöffnung und Wettbewerb, S.149f

663 Jahresgutachten 1997/98 des Sachverständigenrates zur Begutachtung der gesamtwirtschaftlichen Entwicklung, BT Drucksache 13/9090, S.10

und Mitarbeitern beliebige Abweichungen von den Tarifpartnern zuzulas sen [664]. Ein ähnlich weitgehender Vorschlag, das Tarifvertragsgesetz und das Betriebsverfassungsgesetz dahingehend zu ändern, daß von tariflichen Regelungen durch Betriebsvereinbarungen jederzeit abgewichen werden kann, ist von der Monopolkommission geäußert worden, die eine solche Regelung unter Berufung auf die Ausgestaltungsbefugnis des Gesetzgebers für zulässig hielt [665].

Abgesehen von der Frage, ob die gesetzliche Tariföffnung überhaupt erforderlich ist, weil das geltende Tarifrecht tarifliche Öffnungsklauseln ermöglicht, fragt sich, ob und wieweit Art. 9 Abs. 3 GG solche Gesetzesänderungen zulassen würde [666], durch die nicht nur die Regelungssperre, sondern auch die zwingende Wirkung der Tarifnormen gelockert würde, da beides durch das Grundrecht geschützt wird. Welchen Spielraum der Gesetzgeber hier haben könnte, wird sich nach den schon mal erörterten [667] Entscheidungen des Bundesverfassungsgerichts einschätzen lassen, in denen es sich mit Grundrechtseinschränkungen der Koalitionsfreiheit durch den Gesetzgeber befaßt hat [668].

Das BVerfG hat im Mitbestimmungsurteil zwar ausgeführt, daß das Grundrecht nicht generell den Erhalt der gerade geltenden gesetzlichen Ausgestaltung des Tarifvertragssystems garantiert, sondern daß der Gesetzgeber Anpassungen vornehmen kann und dabei einen weiten Spielraum hat [669]. Es hat in seiner Entscheidung zum Flaggenrechtsgesetz auch eine gesetzliche Regelung unbeanstandet gelassen, die eine Beschränkung des Anwendungsbereiches für das gesamte deutsche Arbeitsrecht einschließlich des Tarifrechts bedeutet und stimmt damit einer weitgehenden Einschränkung der Tarifautonomie zu [670]. Daraus wird man aber nicht schließen dürfen, daß der Gesetzgeber hier wirklich frei entscheiden kann. Diese Entscheidung betraf nämlich das Geschehen auf Schiffen unter deutscher oder ausländischer Flagge in internationalen

664 Presseinformation der ASU v.21.1.1992 und v.5.11.1992 nach Henssler: Flexibilisierung der Arbeitsmarktordnung; ZfA 1994, S.487(496)

665 Monopolkommission, Bericht Nr.936ff S.376ff Nr.937 S.376 und Nr.939 S.377f nach Walker: Möglichkeiten und Grenzen einer flexiblere Gestaltung von Arbeitsbedingungen, ZfA 1996, S.353(369)

666 So auch Walker: Möglichkeiten und Grenzen einer flexiblere Gestaltung von Arbeitsbedingungen, ZfA 1996, S.353(369)

667 Vgl. oben unter III 1.4.8 im Zusammenhang mit der Frage, wieviel Spielraum bei der Auslegung des Günstigkeitsprinzips besteht.

668 BVerfGE 92, S.26(41f); BVerfG, Beschluß v.24.4.1996, NZA 1996, S.1157(1158)

669 BVerfGE 90, S.290(369) 670 Vgl. BVerfGE 92, S.26(41f)

670 Vgl. BVerfGE 92, S.26(41f)

Gewässern, das sich weitgehend dem Zugriff der deutschen Staatsgewalt entzieht; vor allem deshalb wurden Abstriche in Kauf genommen. Hier ist dagegen der inländische Teil des Anwendungsbereiches betroffen, für den das BVerfG keinen so großen Spielraum des Gesetzgebers annimmt, wie es in der Entscheidung ausdrücklich sagt.

Welche Anforderungen es in diesem Bereich generell an gesetzliche Einschränkungen der Koalitionsfreiheit stellt, beschreibt das BVerfG recht genau in seiner Entscheidung zum Hochschulfristvertragsgesetz. Hier spricht es zunächst an, daß die Koalitionsfreiheit schrankenlos gewährleistet ist und ergänzt dann, dem Gesetzgeber seien Regelungen im Schutzbereich des Grundrechts aber nicht verwehrt, soweit das Verhältnis der Tarifparteien zueinander berührt sei, bedürfe die Koalitionsfreiheit der Ausgestaltung; aber auch im übrigen sei dem Gesetzgeber die Regelung von Fragen, die Gegenstand von Tarifverträgen sein können, nicht von vornherein entzogen; dies ergebe sich bereits aus der Gesetzgebungszuständigkeit des Art. 74 Nr. 12 GG; eine gesetzliche Regelung in dem Bereich, der auch Tarifverträgen offensteht, komme jedenfalls dann in Betracht, wenn der Gesetzgeber sich dabei auf Grundrechte Dritter oder andere mit Verfassungsrang ausgestattete Rechte stützen könne und der Grundsatz der Verhältnismäßigkeit gewahrt werde; im Rahmen der Vehältnismäßigkeitsprüfung komme es wesentlich auf den Gegenstand der gesetzlichen Regelung an; der Grundrechtsschutz sei nicht für alle koalitionsmäßigen Betätigungen gleich intensiv, die Wirkkraft nehme vielmehr in dem Maße zu, in dem die Materie aus Sachgründen am besten von den Tarifparteien geregelt werden könne, weil sie nach den dem Art. 9 Abs. 3 GG zugrundeliegenden Vorstellungen des Verfassungsgebers die gegenseitigen Interessen angemessener zum Ausgleich bringen können als der Staat, das gelte vor allem für die Festsetzung der Löhne und der anderen materiellen Arbeitsbedingungen; die Abstufung des Schutzes wirke sich in den Anforderungen aus, die an die Rechtfertigung von Eingriffen zu stellen seien; je gewichtiger der Schutz sei, desto schwerwiegender müßten die Gründe sein, die einen Eingriff rechtfertigen sollen [671]. Eingriffe in die Koalitionsfreiheit durch Aufweichungen der Unabdingbarkeit und der Regelungssperre sind somit nur möglich, wenn Grundrechte Dritter oder andere mit Verfassungsrang ausgestattete Rechte dies rechtfertigen. Für die Interessen an den Sanierungsvereinbarungen lassen sich solche Rechte, die Einschränkungen rechtfertigen können, wie bereits im Zusammenhang mit der Zulässigkeit einer grundrechtseinschränkenden Auslegung des Günstigkeit sprinzips geprüft, aber nicht anführen [672]. Gesetzliche

671 BVerfG, Beschluß v.24.4.1996, NZA 1996 S.1157(1158)
672 Vgl. oben unter III 1.4.8

Regelungen, mit denen die Regelungssperre und die Unabdingbarkeit beschränkt werden, müßten deshalb strenggenommen unzulässig sein, zumal die tarifliche Festsetzung der materiellen Arbeitsbedingungen nach der Rechtsprechung des Bundesverfassungsgerichts ja einen besonders intensiven Grundrechtsschutz genießt. Dennoch wird man nicht davon ausgehen können, daß das BVerfG dem Gesetzgeber hier jede Aktivität versagen würde, denn es scheint, wie besonders die Entscheidung zum Flaggenrechtsgesetz zeigt, durchaus bemüht, dem Gesetzgeber einen Gestaltungsspielraum zu lassen. Es fragt sich, wie weit das Gericht dabei gehen würde, denn die Betriebsparteien, auf die Regelungskompetenzen hier verlagert werden sollen, eignen sich, wie schon einmal angesprochen, nicht unbedingt dazu, angemessene Arbeitsbedingungen zu gewährleisten. Der Betriebsrat hat diesbezüglich bisher jedenfalls keinerlei gesetzliche Durchsetzungsmittel. Wenn es um die Gestaltung der materiellen Arbeitsbedingungen geht, hat er nicht einmal ein Mitbestimmungsrecht. Außerdem ist er letztlich vom jeweiligen Arbeitgeber abhängig und deshalb leichter unter Druck zu setzen. Er neigt, wie gerade der zunehmende Tarifbruch zeigt, dazu, den Vorstellungen des Arbeitgebers allzuschnell nachzugeben. Vor allem aber sind Betriebsräte keine frei gebildeten Vereinigungen. Und das Grundrecht schützt ausschließlich diese und weist nur ihnen die Festsetzung der materiellen Arbeitsbedingungen zu. Eine gesetzliche Verlagerung der Regelungskompetenzen dürfte schon aus diesem Grund selbst dann nicht möglich sein, wenn man dem Betriebsrat Durchsetzungsmittel gegenüber dem Arbeitgeber einräumen wollte, jedenfalls ohne Grundgesetzänderung und selbst diese wäre möglicherweise nicht unbegrenzt zulässig. Es wäre nämlich daran zu denken, ob die Ewigkeitsgarantie sich auf das Grundrecht auswirkt. Art. 79 Abs. 3 GG schützt zwar nicht die einzelnen Grundrecht und ist als Ausnahmevorschrift restriktive auszulegen. Er schütz aber die in den Artikeln 1 und 20 der Verfassung festgelegten Grundsätze und damit die Menschenwürde sowie das Sozialstaatsprinzip aus dem sich die Garantie des Existenzminimus ableiten läßt. Verfassungsänderungen, die zu schwerwiegenden sozialen Mißständen führen können, müßte Art. 79 Abs. 3 GG entgegenstehen können.

Solange das Grundgesetz nicht geändert ist, dürfte die gesetzliche Tariföffnung mit Rücksicht auf Art. 9 Abs. 3 GG in jedem Fall aber ähnlich wie die tarifliche Öffnung [673] nur soweit möglich sein, wie sie die Effektivität der Regelungssperre und den Schutz, den die Unabdingbarkeit bieten soll, nicht gefährdet [674]. Sie wird ihre Grenzen somit dort finden müssen, wo die Verlagerung

673 Ebenso Walker: Möglichkeiten und Grenzen einer flexiblere Gestaltung von Arbeitsbedingungen, ZfA 1996, S.353(371)

674 Vgl. oben unter IV 1.1.2

dazu führen kann, daß die Tätigkeit der Tarifparteien an Bedeutung verliert, weil die Betriebsparteien sich zu einer Art Ersatzgewerkschaften entwickeln und / oder angemessene tarifliche Mindestarbeitsbedingungen infolge von Durchbrechungen der Unabdingbarkeit nicht mehr zu gewährleisten sind. Man wird damit denjenigen Recht geben müssen, die hier nur einen eher geringen Spielraum für den Gesetzgeber sehen [675]. Die Vorstellungen der ASU und der Monopolkommission würden praktisch die Beseitigung der Regelungssperre und der Unabdingbarkeit bedeuten. Sie kämen damit einer Aufhebung der Tarifautonomie nahe und könnten ohne weiteres zu einer völligen Verlagerung auf die Betriebsparteien führen. Eine solche allgemeine Tariföffnung wäre dem Gesetzgeber deshalb aus verfassungsrechtlichen Gründen zweifellos nicht möglich. Die These, eine umfassende gesetzliche Öffnungsklausel könne ohne Verfassungsänderung eingeführt werden, ist nicht nur unter Berücksichtigung der Rechtsprechung offensichtlich unhaltbar [676]. Aber auch die von Adomeit vorgeschlagene Änderung dürfte nicht genügen [677]. Eine solche immer noch sehr allgemein gehaltene Öffnung, die weder zeitlich noch vom Umfang her Grenzen setzt und die Zulässigkeit der abweichenden Vereinbarungen an keine greifbaren Voraussetzungen bindet, ermöglicht tarifunterschreitende Betriebsvereinbarungen in kaum begrenzbarem Maß. Zur Begründung, daß eine solche Regelung durch das Ziel der Beschäftigungsförderung geboten ist, würde wohl eine halbwegs plausible Erklärung ausreichen, die sich fast immer finden läßt. Das kann ohne weiteres dazu führen, daß die Festsetzung der materiellen Arbeitsbedingungen sich auf die betriebliche Ebene verlagert und das tarifliche Niveau insgesamt nicht mehr zu gewährleisten ist. Es ist nicht davon auszugehen, daß das Gericht einer solchen Lösung zustimmen würde, wenn es sich an seine bisherigen Grundsätze hält. Ähnlich verhält es sich mit dem recht unkonkreten Vorschlag des Sachverständigenrates, eine Bestimmung das Tarifvertragsgesetz aufzunehmen, nach der Tarifverträge die Möglichkeit von ergänzenden Betriebsvereinbarungen vorsehen müssen [678]. Diese Lösung scheint allenfalls dann zulässig, wenn es den Tarifparteien selbst überlassen bleibt, in welchem Umfang und unter welchen Umständen den Betriebsparteien die Abweichungen erlaubt werden oder der Gesetzgeber diesbezüglich selbst enge

675 Vgl. z.B. Wank: Empfiehlt es sich, die Regelungsbefugnisse der Tarifparteien im Verhältnis zu den Betriebsparteien neu zu ordnen, NJW 1996, S.2272(2280) und Däubler: Erosion im Tarifrecht, AuA 1996, S.311(313)

676 Walker: Möglichkeiten und Grenzen einer flexiblere Gestaltung von Arbeitsbedingungen, ZfA 1996, S.353(371)

677 Zu diesem Ergebnis kommt auch Däubler, in: Erosion im Tarifrecht, AuA 1996, S.311 (313)

678 Jahresgutachten 1997/98 des Sachverständigenrates zur Begutachtung der gesamtwirtschaftlichen Entwicklung, BT Drucksache 13/9090, S.10

Grenzen setzt. Eine Bestimmung, die den Tarifparteien eine generelle Lohnöffnung vorschreibt, dürfte mit Rücksicht auf den Schutz der Koalitionsfreiheit kaum zulässig sein, denn auch sie käme einer Aufhebung der Unabdingbarkeit und der Regelungssperre nahe.

Auch eine gesetzliche Änderung des Günstigkeitsprinzips, nach der das Beschäftigungsrisiko in den Vergleich einbezogen werden kann, hält das BAG wohl nicht generell für unzulässig. In dem Beschluß vom 20.4.1999 äußert es jedenfalls, daß der bisherige Sachgruppenvergleich nicht die einzige verfassungskonforme Art des Sachgruppenvergleichs sein dürfte und die Koalitionsfreiheit der rechtliche Ausgestaltung bedürfe [679]. Solche Änderungen werden dennoch allenfalls in engen Grenzen möglich sein, denn der Gesetzgeber kann die Tarifautonomie, wie das Gericht hier zutreffend erkennt, nur im Interesse von anderen verfassungsrechtlich geschützten Positionen einschränken und wären an die Grundsätze der Verhältnismäßigkeit gebunden. Hier ist nämlich nicht nur zweifelhaft, ob sich grundrechtlicher Schutz für die Interessen an der Einbeziehung der Arbeitsplatzsicherheit überhaupt ergeben kann. Wie die obenim Zusammenhang mit der Auslegung des Günstigkeitsprinzips durchgeführte Güterabwägung [680] auch gezeigt hat, ist die Berücksichtigung der Arbeitsplatz sicherheit im Günstigkeitsvergleich zur Erreichung der Interessen am Erhalt des Arbeitsplatzes weder erforderlich noch geeignet und verhältnismäßig und es wird kaum möglich, das Arbeitsplatzargument zu berücksichtigen, ohne die Unabdingbarkeit und damit das Tarifniveau insgesamt zu gefährden. Denkbar wäre somit allenfalls, daß der Gesetzgeber unter besonderen gesetzlich festgelegten und überprüfbaren Voraussetzungen die Möglichkeit einräumt, beschäftigungssichernde Vereinbarungen gegen den Verzicht auf tarifliche Leistungen in einem bestimmten Rahmen und für einen bestimmten Zeitraum zu tauschen. Die Vorstellungen der Deregulierungskommission scheinen realistischer [681]. Wenn es gelingt, die Vereinbarung der Sanierungsvereinbarungen auf wenige konkret definierte Fälle zu beschränken, wird man weder eine Aushöhlung der Tarifautonomie noch eine Gefährdung des tariflichen Lohnniveaus ernsthaft befürchten müssen. Dazu müßte man aber wirklich an Definitionen aus dem Konkurs- und Vergleichsverfahren anknüpfen. Ob das allerdings sinnvoll ist, muß bezweifelt werden. Abgesehen davon, daß die Hilfe dann nicht selten zu spät kommen wird, fragt sich, warum in diesen Fällen nicht gleich die insgesamt weitergehenden Sanierungsmöglichkeiten des Vergleichsrechts genutzt werden. Greift man auf Definitionen, die einen großen Beurteilungsspielraum

679 BAG Beschluß v.20.4.1999, 1 ABR 72/98, NZA 1999, S.887ff = DB 1999, S.1555ff unter B II 1. der Gründe

680 Vgl. oben unter III 1.4.8

für die Entscheidungsinstanz lassen, wächst die Zahl der möglichen Fälle, in denen die Härtefallregelungen getroffen werden können und die Mißbrauchsgefahr. Damit besteht schon die Möglichkeit, daß die Festsetzung der Arbeitsbedingungen den Tarifparteien teilweise entzogen wird. Spätestens hier wäre es, wie die Deregulierungskommission ja selbst anregt, schon erforderlich, den Tarifparteien ein Kontrollrecht einzuräumen. Ob ein gemeinsames Einspruchsrecht allerdings genügen würde, ist zu bezweifeln. Unberücksichtigt bliebe dabei, daß die Interessen der Arbeitnehmer, zu deren Schutz das Tarifsystem ja eingerichtet worden ist, nur von den Gewerkschaften vertreten werden und kaum zu erwarten ist, daß der Arbeitgeberverband untertarifliche Vereinbarungen gegen die Interessen seiner Mitglieder zu Fall bringt. Man würde folglich beiden Tarifparteien ein eigenes Einspruchsrecht einräumen müssen oder die Notfallvereinbarung von der Zustimmung der Tarifparteien abhängig machen, wenn man die tarifliche Festsetzung wirklich sichern will. Die Entscheidung dem Betriebsrat zu übertragen, dürfte, wie schon im Zusammenhang mit den Tariföffnungsklauseln ermittelt, ohnehin allenfalls mit dem Zustimmungsvorbehalt oder wenn ein enger Rahmen für die Tarifabweichung gesetzt wird, zulässig sein, denn er ist gerade, wenn es um den Betriebserhalt geht, kaum weniger empfindlich als der Arbeitnehmer. Eine unabhängige Instanz wie das Arbeitsamt entscheiden zu lassen, wäre sicherer.

681 Deregulierungskommission, Marktöffnung und Wettbewerb, S.149f

VII Gesamtergebnis

Wirtschaftspolitisch ist äußerst umstritten, ob die Standortbedingungen und hier insbesondere das Tariflohnniveau in Deutschland ungünstig sind und inländische Betriebe durch den zunehmenden internationalen Konkurrenzdruck deshalb verstärkt Existenzprobleme bekommen. Ebenso umstritten ist, ob aus diesem Grund eine Liberalisierung des Tarifsystems erforderlich ist, die es unter anderem ermöglicht, Unternehmen in wirtschaftlichen Notfallsituationen durch Härtefallregelungen zu helfen, die eine Kürzung von Tariflöhnen erlauben und welche Erfolge bei der Bekämpfung der Arbeitslosigkeit mit Hilfe solcher Regelungen zu erreichen sind.

Internationale Vergleiche zeigen, daß die Lohnstückkosten sich in der BRD etwa auf dem Niveau der anderen westlichen Industrienationen bewegen und nach ersten Erfahrungen mit tariflichen Öffnungsklauseln wird man davon ausgehen können, daß keine zu hohen Erwartungen an die Beschäftigungswirkung der Sanierungsvereinbarungen gestellt werden sollten. Sie könnten aber dazu dienen, wenigstens einige Betriebe und damit Arbeitsplätze zumindest zeitweise zu erhalten, was in Anbetracht der schwierigen Arbeitsmarktsituation durchaus sinnvoll erscheint.

Ohne Öffnungsklausel ist die Vereinbarung von Sanierungsvereinbarungen nach dem geltenden Recht allerdings weder den Arbeitsvertragsparteien noch den Betriebsparteien möglich. Tariflohnkürzungen durch Arbeitsverträge verstoßen nämlich gegen die Unabdingbarkeit der Tarifnormen und sind spätestens, wenn sie betriebseinheitlich erfolgen, mit dem verfassungsrechtlichen Schutz dieser Regelung aus Art. 9 Abs. 3 GG nicht zu vereinbaren. Betriebsvereinbarungen verstoßen gegen die Regelungssperre aus dem Betriebsverfassungsgesetz, die den Betriebsparteien Vereinbarungen über materielle Arbeitsbedingungen generell untersagt und den grundrechtlichen Schutz, den die Koalitionsfreiheit auch dieser Norm gewährt.

Den Tarifparteien ist es aber möglich, sowohl den Betriebsparteien als auch den Arbeitsvertragsparteien den Abschluß von Sanierungsvereinbarungen durch Öffnungsklauseln zu ermöglichen. § 4 Abs. 3 TVG und § 77 Abs. 3 BetrVG erlauben dies. Allerdings nicht schrankenlos. Zu beachten ist auch hier Art. 9 Abs. 3 GG, der eine völlige Selbstentäußerung nicht zuläßt. Die Tariföffnung ist unter dem Einfluß des Grundrechts nur soweit möglich, wie sie die Schutzwirkung der Regelungssperre und der Unabdingbarkeit nicht gefährdet. Mit einiger Sicherheit zulässig scheinen deshalb nur Rahmenregelungen, die den Umfang sowie eine Befristung der Lohnkürzung eng vorgeben und konkrete nachprüfbare Kriterien für das Vorliegen des Sanierungsfalls bestimmen oder einen Zustimmungsvorbehalt der Tarifparteien für den Einzelfall enthalten, um einem ausufernden Mißbrauch vorzubeugen.

Gegen rechtswidrige Sanierungsvereinbarungen gerichtlich vorgehen, kann in jedem Fall der Arbeitnehmer. Solche Vereinbarungen sind unwirksam. Der Arbeitnehmer hat deshalb Anspruch auf die tariflich vereinbarte Leistung und kann diesen vor dem Arbeitsgericht durchsetzen. Besteht ein Firmentarif, so kann auch die Gewerkschaft den Anspruch für ihre Mitglieder gegen den Arbeitgeber durchsetzen, der in diesem Fall ihr Tarifvertragspartner und damit auch ihr gegenüber aus dem Vertrag verpflichtet ist. Bei den Flächentarifverträgen sind die Möglichkeiten nach der Rechtsprechung des BAG eingeschränkt, weil der einzelne Arbeitgeber hier nicht ihr Vertragspartner ist. Sie kann die Geltung ihrer Tarifnormen nach § 9 TVG prüfen lassen. Durch eine solche Entscheidung wird der Arbeitgeber aber nicht gezwungen, den Tarifvertrag auch anzuwenden. Die Gewerkschaft hat auch einen Einwirkungsanspruch gegen den Arbeitgeberverband, dem dieser allerdings durch eine schlichte Mahnung seines Mitglieds genügt. Den einzelnen Arbeitgeber in Anspruch nehmen kann sie nur begrenzt. Neben dem Anspruch auf Unterlassung gegen Betriebsvereinbarungen, die gegen § 77 Abs. 3 BetrVG verstoßen, den das BAG hier bisher schon anerkannt hat, steht nach dem Beschluß vom 20.4.1999 ein auf §§ 1004, 823 BGB i.V.m. Art. 9 Abs. 3 GG gestützter Unterlassungsanspruch gegen betriebliche Regelungen zur Verfügung, der auch besteht, wenn eine Regelungsabrede die einzelvertragliche Umsetzung vorsieht.

Durch Rechtsänderungen scheinen auch gesetzliche Öffnungsklauseln möglich. Zumindest ohne eine Änderung des Grundgesetzes allerdings nur in dem Umfang, in dem es den Tarifparteien möglich ist, denn der Gesetzgeber ist zwar zur Ausgestaltung des Tarifsystems befugt, er ist dabei aber an das Grundrecht gebunden.

Abkürzungsverzeichnis

Abs.	Absatz
AiB	Arbeitsrecht im Betrieb (Jahr auf Seite)
AP	Arbeitsrechtliche Praxis, (Sammlung der Entscheidungen des Bundesarbeitsgerichtes, der Landesarbeitsgerichte und Arbeitsgerichte)
ArbGG	Arbeitsgerichtsgesetz
ArbuR	auch AuR Arbeit und Recht (Jahr und Seite)
Art.	Artikel
AuA	Arbeit und Arbeitsrecht (Jahr und Seite)
AuR	auch ArbuR Arbeit und Recht (Jahr und Seite)
BAG	Bundesarbeitsgericht
BB	Betriebs Berater (Jahr und Seite)
BDA	Bundesverband Deutscher Arbeitgeberverbände
BetrVG	Betriebsverfassungsgesetz
BETV	Bundesentgelttarifvertrag
BRD	Bundesrepublik Deutschland
BT Drucksache	Bundestags-Drucksache
BVerfG	Bundesverfassungsgericht
BVerfGE	Amtliche Sammlung der Entscheidungen des Bundesverfassungsgerichts (Band und Seite)
bzw.	beziehungsweise
DB	Der Betrieb (Jahr und Seite)
DGB	Deutscher Gewerkschaftsbund
DIHT	Deutscher Industrie- und Handelstag
DIW	Deutsches Institut für Wirtschaftsforschung
DIW Wochenbericht	Wochenzeitschrift, herausgegeben vom Deutschen Institut für Wirtschaftsforschung (Jahr und Seite)
e.V.	eingetragener Verein
ff / f	folgende
FAZ	Frankfurter Allgemeine Zeitung
ff	fortfolgende
GG	Grundgesetz
h.M.	herrschende Meinung
hrsgg.	herausgegeben
Hrsg.	Herausgeber
IG Metall	Industriegewerkschaft Metall
IW	Institut der deutschen Wirtschaft, Köln

Iwd	Informationsdienst des Instituts der deutsche Wirtschaft / Wochenzeitschrift, herausgegeben vom Institut der deutschen Wirtschaft (Ausgabenummer, Jahr und Seite)
iw trends	Vierteljahreszeitschrift, herausgegeben vom Institut der deutschen Wirtschaft (Ausgabenummer, Jahr und Seite)
NJW	Neue Juristische Wochenschrift (Jahr und Seite)
Nr.	Nummer
NZA	Neue Zeitschrift für Arbeits- und Sozialrecht bis 1993 ab 1994 Neue Zeitschrift für Arbeitsrecht (Jahr und Seite)
o.V.	ohne Verfasser
RdA	Recht der Arbeit (Jahr und Seite)
Rn	Randnummer
S.	Seite
SPD	Sozialdemokratische Partei Deutschlands
TVG	Tarifvertragsgesetz
v.	vom
vgl.	vergleiche
WSI	Wirtschafts- und Sozialwissenschaftliches Institut
WSI-Mitteilungen	Monatszeitschrift des Wirtschafts und Sozialwissenschaftlichen Instituts der Gewerkschaften (Jahr und Seite)
z.B.	zum Beispiel
ZfA	Zeitschrift für Arbeitsrecht (Jahr und Seite)
Ziff.	Ziffer
ZPO	Zivilprozeßordnung
ZRP	Zeitschrift für Rechtspolitik (Jahr und Seite)
ZTR	Zeitschrift für Tarifrecht (Jahr und Seite)

Literatur- und Quellenverzeichnis

Adomeit, Klaus: Das Günstigkeitsprinzip neu verstanden, in NJW 1984, S. 26 ff
- Jobs durch Lockerung im Tarifrecht, in AuA 1996, S. 131 ff

Arbeitsgruppe Alternative Wirtschaftspolitik: Memorandum 98, Papy Rossa Verlag GmbH & Co KG, Köln 1998
- Memorandum 97, Papy Rossa Verlag GmbH & Co KG, Köln 1997
- Memorandum 96, Papy Rossa Verlag GmbH & Co KG, Köln 1996

Bartsch, Klaus / Arne, Heise / Tofaute, Hartmut: Grundzüge eines Modernisierungs- und Beschäftigungsprogrammes (MOB) für die Bundesrepublik Deutschland, in WSI Mitteilungen 1994, S. 377 ff

Basedow, Jürgen / Donges, Juergen B. / Ewers, Hans-Jürgen / Greiffenberger, Heinz / Markmann, Heinz / Schumacher, Karl-Heinz / Sies, Walter /Sievert, Olaf / Wimmer, Wilhelm (Deregulierungskommission, unabhängige Expertenkommission zum Abbau marktwidriger Regulierungen): Marktöffnung und Wettbewerb, C. E. Poeschel Verlag, Stuttgart 1991

Bauer, Jobst-Hubertus: Betriebliche Bündnisse für Arbeit vor dem Aus? NZA 1999, S. 957 ff

Belling, Detlev W.: Das Günstigkeitsprinzip nach dem Beschluß des Großen Senats des Bundesarbeitsgerichts vom 16.9.1986, in DB 1987, S. 1888 ff

Bengelsdorf, Peter: Tarifliche Arbeitszeitbestimmungen und Günstigkeitsprinzip, in ZfA 1990, S. 563 ff

Beuthien, Volker: Tariföffnungsklauseln zwecks Arbeitsplatzsicherung, in BB 1983, S. 1992 ff

Berg, Peter / Platow, Helmut: Unterlassungsanspruch gegen tarifwidrige betriebliche Regelungen, in DB 1999, S. 2362 ff

Bispinck, Reinhard / Bahnmüller, Reinhard: Entwicklungspotential des Flächentarifvertrags ist noch lange nicht ausgeschöpft in WSI Mitteilungen 12/1995, S. 801 f

Blomeyer, Wolfgang: Das Günstigkeitsprinzip in der Betriebsverfassung - Die Betriebsverfassung zwischen Individual- und Tarifvertrag, in NZA 1996, S. 337 ff
- Das kollektive Günstigkeitsprinzip - Bemerkungen zum Beschluß des Großen Senats des Bundesarbeitsgerichts vom 16.9.1986, in DB 1987, S. 643 ff

Buchner, Herbert: Beschäftigungssicherung unter dem Günstigkeitsprinzip, in Beilage Nr. 12/96 zu DB Heft 29, S. 1 ff

- Abschied von der Einwirkungspflicht der Tarifvertragsparteien, in DB 1992, S. 572 ff
- Der Unterlassungsanspruch der Gewerkschaft - Stabilisierung oder Ende des Verbandstarifvertrages? NZA 1999, S. 897 ff

Bundesanstalt für Arbeit: Arbeitsmarktbericht für 1999, in: Amtliche Nachrichten der Bundesanstalt für Arbeit, Nr. 1 / 2000, S. 4

Däubler, Wolfgang: Abschaffung der Tarifautonomie mit Hilfe des Günstigkeitsprinzips? in AuR 1996, S. 347 ff
- Das Arbeitsrecht 1, Leitfaden für Arbeitnehmer, 14. Überarbeitete Neuauflage, Rowohlt Taschenbuch Verlag GmbH, Reinbeck bei Hamburg 1995
- Das Arbeitsrecht 2, Leitfaden für Arbeitnehmer, 11. Vollständig überarbeitete Auflage, Rowohlt Taschenbuch Verlag GmbH, Reinbeck bei Hamburg 1998
- Das deutsche Arbeitsrecht - ein Standortnachteil? in DB 1993, S. 781 ff
- Das neue Klagerecht der Gewerkschaften bei Tarifbruch des Arbeitgebers, in AiB 1999, S. 481 ff
- Erosion des Flächentarifs? in AuA 1996, S. 310 ff
- Klagerecht der Gewerkschaften bei Tarifbruch durch einzelnen Arbeitgeber, in AiB 1999, S. 538 ff
- Kollektive Durchsetzung individueller Rechte, in ArbuR 1995, S. 305 ff
- Tarifvertragsrecht, 3. grundlegend überarbeitete Auflage, Nomos Verlagsgesellschaft, Baden Baden 1993

Däubler, Wolfgang; Kittner, Michael; Klebe, Thomas (Hrsg.): BetrVG, Kommentar für die Praxis, 4. überarbeitete und erweiterte Auflage, Bund Verlag, Köln 1994
- BetrVG, Kommentar für die Praxis, Autoren: Berg / Buschmann / Däubler / Kittner / Schneider / Trittin / Trümmer / Wedde, 6. überarbeitete und erweiterte Auflage, Bund Verlag, Köln 1998

Donges, Jürgen B. / Franz, Wolfgang / Hax, Herbert / Peffekoven, Rolf / Siebert, Horst: Jahresgutachten 1998/99 des Sachverständigenrates zur Begutachtung der gesamtwirtschaftlichen Entwicklung, BT Drucksache 14/73
- Jahresgutachten 1997/98 des Sachverständigenrates zur Begutachtung der gesamtwirtschaftlichen Entwicklung, BT Drucksache 13/9090
- Jahresgutachten 1995/96 des Sachverständigenrates zur Begutachtung der gesamtwirtschaftlichen Entwicklung, BT Drucksache 13/9016
- Jahresgutachten 1994/95 des Sachverständigenrates zur Begutachtung der gesamtwirtschaftlichen Entwicklung, BT Drucksache 13/9026

Ehmann, Horst / Lambrich, Thomas: Vorrang der Betriebs- vor der Tarifautonomie kraft des Subsidiaritätsprinzips? In NZA 1996, S. 346 ff

Ehmann, Horst / Schmidt, Thomas Benedikt: Betriebsvereinbarungen und Tarifverträge, in NZA 1995, S. 193 ff

Engelen-Kefer, Ursula: Betriebsvereinbarung statt Tarifvertrag? Perspektiven der Tarifautonomie, in AuR 1997, S.8 ff

- Tarifautonomie in Gefahr, in AuR 1996, S.329 f

Erdmann, Ernst-Gerhard / Jürging, Claus / Kammann, Karl-Udo: Betriebsverfassungsgesetz Kommentar für die Praxis, Neuwied und Berlin 1972

Fitting, Karl / Auffahrt, Fritz / Kaiser, Heinrich / Heither, Friedrich / Engels, Gerd: Betriebsverfassungsgesetz, Handkommentar, 17. Auflage, Verlag Franz Vahlen, München 1992

Fitting, Karl / Auffahrt, Fritz / Kaiser, Heinrich / Heither, Friedrich / Engels, Gerd: Betriebsverfassungsgesetz, Handkommentar, 19. Neubearbeitete Auflage, Verlag Franz Vahlen, München 1998

Flassbeck, Heiner: Deutschland - kein Standort für Investitionen? - Zum Zusammenhang von Lohnhöhe und Direktinvestitionen - in WSI Mitteilungen 1995, S. 699 ff

Gamillscheg, Franz: Durchsetzungsschwächen des Tarifvertrags, in AuR 1996, S. 354 ff

- Kollektives Arbeitsrecht Band I, C.H. Becksche Verlagsbuchhandlung, München 1997

Hanau, Peter: Die Deregulierung von Tarifverträgen als Problem der Koalitionsfreiheit, in RdA 1993, S. 1 ff

Heinze, Meinhard: Kollektive Arbeitsbedingungen im Spannungsverhältnis zwischen Tarif- und Betriebsautonomie, in NZA 1995 S. 5 ff

Heise, Arne: Der Standort Deutschland im globalen Wettbewerb, in WSI Mitteilungen 1995, S. 691 ff

- Kosten Weltmeister? Oder: Ein weiterer Versuch im "Schwarzer-Peter-Spiel" bei Lohnstückkosten, in WSI Mitteilungen 1992, S. 521

Heise, Arne / Mülhaupt, Bernd / Seifert, Hartmut und Ziegler, Astrid: Der Standort Deutschland bei Eintritt in die Europäische Währungsunion - der WSI-Standortbericht 1999, in WSI Mitteilungen 5/99, S. 289 ff

Hensche, Detlef: Tarifflucht in juristischen Formen, in AuR 1996, S. 331 ff

Henssler, Martin: Flexibilisierung der Arbeitsmarktordnung, - Überlegungen zur Weiterentwicklung der tariflichen Regelungsmacht -, in ZfA 1994, S. 487 ff

Höland, Armin / Reim, Uwe / Brecht, Holger: Flächentarifvertrag und Günstigkeitsprinzip / Empirische Beobachtungen und rechtliche Betrachtung von Flächentarifverträgen in Betrieben, 1. Auflage 2000, Nomos Verlagsgesellschaft, Baden Baden 2000

Hoyningen-Huene v., Gerrick / Meier-Krenz, Ulrich: Flexibilisierung des Arbeitsrechts durch Verlagerung tariflicher Regelungskompetenzen auf den Betrieb, in ZFA 1988, S. 293 ff

Hromadka, Wolfgang: Reformbedarf im Tarifrecht? in AUA 1996, S. 289 ff

- Die belastende Betriebsvereinung, in DB 1985, S. 864 ff
- Betriebsvereinbarung über mitbestimmungspflichtige soziale Angelegenheiten bei Tarifüblichkeit: Zwei-Schranken-Theorie ade? In DB 1987, S. 1991 ff

Hueck, Alfred / Nipperdey, Hans Carl: Lehrbuch des Arbeitsrechts, 7. völlig neubearbeitete Auflage, Zweiter Band, Kollektives Arbeitsrecht, Verlag Franz Vahlen GmbH, Berlin und Frankfurt a.M. 1967

Köppler, Renate: Tarifvertragliche Regelungsmacht, in NZA 1991, S. 745 ff

Kempen, Otto Ernst: Der verfassungsrechtliche Vorrang der Tarifautonomie im arbeitsrechtlichen Regelungsgefüge, in AuR 1996, S. 336 ff

Kempen, Otto Ernst / Zachert, Ulrich: Tarifvertragsgesetz, Kommentar für die Praxis, begründet von Hagemeier, Christian; Kempen, Otto; Zachert, Ulrich; Zilius, Jan, 3. Auflage, Bund Verlag, Köln 1997

Kissel, Rudolf: Das Spannungsfeld zwischen Betriebsvereinbarung und Tarifvertrag, in NZA 1986, S. 73 ff

Kocher, Eva: Materiellrechtliche und prozessuale Fragen des Unterlassungsanspruchs aus Art. 9 Abs. 3 GG, in ArbuR 1999, S. 382 ff

Kroker, Rolf: Deutschland - Angeschlagene Standortqualität, in WSI Mitteilungen 1995, S. 705 ff,

Krummel, Christoph: Die Geschichte des Unabdingbarkeitsgrundsatzes und des Günstigkeitsprinzips im Tarifvertragsrechts (Dissertation an der Universität Köln 1990), Verlag Peter Lang GmbH, Frankfurt am Main 1991

Küchle, Hartmut: Deutschlands Position auf dem Weltmarkt, in WSI Mitteilungen 1996, S. 295 ff

- Zur Messung der Wettbewerbsfähigkeit von Volkswirtschaften, in WSI Mitteilungen 1994, S. 180 ff

Lieb, Manfred: Mehr Flexibilität im Tarifvertragsrecht? "Moderne" Tendenzen auf dem Prüfstand, in NZA 1994, S. 289 ff

Linnenkohl, Karl: Rechtsfragen der Neugestaltung der Arbeitszeit, in BB 1989, S. 2472 ff

Löwisch, Manfred / Rieble, Volker: Tarifvertragsgesetz, Kommentar, Verlag Franz Vahlen GmbH, München 1992

Löwisch, Manfred: Deliktsschutz gegen abtrünnige Mitglieder? BB 1999, S. 2080 ff

Matthießen, Volker: Antragsbefugnis der Tarifparteien im arbeitsgerichtlichen Beschlußverfahren, in DB 1988, S.285 ff

Müller, Hans-Peter: Privatautonomie gegen Kollektivgewalt, in DB 1999, S. 2310 ff
Neumann, Dirk: Tarif- und Betriebsautonomie, in RdA 1990, S. 257 ff
o.V.: Arbeitskosten in der Industrie / Nachteil weiter vergrößert, in iwd 18/96, S. 3
- Arbeitslose kosten 180 Milliarden, in: Weser Kurier (Bremen) vom 21.6.1997, S. 1
- Arbeitslosigkeit bedroht Demokratie, in: Weser Kurier (Bremen) vom 7.2.1997, S. 2
- Automobilhersteller klagen über zu hohe Kosten, in FAZ vom 1.2.1996, S. 9
- Bericht des Ausschusses für Arbeit zu den Gesetzentwürfen zum BetrVG 1952, BT Drucksache I/3585
- Bericht des Bundestagsausschusses für Arbeit und Sozialordnung zum Regierungsentwurf BetrVG 1972, BT Drucksache 2729
- BDA: Flächentarife für betriebliche Lösungen öffnen, in Handelsblatt vom 3/4.5.96, S. 6
- Branchen - Arbeitskosten / Fast überall Spitze, in iwd 47/96, S. 6 f
- Chemiebranche öffnet Tarife, in: Weser Kurier (Bremen) vom 4.6.1997, S. 1
- DGB Thesen zum 61. Deutschen Juristentag / Empfiehlt es sich, die Regelungsbefugnisse der Tarifparteien im Verhältnis zu den Betriebsparteien neu zu ordnen? in AuR 1996, S. 368 f
- Die deutschen Unternehmen investieren kräftig im Ausland, in FAZ vom 29.1.1996, S. 13
- Die Textilindustrie warnt vor einem weiteren Export von Arbeitsplätzen, in FAZ vom 24.10.1996, S. 18
- Die Lage der Weltwirtschaft und der deutschen Wirtschaft im Frühjahr 1999. Beurteilung der Wirtschaftslage durch folgende Mitglieder der Arbeitsgemeinschaft deutscher wirtschaftswissenschaftlicher Forschungsinstitute e.V. Berlin: Deutsches Institut für Wirtschaftsforschung, Berlin; HWWA-Institut für Wirtschaftsforschung, Hamburg; ifo Institut für Wirtschaftsforschung, München; Institut für Weltwirtschaft an der Universität Kiel; Institut für Wirtschaftsforschung Halle; Rheinisch-Westfälisches Institut für Wirtschaftsforschung, Essen, in: DIW Wochenbericht 17/99, S. 281 ff
- Die Jobs wandern aus, in : Der Spiegel 37/1995, S. 42 ff
- DIW sieht Versagen Bonner Politik, in Weser Kurier (Bremen) vom 14.7.1999, S. 1

- Ergänzung zum Bundesentgelttarif der Chemiebranche, in AUA 1997, S. 268
- Flächentarifverträge müssen Flexibilität ermöglichen, in Handelsblatt vom 19/20.4.1996, S. 5
- Fraktionsentwurf der CDU/CSU zum BtrVG 1972, BT Drucksache VI 1806
- Hat Westdeutschland ein Standortproblem, in DIW Wochenbericht 38/95, S. 653 ff
- Hohe Arbeitslosigkeit in den westlichen Industrieländern und Wettbewerbsprobleme, in DIW Wochenbericht 40/93. S. 548 ff
- IG Metall dringt auf Rente mit 60, eine Million neuer Jobs möglich, in Weser Kurier (Bremen) vom 30.9.1999, S. 4
- Industriestandort D / Stattliche Mängel-Liste, in iwd 44/96, S. 3
- Industrie drängt weiter ins Ausland, neue Umfrageergebnisse des DIHT, in Weser Kurier (Bremen) vom 11.12.1996
- Investitionen im Ausland schnellen auf Rekordwert, in FAZ vom 25.5.1996, S.11
- Kaum Export von Arbeitsplätzen, in Weser Kurier (Bremen) vom 18.3.1997, S. 3
- Konjunktur droht 1999 Rückschlag, in Weser Kurier (Bremen) vom 6.1.1999, S. 1
- Kosten - Weltmeister, in iwd 15/92
- Lohnstückkosten Ost / Wieder trübe Aussichten, in iwd 14/95, S. 3
- Lohnstückkosten Westdeutschland im harten Wettbewerb, in iwd 32/94
- 20 Millionen Überstunden, in Weser Kurier (Bremen) vom 5.1.1999, S. 1
- Müllers Papier ist Zündstoff für den DGB, in Weser Kurier (Bremen) vom 20.7.1999, S. 1
- Nun auch Riester für Rente mit 60, in Weser Kurier (Bremen) vom 14.10.1999, S. 1
- Regierungsentwurf zum Betriebsverfassungsgesetz 1972, BT Drucksache VI/1786
- Regierungsentwurf zum Betriebsverfassungsgesetz 1952, BT Drucksache I/1546
- Rekordtief am Arbeitsmarkt, in Weser Kurier (Bremen) vom 8.1.1997, S. 1
- Schröder keine Nullrundendebatte, in Weser Kurier (Bremen) vom 13.7.1999, S. 1
- Sommerflaute kostet 90 000 Arbeitsplätze, in Weser Kurier (Bremen) vom 6.8.1999, S. 1
- Standortsicherung / Wie es zu schaffen ist, in iwd 30/96, S. 4 ff

- Stumpfe: Vier bis fünf Nullrunden, in Weser Kurier (Bremen) vom 20.1.1997,S. 1
- Tarifabschlüsse in Betrieben, in Weser Kurier (Bremen) vom 20.5.1997, S. 1
- Tarifpartner raufen sich zusammen, in Weser Kurier (Bremen) vom 1.1.2000, S. 1
- Unfug eines Ahnungslosen, in Weser Kurier (Bremen) vom 12.7.1999, S. 1
- Wird Tarifbruch salonfähig? DGB beklagt immer mehr Verstöße, in Weser Kurier (Bremen) vom 6.1.1999, S. 1
- Wirtschaft ist empört, IG Metall verlangt 30-Stunden Woche, in Weser Kurier (Bremen) vom 10.10.1999, S. 1

Palandt, Otto: Bürgerliches Gesetzbuch, bearbeitet von Bassenge, Peter / Diederichsen, Uwe / Edenhofer, Wolfgang / Heinrichs, Helmut / Heldrich, Andreas / Putzo, Hans / Thomas, Heinz, 54. Auflage, C.H. Becksche Verlagsbuchhandlung, München 1995

Promberger, Markus / Rosdücher, Jörg / Seifert, Hartmut / Trinczek, Rainer: Beschäftigungssicherung durch Arbeitszeitpolitik, WSI Mitteilungen 1995, S. 473 ff

Reuter, Dieter: Betriebsverfassung und Tarifvertrag, in RdA 1994, S. 153 ff
- Das Verhältnis von Individualautonomie, Betriebsautonomie und Tarifautonomie, in RdA 1991, S. 193 ff

Rieble, Volker: Krise des Flächentarifvertrags? in RdA 1996, S. 151 ff
- Beschäftigungspolitik durch Tarifvertrag, ZTR 1993, S. 54 ff
- Die Burda Entscheidung des BAG, in ZTR 1999, S.483 ff

Richardi, Reinhard: Eingriff in eine Arbeitsvertragsregelung durch Betriebsvereinbarung, in RdA 1983, S. 201

Schäfer, Claus: Mit falschen Verteilungs-"Götzen" zu echten Standortproblemen, in WSI Mitteilungen 1996, S. 597 ff

Schaub, Günter: Handbuch des Arbeitsrechts, 7. überarbeitete Auflage, C.H. Becksche Verlagsbuchhandlung, München 1992
- Probleme der Tarif- und Betriebsautonomie in der Rechtsprechung des Bundesarbeitsgerichts, in BB 1996, S. 2298 ff

Schröder, Christoph: Produktivität und Lohnstückkosten im internationalen Vergleich, in iw trends 2/96, S. 5 ff
- Produktivität und Lohnstückkosten im internationalen Vergleich, in iw trends 2/98, S. 71 ff
- Industrielle Arbeitskosten im internationalen Vergleich, in iw trends 2/98, S. 88 ff

Söllner, Alfred: Grenzen des Tarifvertrags, in NZA 1996, S. 897 ff
Thiele, Wolfgang / Fabricius, Fritz / Kraft, Alfons / Wiese, Günther / Kreutz, Peter / Oetker, Hartmut: Betriebsverfassungsgesetz, Gemeinschaftskommentar, 6. Auflage, Luchterhand Verlag 1998
Thüsing, Gregor: Der Schutz des Tarifvertrags vor den tarifvertraglich Geschützten, in DB 1999, S. 1552 ff
Tyska, Hans-Joachim: Die Zulässigkeit untertariflicher Löhne unter dem Blickpunkt des Günstigkeitsprinzips, in AuR 1985, S. 277 ff
Vollmer, Lothar: Bestandssicherung existenzgefährdeter Unternehmen durch Kürzung von Löhnen und Leistungen, in DB 1982, S. 1670 ff
Walker, Wolf-Dietriech: Möglichkeiten und Grenzen einer flexibleren Gestaltung von Arbeitsbedingungen, in ZfA 1996, S. 353 ff
Waltermann, Raimund: Beschäftigungspolitik durch Tarifvertrag? in NZA 1991, S. 754 ff
- Zuständigkeiten und Regelungsbefugnisse im Spannungsfeld von Tarifautonomie und Betriebsautonomie, in RdA 1996, S. 129 ff
Wank, Rolf: Empfiehlt es sich, die Regelungsbefugnisse der Tarifparteien im Verhältnis zu den Betriebsparteien neu zu ordnen? in NJW 1996, S. 2273 ff
- Tarifautonomie oder betriebliche Mitbestimmung? (Zur Verteidigung der Zwei-Schranken-Theorie), in RdA 1991, S. 129 ff
Weyant, Joachim: Möglichkeiten und Grenzen der Verlagerung tariflicher Regelungskompetenzen auf die Beriebsebene, in AuR 1989, S. 193 ff
Wiedemann, Herbert / Stumpf, Hermann: Tarifvertragsgesetz, Kommentar, 5. neubearbeitete Auflage, C.H. Becksche Verlagsbuchhandlung, München 1977
Wiedemann, Herbert / Oetker, Hartmut / Wank, Rolf: Tarifvertragsgesetz, Kommentar, 6. neubearbeitete Auflage, C.H. Becksche Verlagsbuchhandlung, München 1999
Wohlfahrt, Hans-Dieter: Stärkung der Koalitionsfreiheit durch das BAG, in NZA 1999, S. 962 ff
WSI-Projektgruppe Prognose: Die Wirtschaftliche Entwicklung in Deutschland in den Jahren 1996/97, in WSI Mitteilungen 1996, S. 669 ff
Zachert, Ulrich: Aufhebung der Tarifautonomie durch "freiwillige Regelungen" im Arbeitsvertrag? in DB 1990, S. 986 ff
- Hat der Flächentarifvertrag noch eine Zukunft? in AuA 1996, S. 293 ff
- Rechtsfragen zu den aktuellen Tarifverträgen über Arbeitszeitverkürzung und Beschäftigungssicherung, in AuR 1995, S. 1 ff
- Krise des Flächentarifvertrags? in RdA 1996, S. 140 ff

- Neue Entwicklungen zur Tarifautonomie und betrieblichen Mittbestimmung, in NZA 1988, S. 185 ff

Zöllner, Wolfgang: Die Zulässigkeit einzelvertraglicher Verlängerung der tariflichen Wochenarbeitzeit, in DB 1989, S. 2121 ff

- Flexibilisierung des Arbeitsrechts, in ZfA 1988, S. 265 ff

Rechtsprechungsverzeichnis

BAG, Beschluß vom 20.4.1999, 1 ABR 72/98 = NZA 1999, S. 887 ff und BB 1999, S. 1555 ff
BAG, Urteil vom 20.4.1999, 1 AZR 631/98 = BB 1999, S.1660 ff
BAG, Entscheidung v. 22.1.1980, in AuR 1980, S. 367 = AP Nr. 3 zu § 87 BetrVG 1972 Lohngestaltung
BAG, Urteil v. 19.12.1958, AuR 1959, S. 313
BAG, Urteil v. 19.6.1984, AP Nr. 7 zu § 256 ZPO
BAG, Urteil v. 8.2.1963, AP Nr. 42 zu § 256 ZPO
BAG, Beschluß vom 23.2.1988, AP Nr. 9 zu § 81 ArbGG 1979
BAG, Urteil v. 15.12.1960 AP Nr. 2 zu § 4 TVG Angleichungsrecht
BAG, Urteil v. 14.12.1966, AP Nr. 27 zu § 59 BetrVG 1952
BAG, Urteil v. 26.4.1961, AP Nr. 5 zu § 4 TVG Effektivklausel
BAG, Urteil v. 2.6.1987, AP Nr. 49 zu Art. 9 GG
BAG, Urteil v. 2.12.1960, AP Nr. 23 zu Art. 9 GG Arbeitskampf abgedruckt als AP Nr. 2 zu § 19 BetrVG 1952
BAG, Entscheidung vom 9.7.1980, AP Nr. 7 zu § 1 TVG
BAG, Entscheidung vom 10.11.1982, AP Nr. 8 zu § 1 TVG
BAG, Urteil vom 10.6.1986, AP Nr. 26 zu § 80 BetrVG 1972
BAG, Urteil vom 11.11.1968, AP Nr. 14 zu Art. 9 GG
BAG, Beschluß v. 16.9.1986 AP Nr. 17 zu § 77 BetrVG 1972 = DB 1987, S. 383 ff = NZA 1987, S. 168 ff
BAG, Beschluß v. 18.8.1987, in NZA 1987, S. 779 ff = AP Nr. 23 zu § 77 BetrVG 1972
BAG, Urteil v. 14.2.1978, in DB 1978, S. 1403 ff
BAG, Urteil vom 31.8.1978, DB 1979, Seite 553 ff
BAG, Urteil v. 23.5.1984, DB 1984, S. 2143 ff
BAG, Beschluß v. 24.2.1987, DB 1987, S. 1435
BAG, Beschluß v. 18.8.1987, DB 1987, Seite 2256 ff
BAG, Beschluß v. 7.11.1989, DB 1990, S. 1724 ff
BAG, Beschluß vom 18.12.1990, DB 1991, Seite 1076 ff
BAG, Urteil vom 26.2.1991, DB 1991, Seite 1631
BAG, Beschluß vom 20.8. 1991, DB 1992, S. 275 ff
BAG, Urteil vom 21.1.1992, DB 1992, S. 1050 ff
BAG, Beschluß vom 3.5.1994, DB 1994, Seite 2450 ff
BAG, Beschluß vom 23.7.1996, DB 1997, Seite 378 ff
BAG, Entscheidung vom 8.12.1978, AuR 1979, Seite 254

BVerfG, Urteil v. 18.11.1954, BVerfGE 4, S. 96 ff

BVerfG, Urteil v. 25.10.1994, BVerfGE 92, S. 26 ff
BVerfG, Beschluß v. 24.5.1977, BVerfGE 44, S. 322 ff
BVerfG, Beschluß vom 2.3.1993, BVerfGE 88, S. 103 ff
BVerfG, Urteil vom 12.7.1994, BVerfGE 90, S. 286 ff
BVerfG, Urteil v. 28.1.1992, DB 1992, S. 377 ff
BVerfG, Urteil v. 4.7.1995, DB 1995, Seite 1464 ff
BVerfG, Urteil v. 10.1.1995, DB 1995, S. 483 ff
BVerfG, Beschluß v. 26.6.1991, AuR 1992, S. 29 ff
BVerfG, Beschluß v.2.12.1992, NZA 1993, Seite 427 ff
BVerfG, Beschluß v. 29.6.1993, in NZA 1994, S, 34
BVerfG, Entscheidung v. 24.4.1996, NZA 1996, S.1157 ff

BGH: Urteil v. 24.10.1985, BGHZ 96, S. 151 ff

LAG, Baden Würtemberg: Urteil v. 61.1.1997, AuR 1997, S. 219 f

RECHT DER ARBEIT UND DER SOZIALEN SICHERHEIT

Band 1 Ulrike Wagner: Mitbestimmung bei Bildschirmtechnologien. 1985.

Band 2 Karin Dierks: Zwischen Arbeits- und Sozialrecht. Beschäftigungsverhältnisse in der Werkstatt für Behinderte. 1986.

Band 3 Inge Böttcher: Gemeinsame Ausübung eines Zurückbehaltungsrechts. 1986.

Band 4 Gabriele Peter: Frauendiskriminierung durch Teilzeitbeschäftigung. Insbesondere bei betrieblichen Sozialleistungen und der Vergütung von Überstunden. 1988.

Band 5 Uwe Schumacher: Rechtsfragen der Teleprogrammierung. Statusrechtliche Einordnung und urheberrechtlicher Schutz. 1989.

Band 6 Nashrine Ismail: Recht und Praxis bei der Bekämpfung illegaler Arbeitnehmerüberlassung. 1991.

Band 7 Karen Klöver: Der Sozialplan im Konkurs. Schutz der Sozialplangläubiger im Konkurs und alternative Regelungsmöglichkeiten in einem neuen Insolvenzrecht. 1993.

Band 8 Andrea Rudolph: Die Kooperation von Strafrecht und Sozialhilferecht bei der Disziplinierung von Armen mittels Arbeit. Vom Arbeitshaus bis zur gemeinnützigen Arbeit. 1995.

Band 9 Wolfgang Däubler: Rechtsexport. Die Einführung des bundesdeutschen Arbeitsrechts im Gebiet der früheren DDR. 1996.

Band 10 Ines Kalisch: Die Entwicklung des Verbots der mittelbaren Diskriminierung wegen des Geschlechts im Sozialrecht. Grundlagen, Analyse und exemplarische Anwendung auf Gesetze im Rentenrecht. 1999.

Band 11 Matthias Hirschfeld: Die Dienstgemeinschaft im Arbeitsrecht der evangelischen Kirche. Zur Legitimitätsproblematik eines Rechtsbegriffs. 1999.

Band 12 Véronique Demarne: Anwendung nationaler Tarifverträge bei grenzüberschreitenden Arbeitsverhältnissen. Ein deutsch-französischer Vergleich (Avec résumé et conclusions en français). 1999.

Band 13 Alexander Scharf: Das Arbeitsrecht der Russischen Föderation und der Republik Belarus. 1999.

Band 14 José João Abrantes: Contrat de travail et droits fondamentaux. Contribution à une dogmatique commune européenne, avec référence spéciale au droit allemand et au droit portugais. 2000.

Band 15 Oliver Tieste: Karôshi, ein japanisches Phänomen? Ursachen und rechtliche Hintergründe für den Tod am Arbeitsplatz. Eine rechtsvergleichende Studie. 2000.

Band 16 Detlev Reichelt: Die arbeitsrechtliche Stellung der Rote-Kreuz-Schwestern. Eine Untersuchung zur Arbeitnehmereigenschaft mitarbeitender Vereinsmitglieder und Gesellschafter am Beispiel der Krankenschwestern der Schwesternschaften vom Deutschen Roten Kreuz e.V. 2000.

Band 17 Herbert Böker: Tarifunterschreitung durch Betriebsvereinbarung und Arbeitsvertrag. 2001.

Peter Lang · Europäischer Verlag der Wissenschaften

Friedrich E. Schnapp (Hrsg.)

Finanzierungsfragen der Sozialversicherung

Am Beispiel des Arbeitsförderungsrechts
Tagungsband zum 31. Praktikerseminar des Instituts für Sozialrecht am 28. November 1998 in Bochum

Frankfurt/M., Berlin, Bern, Bruxelles, New York, Wien, 2000. 120 S.
Bochumer Schriften zum Sozialrecht. Herausgegeben von Friedrich E. Schnapp. Bd. 4
ISBN 3-631-35799-0 · br. DM 45.–*

Die aktuelle Situation der Systeme der sozialen Sicherheit ist seit geraumer Zeit durch erhebliche Finanzierungsprobleme gekennzeichnet, die auf die demographische und gesamtwirtschaftliche Entwicklung mit nachlassendem Wirtschaftswachstum und einer zunehmenden Anzahl von Arbeitslosen und Frührentnern zurückzuführen ist. Dem Arbeitsförderungsrecht kommt in diesem Zusammenhang insofern besondere Bedeutung zu, als die anhaltend hohe Arbeitslosigkeit sowohl Einnahmeausfälle als auch Ausgabensteigerungen zur Folge hat. Im Rahmen des 31. Praktikerseminars des Instituts für Sozialrecht haben sich ausgewiesene Fachleute mit dem Problem der Beitragsfinanzierung in der Arbeitslosenversicherung befaßt und alternative Finanzierungsformen vorgestellt.

Aus dem Inhalt: Sozialversicherungsbeitrag und Finanzverfassung · Versicherungsfremde Leistungen und Beitragsfinanzierung · Alternative und ergänzende Finanzierungsformen

Frankfurt/M · Berlin · Bern · Bruxelles · New York · Oxford · Wien
Auslieferung: Verlag Peter Lang AG
Jupiterstr. 15, CH-3000 Bern 15
Telefax (004131) 9402131
*inklusive Mehrwertsteuer
Preisänderungen vorbehalten

FSC
www.fsc.org
MIX
Papier | Fördert gute Waldnutzung
FSC® C083411

Kolibri 360 GmbH
Ferdinand-Jühlke-Straße 7
99095 Erfurt, Deutschland
produktsicherheit@kolibri360.de

Druck:
CPI Druckdienstleistungen GmbH
im Auftrag der
Kolibri 360 GmbH
Ferdinand-Jühlke-Str. 7
99095 Erfurt